Schacheröffnungen für Kids

John Watson und Graham Burgess

Aus dem Englischen übertragen von Bettina Trabert

GRAND-PRIX-ANGRIFF

GAMBIT

Die Originalausgabe erschien unter dem Titel *Chess Openings For Kids* bei Gambit Publications Ltd 2011
Deutsche Erstausgabe bei Gambit Publications Ltd 2012

ISBN-10: 1-906454-33-7
ISBN-13: 978-1-906454-33-3
(Englische Ausgabe ISBN-10: 1-906454-26-4; ISBN-13: 978-1-906454-26-5)

VERTRIEB:
Weltweit: Central Books Ltd, 50 Freshwater Road, Chadwell Heath,
London RM8 1RX, England.
Tel +44 (0)20 8986 4854 Fax +44 (0)20 8533 5821. E-Mail: orders@Centralbooks.com

Gambit Publications Ltd, 27 Queens Pine, Bracknell, Berks, RG12 0TL, England.
E-Mail: info@gambitbooks.com
Website (wird regelmäßig aktualisiert): www.gambitbooks.com

Englische Ausgabe editiert von Graham Burgess
Deutsche Bearbeitung und Satz: Petra Nunn
Alle Illustrationen von Cindy McCluskey
Gedruckt und gebunden von TJ Books, Padstow, Cornwall, England

10 9 8 7 6 5 4

Inhalt

BAUERNRAUB

Die 50 bärenstarken Eröffnungen

FEGATELLO-ANGRIFF

Einleitung

Seien wir ehrlich: Es macht mehr Spaß, eine Schachpartie zu gewinnen als zu verlieren, und es macht gar keinen Spaß, schnell zu verlieren. Tatsächlich ist kaum etwas frustrierender, als sich hinzusetzen, ein paar Züge zu machen und festzustellen, dass deine Figuren schon vom Brett fliegen und dein König herumgejagt wird! Wäre es nicht schöner, stattdessen den Gegner auf der Flucht zu sehen? Die ersten Züge einer Schachpartie bilden die *Eröffnung*, und die Eröffnung ist oft der trickreichste und wichtigste Teil der Partie. Dieses Buch gibt dir das Wissen, das du brauchst, um gut in die Partie zu starten. Es ist gar nicht schwierig: Du musst nur die Prinzipien des guten Eröffnungsspiels kennen und etwas Übung darin bekommen.

Wir gehen davon aus, dass unsere Leser Schach spielen können und mit einigen grundlegenden taktischen Motiven vertraut sind. Dieses Buch folgt der gleichen Struktur wie Murray Chandlers *Papa, du bist schachmatt!* und *Schachtaktik für Kids*, und wenn du diese Bücher gelesen hast, bist du besonders gut vorbereitet, um ein paar Eröffnungen in den Griff zu bekommen, wo du all diese Mattbilder und taktischen Ideen umsetzen kannst.

Wir werden dir **50 bärenstarke Eröffnungen** zeigen. Wir nennen sie so, weil dies die Eröffnungen sind, die sich im Lauf der Jahre nach tausenden von Meisterpartien als schlagkräftig erwiesen haben. Also kannst du diese Eröffnungen nicht nur als Anfänger einsetzen, sondern solange du Schach spielst. Wir haben unsere Beispiele so gewählt, dass sie die wichtigsten Strategien des Schachspiels illustrieren – Strategien, die auch in späteren Phasen der Partie wichtig sind. Du wirst eine Menge taktischer Ideen kennenlernen, die jeder Spieler kennen sollte, womit du bei der ersten Gelegenheit starke Angriffe starten kannst und in der Lage bist, dich gegen ungestüme Überfälle des Gegners zu verteidigen. Vor allem wirst du mehr Spaß beim Spielen haben, während du die nächsten Schritte auf dem Weg zur schachlichen Meisterschaft machst. Viel Vergnügen mit diesem Buch, und schau recht oft hinein!

SIBIRISCHE FALLE

Algebraische Notation

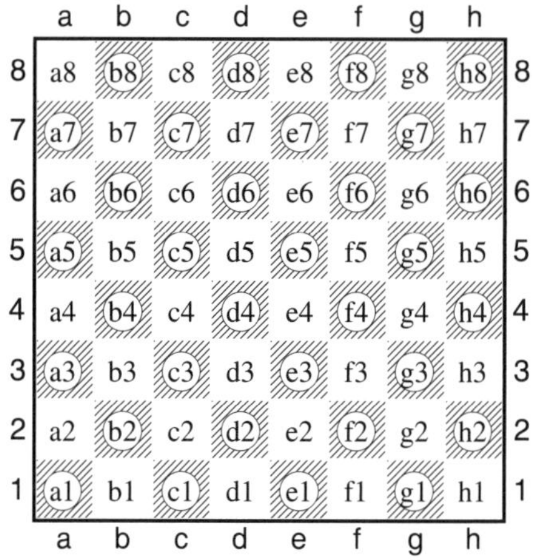

Die Schachnotation, die in diesem Buch verwendet wird, ist die einfache algebraische Notation, die in der ganzen Welt üblich ist. In nur wenigen Minuten kann sie jeder lernen.

Wie du am Schachbrett oben siehst, werden die Linien mit a-h bezeichnet (von links nach rechts) und die Reihen mit 1-8. Das gibt jedem Feld seinen eigenen, unverwechselbaren Bezugspunkt. Die Figuren werden wie folgt beschrieben:

Springer = ♘
Läufer = ♗
Turm = ♖
Dame = ♕
König = ♔

Für Bauern wird kein Symbol verwendet. Wenn sie ziehen, wird einfach das *Zielfeld* angegeben.

Außerdem werden die folgenden Symbole verwendet:

Schach	=	+	Starker Zug	=	!
Doppelschach	=	++	Schwacher Zug	=	?
Schlagzug	=	x	Interessanter Zug	=	!?
Kurze Rochade	=	0-0	Zweifelhafter Zug	=	?!
Lange Rochade	=	0-0-0	Brillanter Zug	=	!!
Siehe Diagramm 2a (etc.)	=	*(2a)*	Grober Fehler	=	??

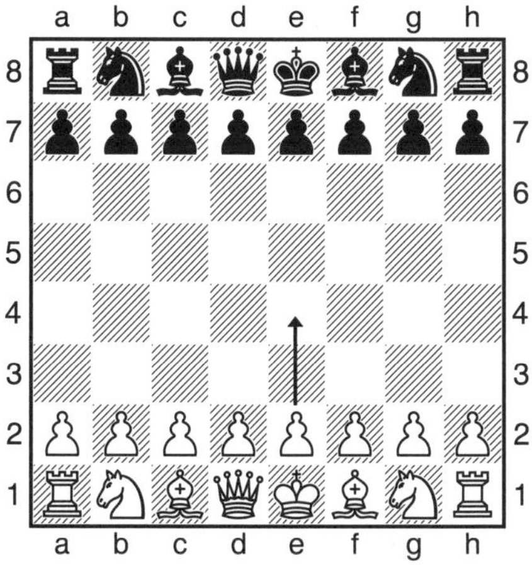

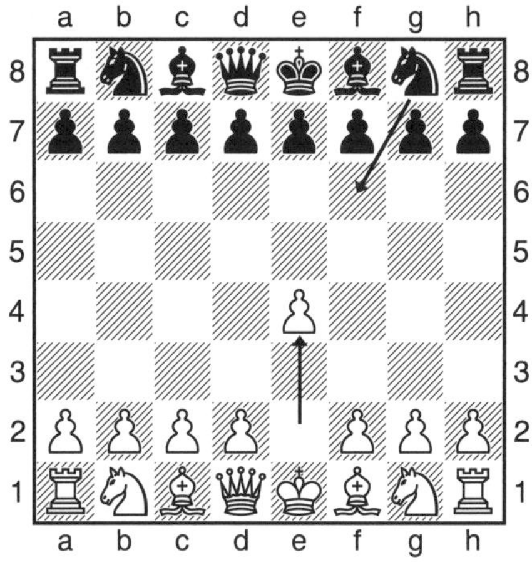

Im linken Diagramm oben möchte Weiß gleich den Zug **1 e4** spielen. Die **1** bezeichnet die Zugnummer und **e4** das Zielfeld des weißen Bauern.

Wenn wir einen Zug ohne eine Zugnummer erwähnen, handelt es sich um eine Idee, die je nach der Antwort des Gegners früher oder später gespielt werden kann. Wenn vor einem Zug drei Pünktchen stehen, bedeutet es, dass es eine Idee für Schwarz ist.

Im rechten Diagramm ist der weiße Zug **1 e4** bereits ausgeführt. Schwarz möchte gleich **1...♘f6** spielen (seinen Springer *im ersten Zug* auf das **Feld f6** ziehen).

Um zu testen, ob du den Dreh heraus hast, spiele die folgenden Züge auf deinem Schachbrett nach: 1 e4 e5 2 ♘f3 ♘c6 3 ♗b5 a6 4 ♗a4 ♘f6 5 0-0. Du solltest nun die Stellung auf dem Brett haben, die im rechten Diagramm auf Seite 34 gezeigt ist.

UMGEKEHRTER DRACHEN

Wie man die Eröffnung spielt

Entwicklung und Zentrum

Als erstes musst du die Figuren schnell ins Spiel bringen. Das bedeutet, die Springer, Läufer, Dame und Türme in den Kampf zu holen, denn sie haben eine größere Reichweite und können mehr ausrichten als die langsam ziehenden Bauern. Aber diese Figuren (außer den Springern) kannst du nicht herausholen, ohne zuerst ein paar Bauern zu ziehen, weshalb die Grundidee in den meisten guten Eröffnungen darin besteht, ein oder zwei Bauern zu ziehen und dann die anderen Figuren ins Spiel zu bringen. Das wird *Entwicklung* genannt. Starke Spieler werden dir immer sagen, dass du zuerst deine Figuren entwickeln sollst, bevor du einen Angriff startest. Auch der Spezialzug Rochade ist wichtig: Er bringt nicht nur den König in Sicherheit, sondern entwickelt auch einen Turm für den späteren Kampf.

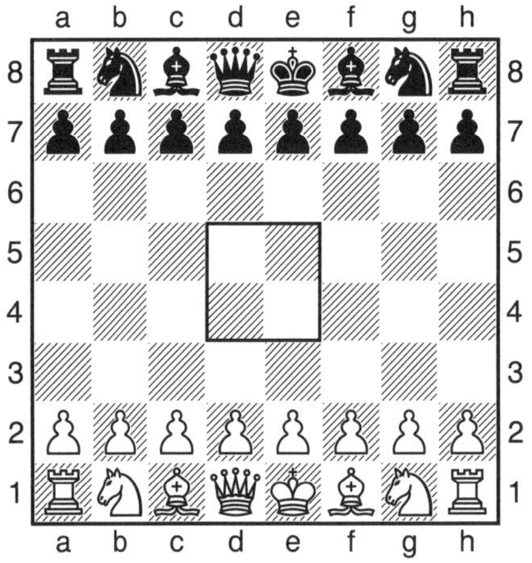

Okay, aber wohin sollen deine Figuren gehen? Sehr wichtig ist es, um das *Zentrum* zu kämpfen. Das Zentrum besteht aus den vier Feldern, die im Diagramm umrandet sind.

Was kommt zuerst?

Aus weißer Sicht nennen wir eine Formation mit nebeneinander stehenden Bauern auf den zentralen Feldern d4 und e4 *ideales Zentrum*. Wenn du das ideale Zentrum aufgebaut hast, kommen deine Figuren leicht heraus, ohne sich zu blockieren. Sieh dir einmal diese Züge an: 1 e4 a5? 2 d4 h5? 3 ♘f3 d6 4 ♘c3 ♗d7 5 ♗c4 e6 6 0-0 ♘a6 7 ♗f4 ♘h6 8 ♕e2 g6 9 ♖ad1 h4 10 ♖fe1.

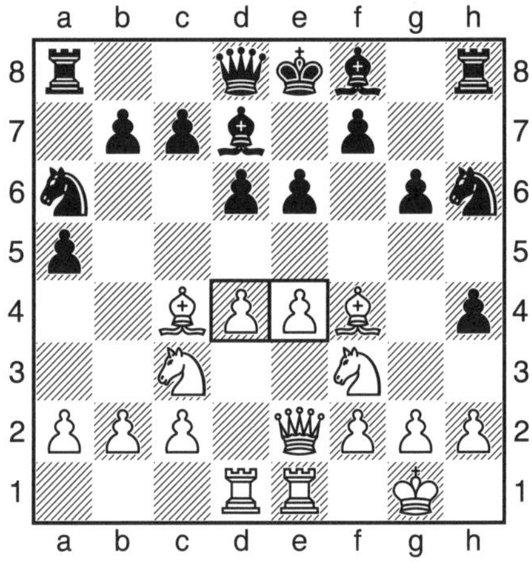

Weiß hat das ideale Zentrum, und alle seine Figuren zielen auf die zentralen Felder. Auf der anderen Seite zielen die schwarzen Läufer vom Zentrum weg, und seine Springer stehen am Brettrand. Weiß kann frei manövrieren und ist überall auf dem Brett zum Angriff bereit.

Dieses Beispiel macht auf einen sehr wichtigen Faktor in der Eröffnung aufmerksam: Die *Aktivität* der Figuren. Das bedeutet die Reichweite der Felder, auf die sie ziehen können. Im Diagramm sind alle weißen Figuren aktiv, während die schwarzen Figuren leider sehr eingeschränkt sind.

Vernachlässige nie die Entwicklung

Wenn du zu viel mit deinen Bauern ziehst und deine Figuren nicht schnell genug entwickelst, wirst du oft in Schwierigkeiten geraten oder sogar Material verlieren. Hier ist ein weiteres Beispiel: 1 e4 e5 2 ♘c3 ♘f6 3 ♗c4 d6 4 ♘f3 c5? 5 ♘g5! h6? 6 ♘xf7, mit einer Gabel auf Dame und Turm von Schwarz.

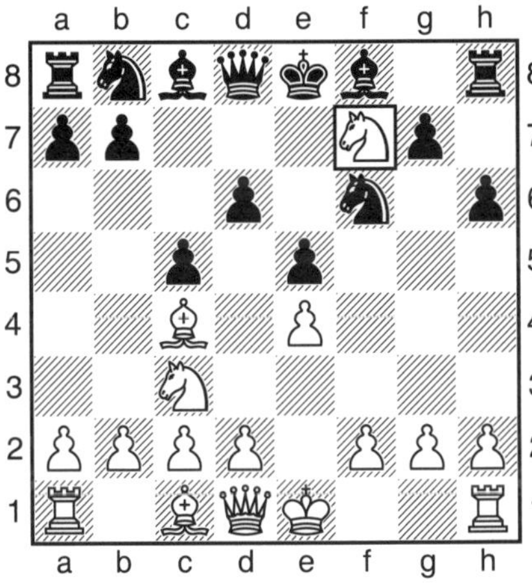

Das ist ein Standardangriff gegen das Feld f7, den du häufig in Anfängerpartien sehen wirst. Der Nachziehende hat zu viele Bauernzüge und zu wenige Figurenzüge gemacht.

Können wir uns als „Bauernschieber“ erweisen und damit davon kommen, wenn wir viele unserer Bauern schon in der Eröffnung nach vorne schieben? In der Regel nicht, aber wenn sie helfen, das Zentrum zu kontrollieren, kann eine Reihe von Bauernzügen gerechtfertigt sein. Hier ist ein Beispiel: 1 d4 ♘f6 2 c4 g6 3 ♘c3 ♗g7 4 e4 d6 5 f4 0-0 6 ♘f3.

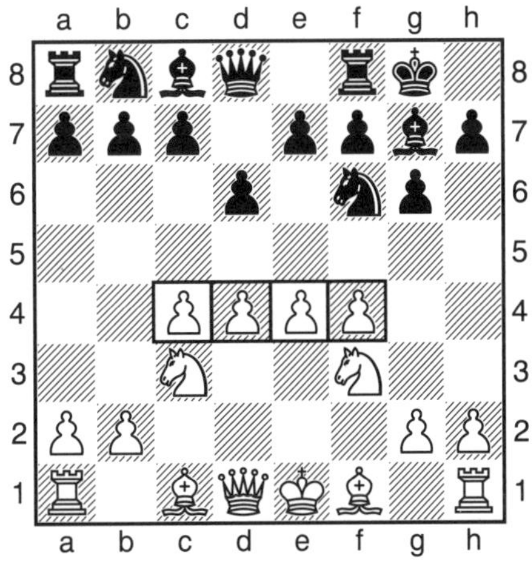

Schwarz hat zwei Figuren entwickelt und rochiert, und jetzt ist er gerüstet für einen Kampf im Zentrum. Dagegen muss Weiß erst noch seinen Königsläufer entwickeln, bevor er rochieren kann. Das könnte leicht ein Problem für Weiß sein, aber sein massiver Bauernwall kontrolliert die zentralen Schlüsselfelder viele Male, während Schwarz bisher erst einen kleinen Bauernzug gemacht hat, um das Feld e5 anzufechten. Außerdem kontrolliert Weiß mehr *Raum*, was ein Vorteil im Schach ist. Insgesamt kann man sagen, dass beide Seiten zwar eine unterschiedliche Philosophie umgesetzt, aber logisch gespielt haben, womit beide gleich gut für den kommenden Kampf gerüstet sind.

Gambiteröffnungen

In diesem Buch werden wir einige Gambits anschauen. Das sind Eröffnungen, in denen Weiß oder Schwarz einen oder zwei Bauern gibt, um einige der wichtigen Ziele zu erreichen, über die wir gesprochen haben – schnelle Entwicklung, Kontrolle des Zentrums oder gute Figurenaktivität. Gambiteröffnungen sind für weniger erfahrene Spieler besonders gut geeignet, denn sie sind meist relativ leicht zu spielen, und einen Bauern im Rückstand zu sein, ist auf niedrigerem Niveau oft nicht so bedeutsam. Beispiele für Gambits sind die bärenstarken Eröffnungen 2, 4, 5, 6, 13, 23, 29, 34 und 39, wie auch bestimmte Varianten anderer Eröffnungen (auf die wir hinweisen werden).

Beschütze den König!

Überlege dir gut, bevor du Bauern ziehst, die deinen König dem Angriff aussetzen. Das gilt besonders für den f-Bauern:

1 f4 e5 2 fxe5 d6 3 exd6 ♗xd6

Schwarz spielt ein Gambit, bei dem er einen Bauern für Entwicklung und Aktivität opfert.

4 c4?? ♕h4+ 5 g3 ♗xg3+ 6 hxg3 ♕xg3#

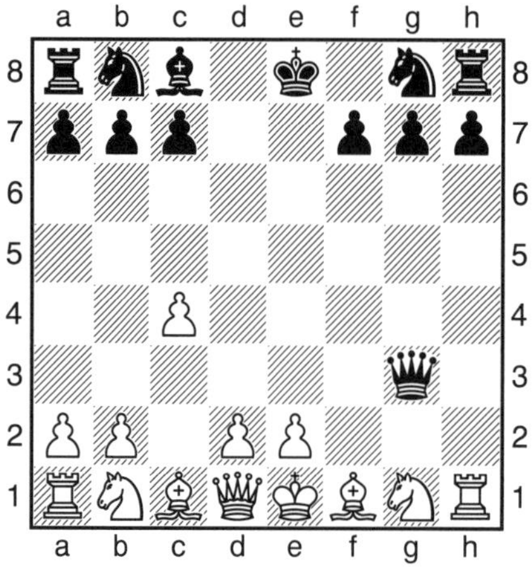

Während Weiß seinen f-Bauern zog, damit seinen König bloßstellte und dann auch noch Zeit verlor, um die gegnerischen Bauern zu schlagen, zog Schwarz nur seine beiden Zentrumsbauern, entwickelte sich und machte sich dann über den wehrlosen König her.

Räum den Weg frei

Springer und Läufer werden *Leichtfiguren* genannt (im Gegensatz zu Damen und Türmen, die *Schwerfiguren* genannt werden). Im Allgemeinen solltest du deine Leichtfiguren vor den Schwerfiguren ins Spiel bringen, und zwar so:

1 e4 e5 2 ♘f3 ♘c6 3 ♗c4 ♗c5 4 d3 ♘f6

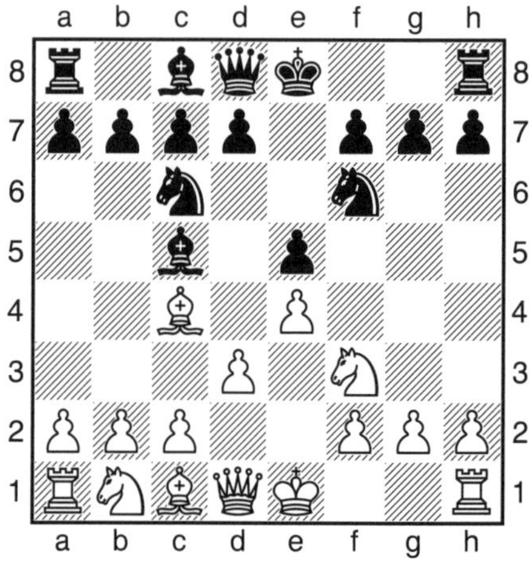

Beide Seiten haben Zentrumsbauern gezogen, und beide haben Leichtfiguren entwickelt. Gut gespielt. Das räumt den Weg für die Rochade frei, die für beide Spieler der nächste Schritt ist:

5 0-0 0-0

In den allermeisten Eröffnungen rochieren beide Seiten. Die Rochade entwickelt einen Turm und bringt den König in Sicherheit. Wenn Weiß zum Beispiel den König auf g1 und Bauern auf f2, g2 und h2 hat, kann Schwarz keine Figur nach f3, g3 oder h3 stellen, ohne dass sie geschlagen wird, während das empfindliche Feld f2 nun durch den Turm auf f1 gedeckt ist.

Die Türme verbinden und zentralisieren

Nach der Rochade und Entwicklung deiner Leichtfiguren solltest du als nächstes die Schwerfiguren (Dame und Türme) ins Spiel bringen. Wenn du rochiert und die Dame und Leichtfiguren von der ersten Reihe wegbewegt hast, sind *die Türme verbunden*. Die

Türme brauchen auf der Grundreihe Platz zum Manövrieren.

1 e4 c5 2 ♘f3 d6 3 d4 cxd4 4 ♘xd4 ♘f6 5 ♘c3 g6 6 ♗e3 ♗g7 7 f3 0-0 8 ♕d2 ♘c6 9 ♗c4 ♗d7 10 0-0-0 ♕a5

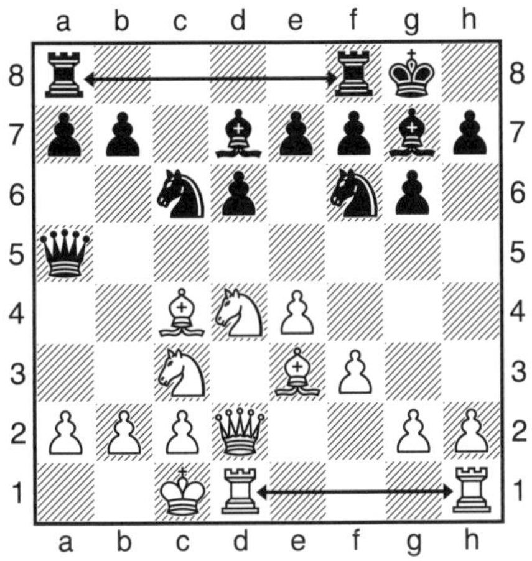

In dieser berühmten Eröffnung, der Sizilianischen Drachenvariante, haben sowohl Weiß als auch Schwarz ihre Leichtfiguren und die Dame herausgespielt, und sie haben rochiert. Ihre Türme sind verbunden und bereit für den Kampf.

Vorsicht mit Ihrer Hoheit, der Dame

Wenn du eine Armee hättest, würdest du die Dame nicht gerne vorne an der Front kämpfen lassen, weil sie zu wertvoll ist. Im Schach musst du aufpassen, die Dame nicht zu früh in der Eröffnung herauszuspielen. Hier ist ein Beispiel:

1 e4 d5 2 exd5 ♕xd5 3 ♘c3 ♕e5+? 4 ♗e2 ♘c6 5 ♘f3

Zum zweiten Mal spielt der Anziehende einen Springer mit Zeitgewinn heraus, indem er die schwarze Dame angreift. Wenn man einen Entwicklungszug macht, der einen Nicht-Entwicklungszug erzwingt, nennt man das, sich „mit Tempo“ entwickeln. Das ist ein wichtiges Konzept, das wir in diesem Buch noch oft sehen werden.

5...♕a5 6 d4 ♗d7? 7 d5 ♘d8 8 ♘e5! ♘f6 9 ♘c4 ♕a6 10 ♗f4 e6

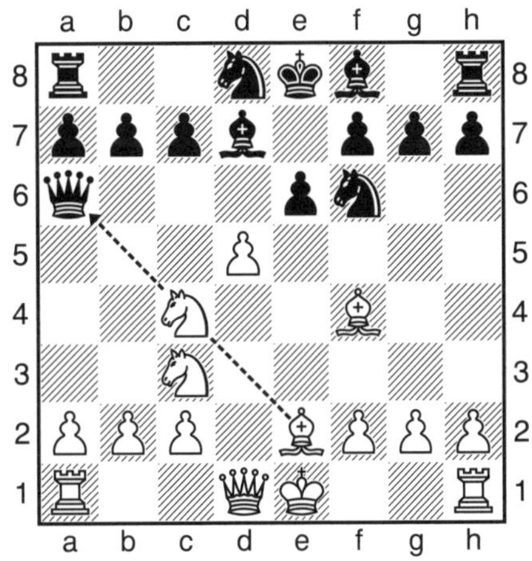

11 ♘d6+! ♗xd6 12 ♗xa6

Die schwarze Dame, die vier Züge gemacht hat, geht für nur zwei Leichtfiguren verloren.

Tipps für Läufer und Springer

Wenn du zwei Läufer auf dem Brett hast und dein Gegner einen oder beide Läufer für einen Springer getauscht hat, sagen wir, dass du das *Läuferpaar* hast. Beachte, dass die Läufer zusammen Felder beider Farben kontrollieren. In diesem Fall wird die Schwäche eines einzelnen Läufers, nämlich die, dass er nur die Hälfte der Felder auf dem Brett kontrollieren kann, hinfällig. Die Seite mit dem Läuferpaar ist häufig im Vorteil gegenüber der Seite mit weniger Läufern, auch dann wenn das Material ausgeglichen ist. Eine Ausnahme ist, wenn der Springer auf einem Feld steht, das nicht von gegnerischen Bauern angegriffen werden kann – das wird *Vorposten* genannt. Ein zentraler Vorposten ist besonders stark. Hier ist ein Beispiel:

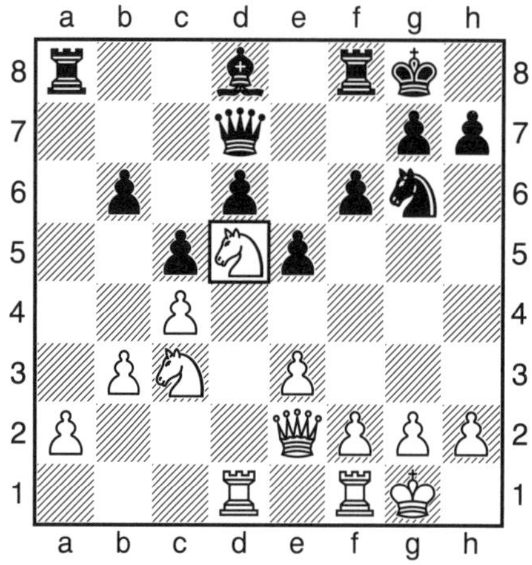

Schwarz kann den weißen Springer nicht von d5 verjagen. Der Springer strahlt Kraft aus, und selbst wenn er abgetauscht wird, kann ein anderer Springer oder ein Turm seinen Platz einnehmen. Beachte den armen schwarzen Läufer, der von seinen eigenen Bauern blockiert wird. Er wird *schlechter Läufer* genannt.

Schwache Bauern

Die *Bauernstruktur*, die aus einer Eröffnung entsteht, kann den Kurs der gesamten Partie bestimmen. Du solltest möglichst vermeiden, *Schwächen* in deiner Bauernstruktur zuzulassen, die die Bauern selbst anfällig machen und/oder den gegnerischen Figuren erlauben, ringsherum einzudringen. Ein Beispiel für eine Schwäche ist ein *rückständiger Bauer* – ein Bauer, der hinter seinen Nachbarn zurückbleibt und daher nicht von einem anderen Bauern zu decken ist. Das vorige Beispiel zeigte einen rückständigen Bauern auf d6. Er stellt ein Problem dar, weil Weiß den Bauern angreifen kann, indem er Türme auf die d-Linie und einen Springer nach b5 stellt, was Schwarz zu passiver Verteidigung zwingt. Außerdem kann Weiß Figuren auf das Vorpostenfeld direkt vor d6 stellen, was in Stellungen mit rückständigen Bauern oft vorkommt.

Das gleiche gilt für den *isolierten Bauern* oder *Isolani*, der überhaupt keine eigenen Bauern auf benachbarten Linien hat. Er kann nicht von anderen Bauern gedeckt werden, und eine direkt vor ihm stehende Figur ist schwer zu vertreiben.

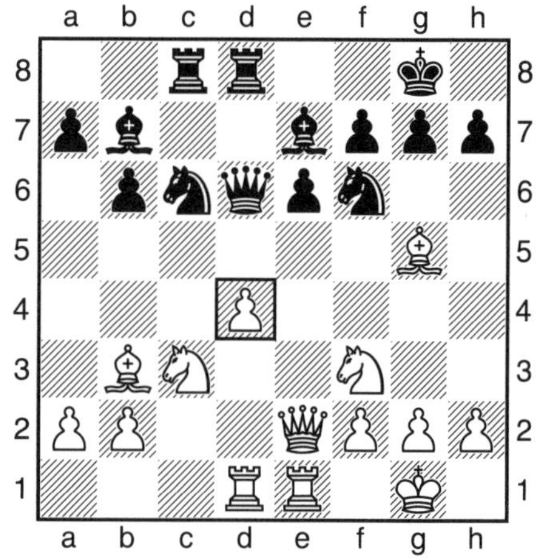

Der weiße Bauer auf d4 ist isoliert. Im Moment ist er gedeckt, aber er braucht zwei Verteidiger (den Springer auf f3 und den Turm auf d1). Außerdem hat Schwarz das Feld d5 als Vorposten. Nach dem Zug ...♘b4, zum Beispiel, hätte Schwarz das Feld d5 sechs Mal überdeckt, und ein Läufer oder ein Springer könnte sich bequem auf diesem schönen Feld niederlassen, ohne vertrieben zu werden.

Allerdings sind zentrale Isolanis nicht immer schlecht, besonders wenn es noch viele Figuren auf dem Brett gibt. In diesem Fall hat Weiß mehr Raum (was Raum zum Manövrieren bedeutet), und seine Figuren sind aktiv. Der Nachziehende muss auf den aggressiven Vorstoß d5 aufpassen, und der Zug ♘e5 kann Druck auf seine Stellung ausüben. Die meisten starken Spieler haben nichts dagegen, eine der beiden Seiten in

Mittelspielstellungen mit einem isolierten Zentrumsbauern zu spielen. Also können wir sagen, dass ein solcher Bauer sowohl eine Schwäche als auch eine Stärke darstellt!

Wenn schließlich ein Spieler zwei Bauern auf der gleichen Linie hat, werden sie *Doppelbauern* genannt. Diese Bauern sind schwer vorzuziehen und können manchmal zu anderen Schwächen in der Bauernstruktur führen. Wenn Doppelbauern auch noch isoliert sind, können sie schrecklich schwach sein.

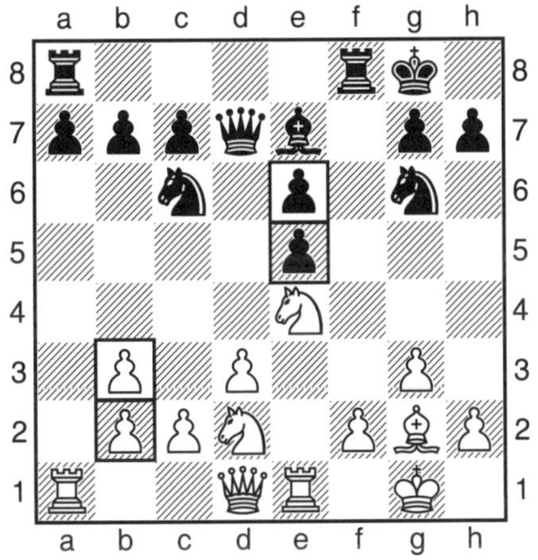

Schwarz hat isolierte Doppelbauern auf e5 und e6. Das Feld e4 direkt vor den schwarzen Bauern ist ein feindlicher Vorposten. Weiß hat dort einen Springer, der eine hervorragende Vorpostenfigur ist, aber du kannst sehen, dass auch jede andere Figur auf diesem Feld (Läufer, Turm oder Dame – oder im Endspiel sogar der König!) ausgezeichnet in alle Richtungen wirken würde.

Beachte, dass auch Weiß Doppelbauern hat, auf b2 und b3. Aber diese Bauern sind nicht isoliert oder anfällig, und es gibt kein Vorpostenfeld für die schwarzen Figuren. Außerdem erlauben sie dem weißen Turm, auf der a-Linie zu spielen. Doppelbauern können genauso gut oder sogar besser als andere Bauern in deinem Aufbau sein, also hab keine Angst vor ihnen. Später im Buch werden wir sogar ein paar Beispiele sehen, wo isolierte Doppelbauern ganz akzeptabel sind (siehe zum Beispiel Seite 31). Versuche einfach, Doppelbauern zu vermeiden, die Schwachpunkte schaffen, die dein Gegner besetzen könnte.

Also denke daran, dass nicht alle rückständigen, verdoppelten oder isolierten Bauern schädlich sind. Aber wenn wir sagen, dass Weiß (oder Schwarz) eine *schlechte Bauernstruktur* hat, heißt das, dass seine Bauernschwächen ihm echte Probleme bereiten können.

Was kommt jetzt?

Wenn du die 50 Eröffnungen in diesem Buch anschaust, wirst du darin immer wieder die Prinzipien und Ideen sehen, die wir gerade besprochen haben. Hab Geduld – es braucht einige Zeit, bis man lernt, sie in der richtigen Weise zusammenzusetzen. Du wirst auch Fälle sehen, wo ein Spieler auf der Suche nach strategischen oder materiellen Vorteilen die Prinzipien scheinbar vergisst – und dafür nicht bestraft wird! Das liegt daran, dass eine konkrete Berechnung die generellen Prinzipien außer Kraft setzen kann, und das ist ein Grund, warum Schach ein so schwieriges Spiel ist. Aber wenn du dich einfach auf die wichtigsten Ziele konzentrierst – zentrale Felder, Entwicklung und Aktivität – wird das oft schon genug sein, um dir gleich von Anfang an einen großen Vorteil zu verschaffen, und du wirst ein paar überraschend schnelle Siege erringen.

BÄRENSTARKE ERÖFFNUNG 1

Italienisch: Giuoco Piano

Alles oder nichts im Zentrum

Die Italienische Partie, **1 e4 e5 2 ♘f3 ♘c6 3 ♗c4**, ist ein direkter Angriffsversuch, bevor Schwarz sich organisieren kann. Es gibt eine Menge Tricks und Fallen, was sie zu einer großartigen Eröffnung für Angreifer macht. Im Giuoco Piano antwortet Schwarz **3...♗c5** *(1a)*. Beachte, dass die schwachen Felder f7 und f2 beide attackiert sind, also achte auf Angriffe gegen diese Felder. Die Hauptvariante ist 4 c3 ♘f6 5 d4 exd4 6 cxd4 ♗b4+ 7 ♗d2 ♗xd2+ 8 ♘bxd2 d5! *(1b)*. Weiß baut das ideale Zentrum auf, aber Schwarz blockiert es und bricht es auf. Vergleiche dies mit Diagramm 2, wo Schwarz mit 6...♗b6? zurückweicht und die weißen Bauern vorwärts stürmen. Weiß kann auch sofort mit 6 e5 angreifen, aber Schwarz antwortet 6...d5! (ein wichtiges Motiv) 7 ♗b5 ♘e4, wonach 8 ♘xd4?! 0-0! 9 ♗xc6 bxc6 10 ♗e3 ♖e8 *(3)* unangenehm für Weiß ist. Stattdessen ist 4 d3 d6 5 0-0 ♘f6 *(4)* eine solide Wahl. Aber nach dem unschuldig aussehenden 6 ♗g5?! h6 7 ♗h4?! g5 8 ♗g3 h5! 9 ♘xg5?! h4! 10 ♘xf7 *(5)* ist es Schwarz, der den ganzen Spaß hat.

Grundlegende Stellungen im Giuoco Piano

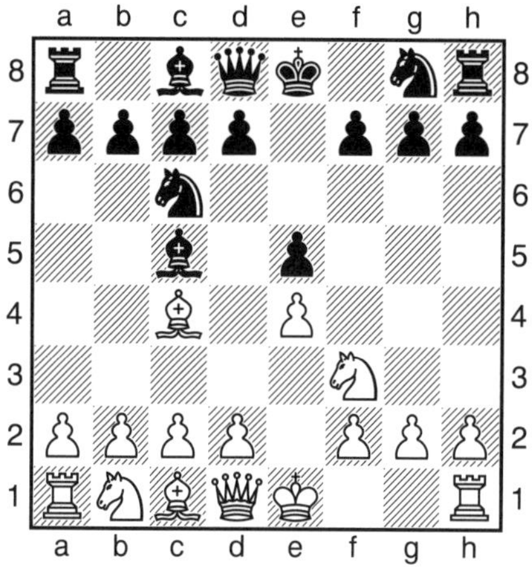

1a) Weiß am Zug

Weiß baut sein Zentrum mit 4 c3 ♘f6 5 d4 auf. So werden Linien geöffnet, denn wenn Schwarz zurückweicht, gehen die weißen Bauern vorwärts, und die schwarzen Figuren werden in alle Richtungen zerstreut.

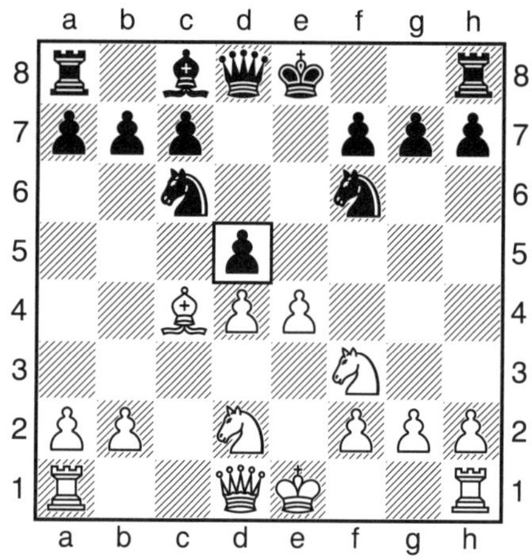

1b) Weiß am Zug

Schwarz hält im Zentrum dagegen. Nach 9 exd5 ♘xd5 hat Weiß einen Isolani auf d4, aber auch mehr Figuren im Spiel. Es wird ein Kampf zwischen der besseren schwarzen Struktur und dem aktiven weißen Figurenspiel.

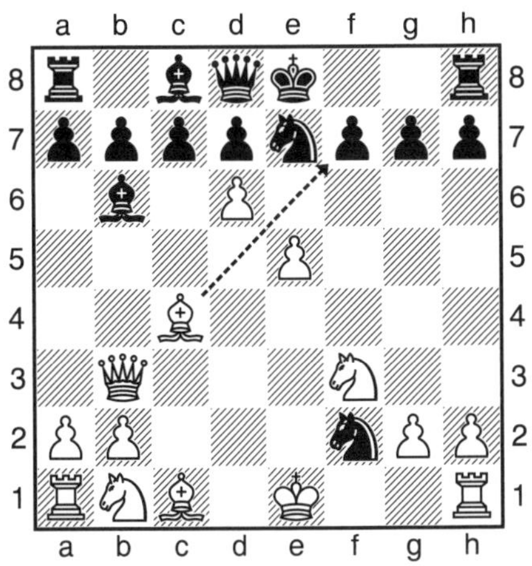

2) Schwarz am Zug

Das passiert, wenn Schwarz 6...♗b6? zieht und zurückgetrieben wird: 7 d5 ♘e7 8 e5 ♘g4 9 d6 ♘xf2 10 ♕b3!. Ein mögliches Ende ist nun 10...♘g6? 11 ♗xf7+ ♔f8 12 ♗g5!, und die schwarze Dame ist gefangen.

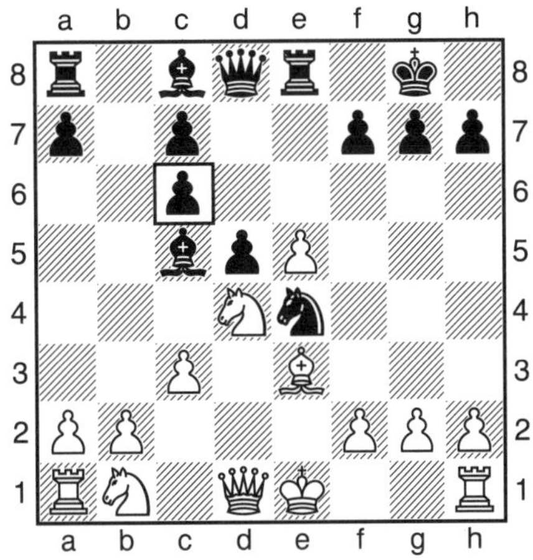

3) Weiß am Zug

Kann Weiß hier nicht mit 11 ♘xc6 einen Bauern gewinnen? Nein, denn 11...♗xe3!! 12 ♘xd8 ♗xf2+ gewinnt die Dame nach 13 ♔f1 ♗a6+ oder 13 ♔e2 ♗g4+ mit Zinsen zurück. Ein Triumph der schnellen Entwicklung!

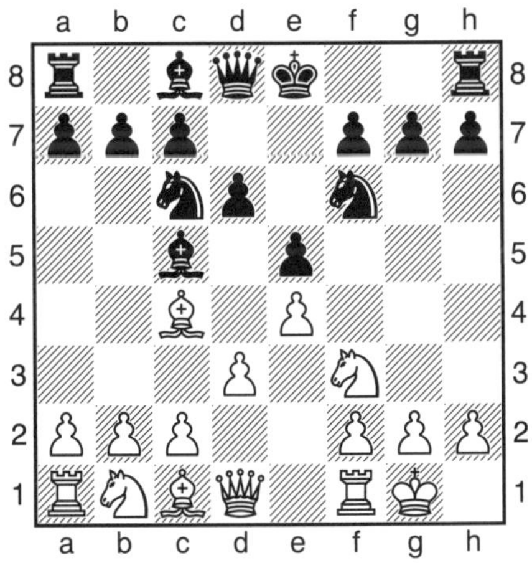

4) Weiß am Zug

Das ist das Giuoco Pianissimo („sehr ruhiges Spiel"). Nun könnte z. B. 6 h3 h6 7 a3 0-0 8 ♘c3 folgen. Beide Seiten haben eine solide Bauernstruktur, und es ist noch nicht viel los.

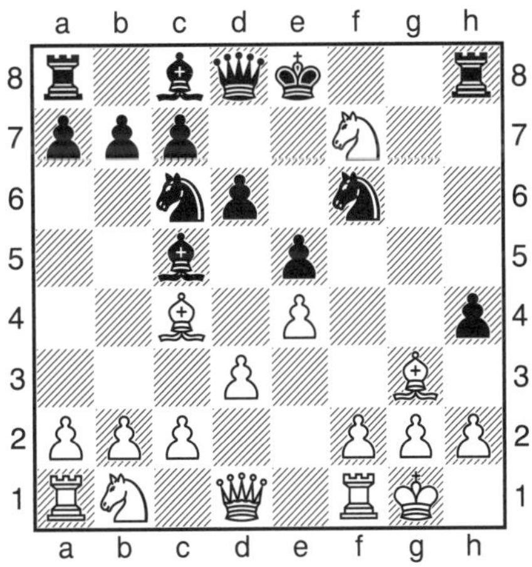

5) Schwarz am Zug

Totales Chaos! Scheinbar ist Schwarz platt, aber er opfert seine Dame mit 10...hxg3!? 11 ♘xd8 ♗g4 12 ♕d2 ♘d4! 13 h3 ♘e2+, wonach 14 ♔h1?? ♖xh3+! 15 gxh3 ♗f3# ein schönes Ende ist (zumindest für Schwarz!).

BÄRENSTARKE ERÖFFNUNG 2

Evans-Gambit

Wer nicht wagt, der nicht gewinnt: Romantik pur

Das Evans-Gambit war eine der beliebtesten Eröffnungen im 19. Jahrhundert und ist auch heute wieder modern. Es entsteht nach **1 e4 e5 2 ♘f3 ♘c6 3 ♗c4 ♗c5 4 b4** *(1a)*. Weiß opfert einen Bauern, um Zeit für den Aufbau eines idealen Zentrums und schnelle Entwicklung zu gewinnen. Eine alte Hauptvariante ist 4...♗xb4 5 c3 ♗a5 6 d4 exd4 7 0-0 d6 8 cxd4 ♗b6 9 ♘c3 *(1b)*. Das kann zu einem taktischen Gemetzel führen. In Diagramm 2 ist Schwarz mit dem sichereren 7...♘ge7 abgewichen, was einen Bauern zurückgibt, um den Gegenschlag ...d5 zu landen. Aber ein kompromissloser Kampf wird folgen. Die Lasker-Verteidigung ist 6...d6 7 0-0 ♗b6 *(3)* (oder 6 0-0 d6 7 d4 ♗b6). Schwarz gibt den Bauern zurück, um eine sichere Entwicklung und bessere Bauernstruktur zu bekommen. Er kann das Gambit auch annehmen, um den Bauern dann mit 4...♗xb4 5 c3 ♗e7 6 d4 ♘a5 7 ♘xe5 (7 ♗e2 ist aggressiver) 7...♘xc4 8 ♘xc4 *(4)* zurückzugeben und auf sein Läuferpaar zu hoffen. Schließlich kann Schwarz das Gambit mit 4...♗b6 *(5)* auch ganz ablehnen.

Grundlegende Stellungen im Evans-Gambit

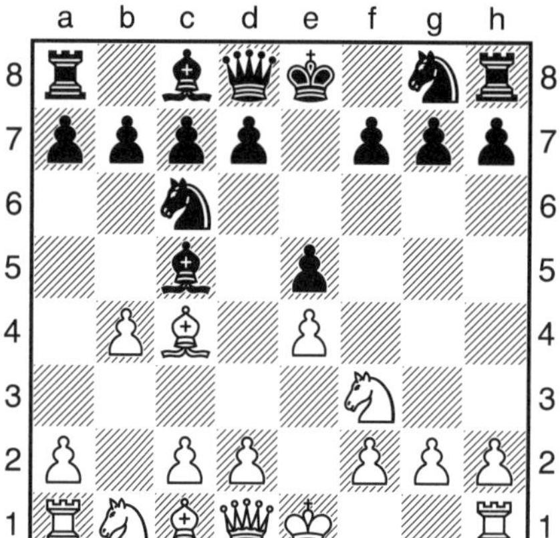

1a) Schwarz am Zug

Wenn Schwarz den b-Bauern mit 4...♗xb4 schlägt, übernimmt Weiß das Zentrum mit 5 c3 ♗a5 6 d4, was die tödliche Falle 6...♘f6? 7 dxe5 ♘xe4? 8 ♕d5 aufstellt, wonach sowohl 9 ♕xf7# als auch 9 ♕xe4 droht.

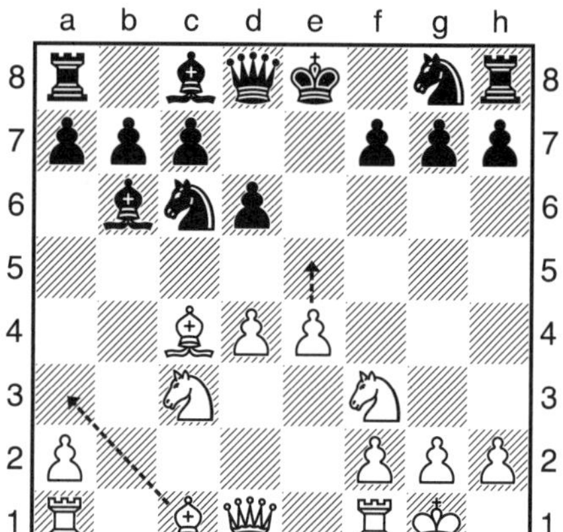

1b) Schwarz am Zug

Wenn Schwarz 9...♘f6? zieht, sprengt Weiß mit 10 e5! dxe5 11 ♗a3! voran. Nun kann Schwarz nicht rochieren, und es droht 12 ♕b3 oder 12 ♘g5 mit heftigem Angriff. 9...♘a5 und 9...♗g4 sind viel bessere Verteidigungen.

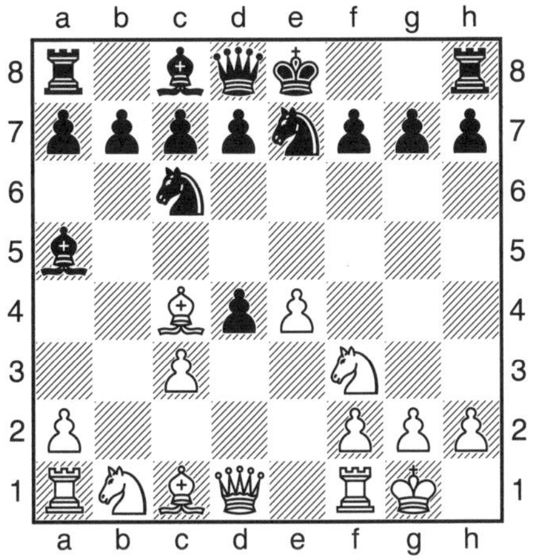

2) Weiß am Zug

Wenn Weiß mit 8 ♘g5 angreift, läuft er in 8...d5 9 exd5 ♘e5! hinein. Schwarz hält das Zentrum auch nach 8 cxd4 d5 9 exd5 ♘xd5 10 ♕b3 ♗e6!, wobei er 11 ♕xb7?! mit 11...♘db4! beantwortet, was 12...♖b8 droht.

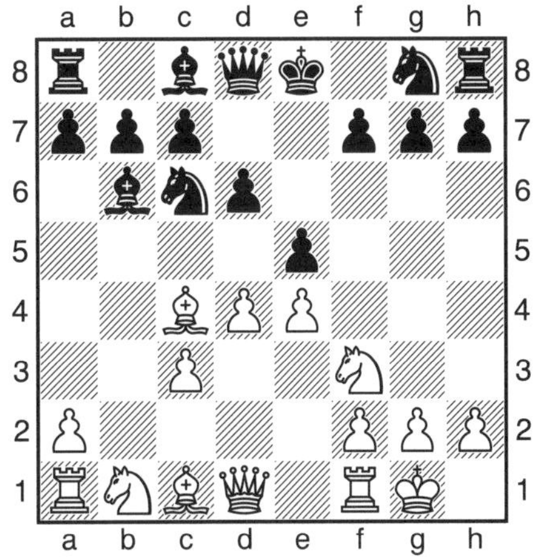

3) Weiß am Zug

Nach 8 dxe5 dxe5 9 ♕xd8+ ♘xd8 10 ♘xe5 hat Weiß wegen des Bauern auf c3 eine schlechte Bauernstruktur. Stattdessen behält Weiß nach 9 ♕b3 ♕f6 10 ♗g5 ♕g6 etwas Druck für den schwarzen Mehrbauern.

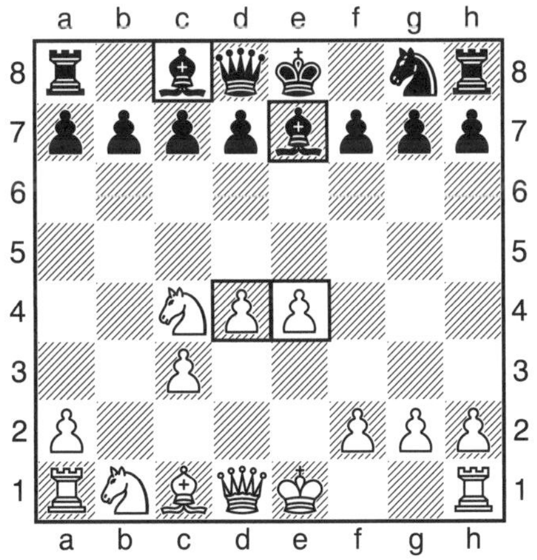

4) Schwarz am Zug

Hier kann Schwarz mit 8...d5 9 exd5 ♕xd5 10 ♘e3 ♕a5 etwas Raum beanspruchen. Das sollte beiden Seiten ungefähr gleiche Chancen geben, wobei das bessere weiße Zentrum das schwarze Läuferpaar kompensiert.

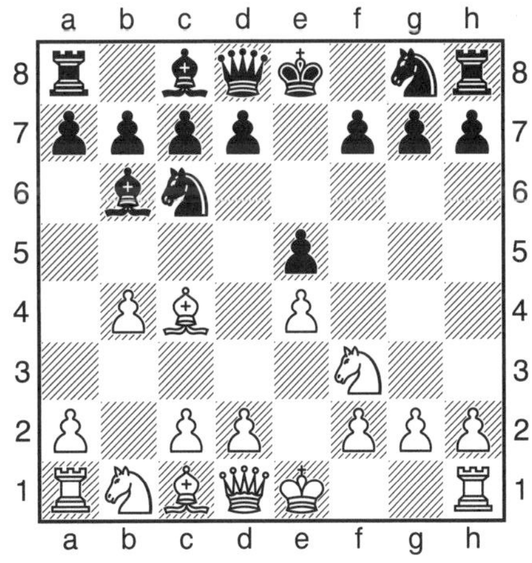

5) Weiß am Zug

Nach 5 b5 ♘a5 6 ♘xe5? ♘h6! droht Schwarz ...♗d4, ...d6 und ...♕g5. Eine bessere Idee ist 5 a4 (um mit 6 a5 den schwarzen Läufer zu fangen!), wonach 5...a6! 6 ♘c3 ♘f6 Chancen für beide Seiten verspricht.

BÄRENSTARKE ERÖFFNUNG 3

Zweispringerspiel

Aller guten Dinge sind zwei

Das Zweispringerspiel entsteht nach **1 e4 e5 2 ♘f3 ♘c6 3 ♗c4** und nun **3...♘f6** *(1a)*. Schwarz greift den Bauern auf e4 an und bereitet den wirksamen Zentrumsschlag ...d5 vor. Beachte, dass der natürliche Zug 4 ♘c3 mit dem Gabeltrick 4...♘xe4! 5 ♘xe4 d5 beantwortet werden kann. Ein direkter Test des Zweispringerspiels ist 4 ♘g5 mit Angriff auf f7. Nach 4...d5 5 exd5 hat Schwarz mehrere Möglichkeiten. Die Hauptvariante ist 5...♘a5 6 ♗b5+ c6 7 dxc6 bxc6 *(1b)*, wonach 8 ♗e2 der traditionelle Zug ist. Weiß kann auch 8 ♗d3!? spielen, was e4 kontrolliert, oder 8 ♕f3 *(2)*, was den Bauern c6 fesselt. Wenn Schwarz einfach mit 5...♘xd5?! zurückschlägt, kann Weiß das Figurenopfer 6 ♘xf7!? *(3)* versuchen, genannt Fegatello-Angriff (Fegatello ist ein italienisches Gericht, was im Deutschen „gebratene Leber“ bedeutet). Der wilde Max-Lange-Angriff entsteht nach 4 d4 exd4 5 0-0 (5 e5 läuft in 5...d5! hinein) 5...♗c5 6 e5 d5 7 exf6 dxc4 *(4)*. Wenn Schwarz mit 5...♘xe4 6 ♖e1 d5 einen Zentrumsbauern nimmt, gewinnt der spektakuläre Trick 7 ♗xd5! *(5)* ihn zurück.

Grundlegende Stellungen im Zweispringerspiel

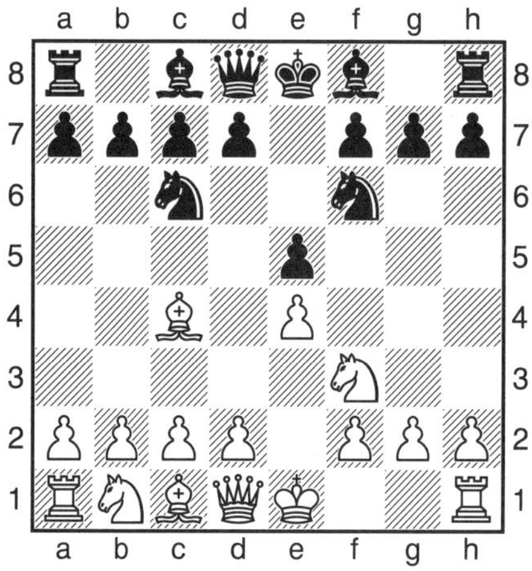

1a) Weiß am Zug
Schwarz greift e4 an, und wenn Weiß den Bauern einfach deckt, wird Schwarz sich bequem entwickeln. Die Hauptvariante ist eine dramatische Zugfolge, die mit 4 ♘g5 d5 beginnt, wonach Schwarz einen Bauern opfert, um Weiß zurückzutreiben.

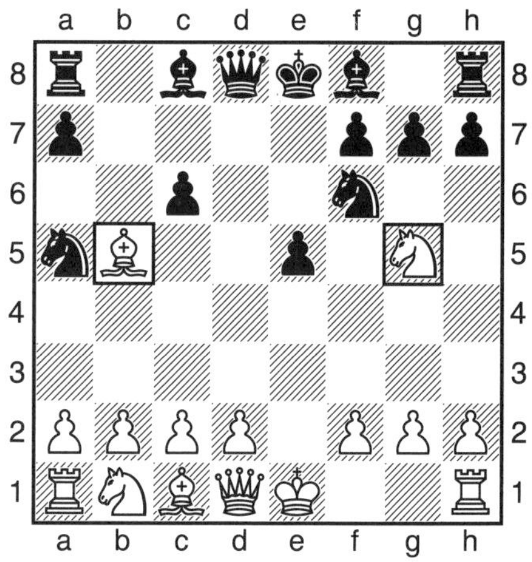

1b) Weiß am Zug
In Varianten wie 8 ♗e2 h6 9 ♘f3 e4 10 ♘e5 ♕c7 gewinnt Schwarz durch Angriffe auf die weißen Figuren Zeit. Weiß hat einen Bauern mehr, aber Schwarz die bessere Entwicklung und Zentrumskontrolle. 8 ♗d3!? vermeidet diese Probleme, aber blockiert den d-Bauern.

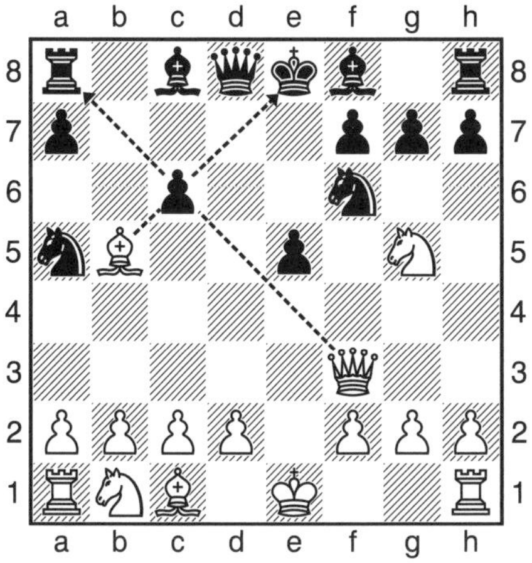

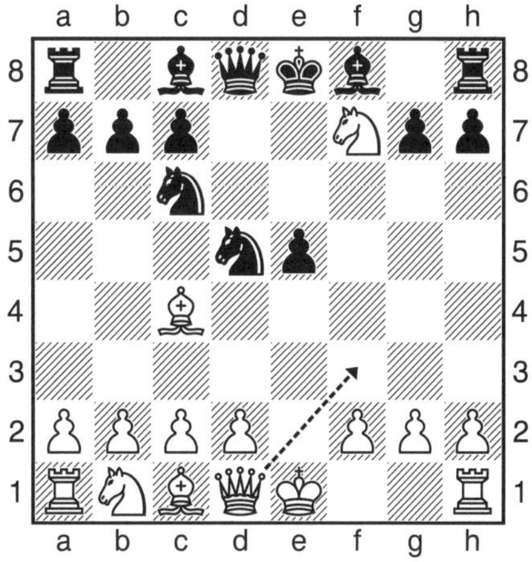

2) Schwarz am Zug

8...♖b8! opfert einen zweiten Bauern. 9 ♗xc6+ ♘xc6 10 ♕xc6+ ♘d7 11 d3 ♗e7 12 ♘e4 ♖b6 13 ♕a4 ♗b7 gibt Schwarz schnelle Entwicklung, Zentrumskontrolle, das Läuferpaar und Angriff für die Bauern.

3) Schwarz am Zug

Die Fegatello-Variante. Nach 6...♔xf7 7 ♕f3+ ♔e6 (riskant, aber der König muss seinen Springer decken) 8 ♘c3 ♘e7 (oder 8...♘b4!?) 9 d4! hat Weiß eine Figur weniger, aber gefährlichen Angriff.

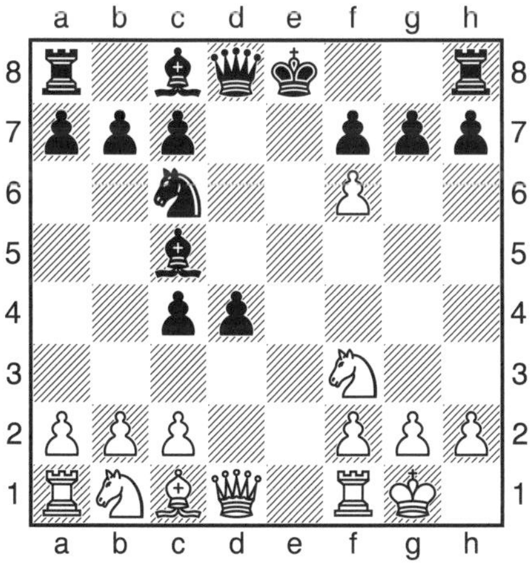

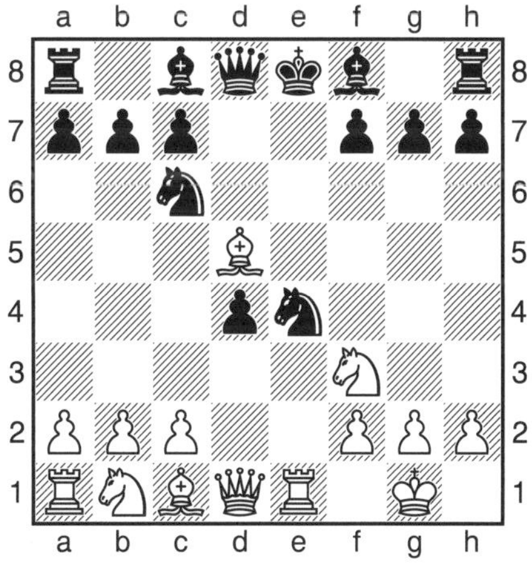

4) Weiß am Zug

Die Taktik dominiert! Eine nervenaufreibende Variante mit mehreren Fesselungen ist 8 ♖e1+ ♗e6 9 ♘g5 ♕d5! 10 ♘c3! ♕f5 11 ♘ce4 0-0-0 12 g4! ♕e5! mit enormen Verwicklungen. 9 fxg7 ♖g8 10 ♗g5 ist eine andere Geschichte.

5) Schwarz am Zug

Dank der Doppelfesselung 7...♕xd5 8 ♘c3! gewinnt Weiß seine Figur zurück. Aber Schwarz kann dies gut mit 8...♕h5 9 ♘xe4 ♗e6 beantworten, was den weißen Angriff auf der e-Linie blockiert.

BÄRENSTARKE ERÖFFNUNG 4

Königsgambit

Wahnsinn mit Methode, oder nur verrückt?

Das Königsgambit entsteht nach **1 e4 e5 2 f4** *(1a)*. Dieser seltsam aussehende Zug gibt einen Bauern und stellt den weißen König bloß! Aber wenn Schwarz das Gambit mit 2...exf4 annimmt, bekommt Weiß mit 3 ♘f3 und schnellem d4 den größeren Teil des Zentrums. Außerdem plant er, auf der f-Linie anzugreifen. Oft deckt Schwarz den Bauern mit 3...g5, und Weiß versucht, die Bauernkette durch 4 h4 g4 5 ♘e5 *(1b)* zu zerstören. Das wilde Muzio-Gambit verläuft 3...g5 4 ♗c4 g4 (4...♗g7 ist solider und sicherer) 5 0-0! gxf3 6 ♕xf3. Weiß opfert eine ganze Figur, um auf der f-Linie anzugreifen. Ein typischer Schlagabtausch geht weiter mit 6...♕f6 7 e5! ♕xe5 8 ♗xf7+! ♔xf7 9 d4 *(2)*. In der modernen Variante gibt Schwarz den Bauern für Entwicklung zurück: 3...d5 4 exd5 ♘f6 *(3)*. Das Falkbeer-Gegengambit ist 2...d5 3 exd5 e4?! (3...c6!? ist eine andere Gambitidee, die aber der modernen Variante ähnelt), wonach 4 d3! ♘f6 5 dxe4 ♘xe4 6 ♘f3 *(4)* die Hauptvariante ist. Schwarz kann das Königsgambit auch mit 2...♗c5 *(5)* ablehnen und eine solide Stellung bekommen.

Grundlegende Stellungen im Königsgambit

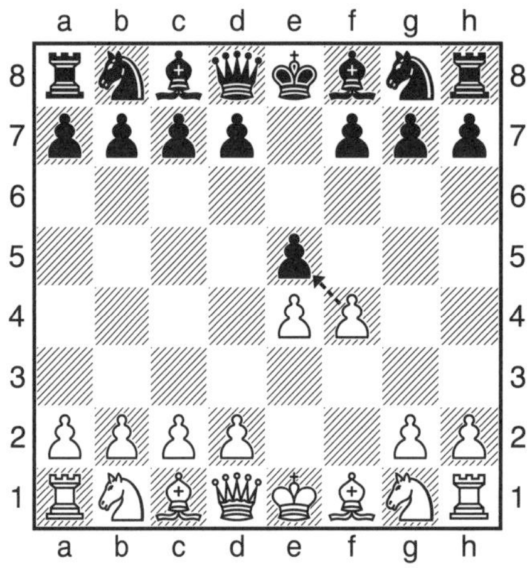

1a) Schwarz am Zug

Weiß greift e5 an. Durch ein Bauernopfer möchte er die schwarze Kontrolle von d4 ablenken, das Zentrum übernehmen und einen Angriff starten! Normalerweise nimmt Schwarz das Angebot gerne mit 2...exf4 an.

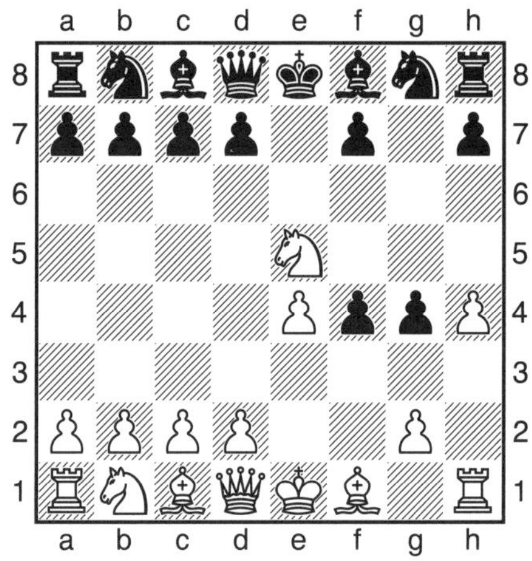

1b) Schwarz am Zug

Die einfachste Verteidigung ist hier 5...♘f6. Zum Beispiel 6 ♗c4 d5! oder 6 d4 d6 7 ♘d3 ♘xe4 8 ♗xf4 ♕e7 9 ♗e2 ♘c6 (oder 9...♗g7), wonach Schwarz einen Mehrbauern für eine etwas unsichere Stellung hat.

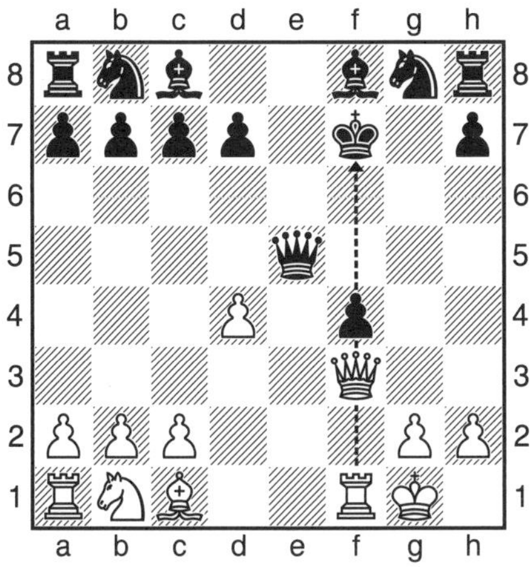

2) Schwarz am Zug

Weiß setzt seine Opfer fort: 9...♕xd4+ 10 ♗e3! ♕f6 11 ♘c3 mit der Idee ♕h5+, ♘d5 und ♗xf4. Andererseits hat Schwarz zwei Figuren mehr – wenn er also durchhält, ist für Weiß alles vorbei!

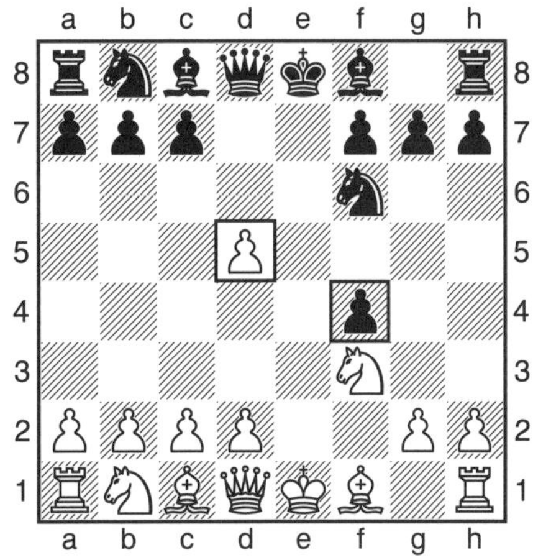

3) Weiß am Zug

Nach der scharfen Variante 5 ♗b5+ c6 6 dxc6 ♘xc6 7 d4 ♗d6 behält Schwarz den f-Bauern, der die weißen Figuren behindert. Dafür hat Weiß mehr vom Zentrum. 5 ♗c4 ♘xd5 6 0-0 ist eine einfachere Spielweise.

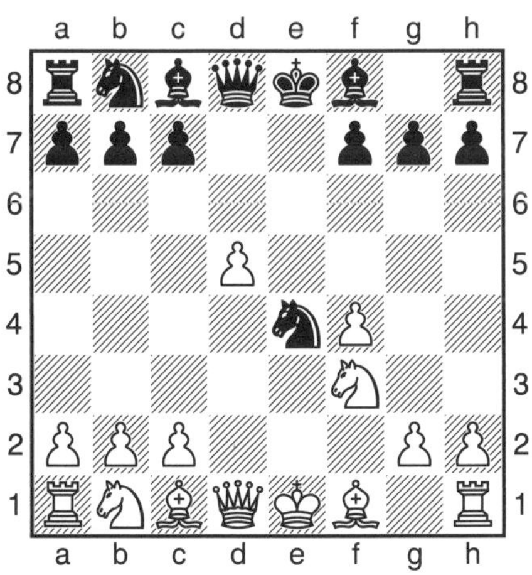

4) Schwarz am Zug

6...♗c5 greift f2 an, aber die taktische Variante 7 ♕e2 ♗f5 8 ♘c3 ♕e7 9 ♗e3! ist gut, da der schwarze König nach 9...♘xc3 10 ♗xc5! ♘xe2 11 ♗xe7 ♘xf4 12 ♗a3 ♘xd5 13 0-0-0 im Zentrum hängen bleibt.

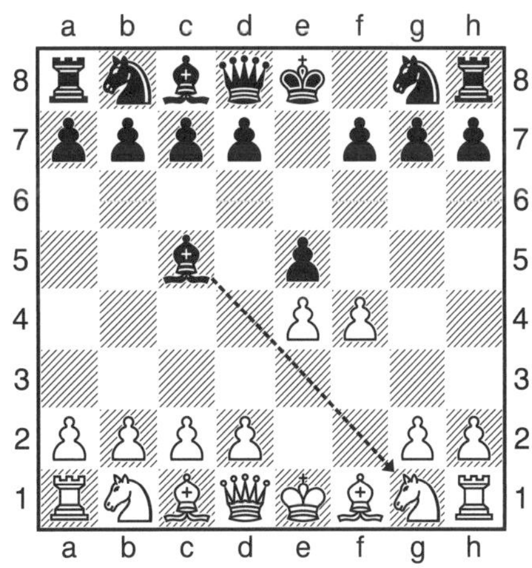

5) Weiß am Zug

Nun sollte Weiß 3 fxe5?? ♕h4+ 4 g3 ♕xe4+ vermeiden. Nach 3 ♘f3 d6 4 ♘c3 (oder 4 c3!? mit der Absicht d4) 4...♘f6 5 ♗c4 ♘c6 6 d3 ♗g4 wiegt die schwarze Kontrolle über d4 den möglichen weißen Angriff auf.

Bärenstarke Eröffnung 5 Dänisches Gambit und Mittelgambit

Ohne Risiko keinen Preis

1 e4 e5 2 d4 exd4 3 c3 *(1a)* ist das radikale Dänische Gambit. Nach 3...dxc3 opfert Weiß einen zweiten Bauern mit 4 ♗c4!? (4 ♘xc3 ♘c6 5 ♘f3 ist das Göring-Gambit – siehe Seite 24) 4...cxb2 5 ♗xb2, um zwei auf den schwarzen Königsflügel gerichtete Monsterläufer zu bekommen. Langsame Züge wie 5...d6 6 ♘c3 ♘f6 7 ♕b3! ♕e7 8 ♘f3 ♘c6 9 0-0-0 *(2)* geben Weiß gefährliches Spiel. Die dynamischste schwarze Antwort ist der Zentrumskonter 5...d5!?, mit der trickreichen Idee 6 ♗xd5 ♘f6 *(3)*. Schwarz möchte den Läufer auf d5 schlagen, aber hat er etwas übersehen? Ein guter Weg, das Gambit abzulehnen, ist 3...d5 4 exd5 ♕xd5 5 cxd4 ♘c6 *(4)*.

Das Mittelgambit ist **1 e4 e5 2 d4 exd4 3 ♕xd4** *(1b)*. Die weiße Dame steht mitten auf dem Brett exponiert, wie die schwarze Dame in der Skandinavischen Verteidigung (Seite 44). Die Frage ist, ob sie einen sinnvollen, sicheren und aktiven Posten finden kann. Die Hauptvariante führt zu entgegengesetzte Rochaden: 3...♘c6 4 ♕e3 ♘f6 5 ♘c3 ♗b4 6 ♗d2 0-0 7 0-0-0 *(5)*.

Grundlegende Stellungen im Dänischen Gambit und Mittelgambit

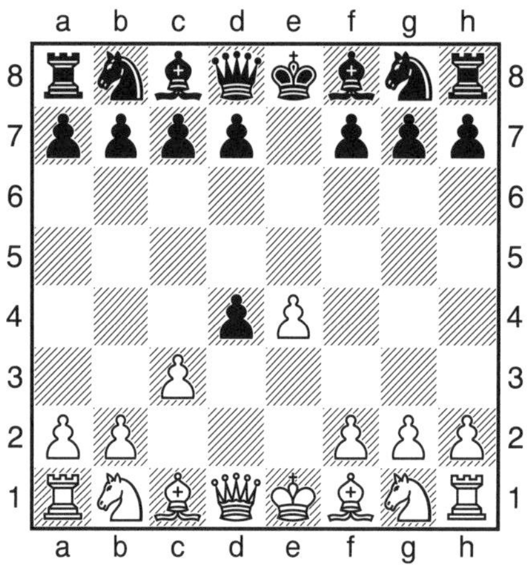

1a) Schwarz am Zug

Nach 3...dxc3 4 ♗c4!? cxb2 5 ♗xb2 hat Schwarz zwei Bauern mehr, muss aber mit den aktiven weißen Läufern, der Zentrumskontrolle und Drohungen gegen f7 und g7 fertig werden. Behutsame Verteidigung ist gefragt.

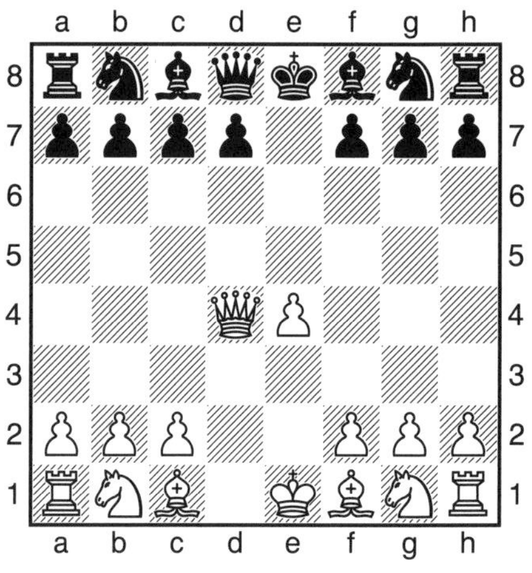

1b) Schwarz am Zug

Weiß hat mehr Raum. Schwarz kann seinen Läufer mit 3...♘c6 4 ♕e3 g6 5 ♘c3 ♗g7 6 ♗d2 ♘f6 7 0-0-0 0-0 8 ♗c4 entwickeln, wonach 8...♖e8 direkt Druck gegen e4 ausübt, aber Weiß das freiere Spiel behält.

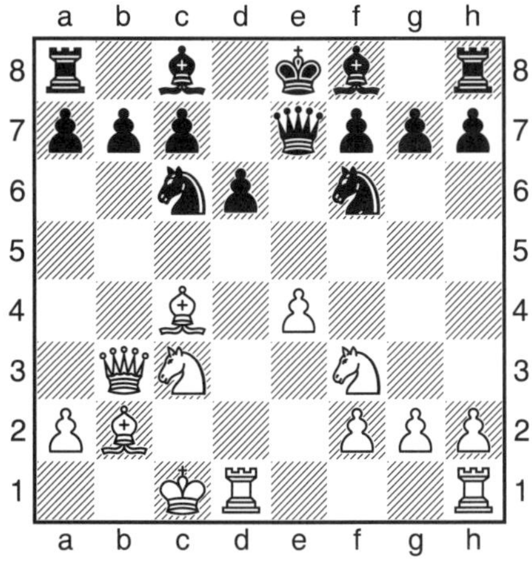

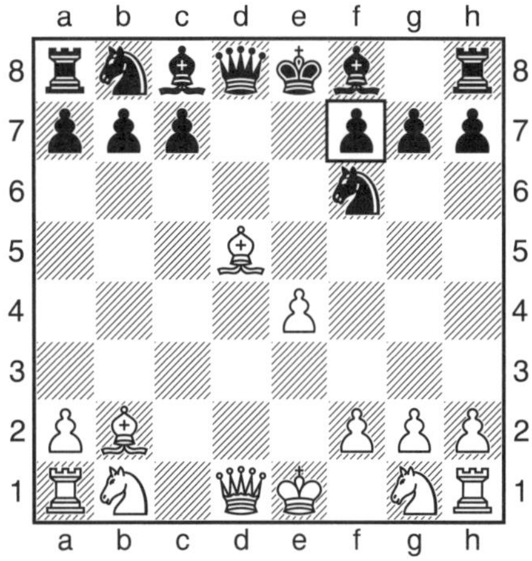

2) Schwarz am Zug

Mit der zentralen weißen Entwicklung konfrontiert, kann Schwarz leicht fehlgreifen. 9...♖b8? 10 ♖he1! ♗e6? 11 e5! dxe5 12 ♘xe5 ♘xe5 13 ♖xe5 nebst ♗xe6 ist ein Beispiel für das, was Schwarz vermeiden sollte.

3) Weiß am Zug

7 ♗xf7+ ♔xf7 8 ♕xd8 gewinnt die Dame, aber mit 8...♗b4+ 9 ♕d2 ♗xd2+ 10 ♘xd2 gewinnt Schwarz sie einfach zurück. Ein anderer Trick ist 7 ♘c3 ♘xd5 8 ♘xd5 c6? (8...♘d7 ist besser) 9 ♘f6+! gxf6 10 ♕xd8+ ♔xd8 11 ♗xf6+.

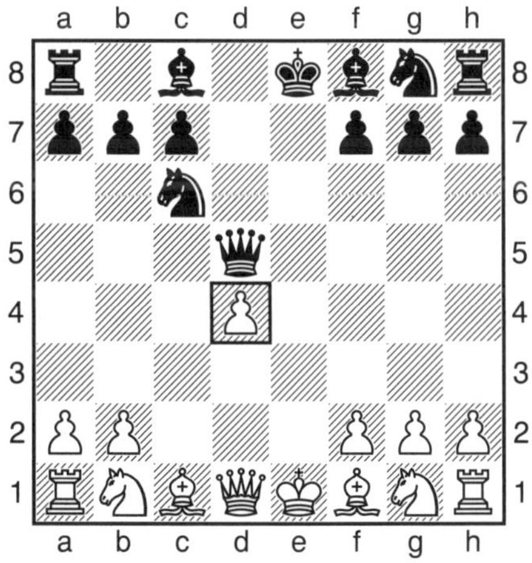

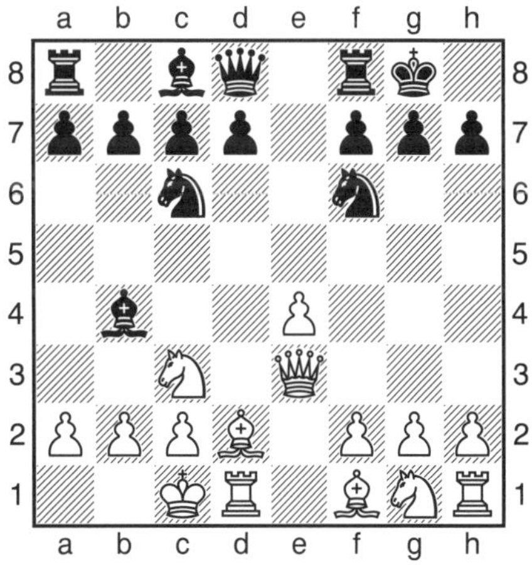

4) Weiß am Zug

Schwarz gibt den Bauern zurück und droht, auf d4 zu schlagen. Eine beliebte Variante ist 6 ♘f3 ♗g4 7 ♗e2 ♗b4+ 8 ♘c3 ♗xf3 9 ♗xf3 ♕c4!, was die weiße Rochade verhindert und c3 angreift. 6 ♗e3!? vermeidet die Fesselung ...♗g4.

5) Schwarz am Zug

Entgegengesetzte Rochaden führen meist zu Angriffsschach: 7...♖e8 8 ♕g3! verhindert 8...♗xc3 9 ♗xc3 ♘xe4?? wegen 10 ♕xg7#. Schwarz kann stattdessen 8...♖xe4! mit großen Komplikationen spielen.

BÄRENSTARKE ERÖFFNUNG 6

Göring Gambit und Lettisches Gambit

Behalte den Druck – oder sonst...

Das Göring-Gambit, **1 e4 e5 2 ♘f3 ♘c6 3 d4 exd4 4 c3** *(1a)*, ähnelt dem Dänischen Gambit, aber Weiß opfert nur einen Bauern für die Entwicklung. Wenn Schwarz mit 4...dxc3 5 ♘xc3 annimmt, muss er entscheiden, wie er sich gegen einen direkten Angriff mit ♗c4 und ♕b3 oder ♘g5 verteidigt. Ein Weg ist 5...d6 6 ♗c4, und nun 6...♗e6 *(2)* oder 6...♘f6 7 ♕b3 ♕d7! (mit der Idee ...♘a5) 8 ♘g5 ♘e5 *(3)*. Mit einer anderen Zugfolge, 5...♗b4 6 ♗c4 d6 *(4)*, versucht Schwarz, den Königsläufer zu entwickeln und schnell zu rochieren. Wir sollten anmerken, dass Schwarz genau auf die gleiche Weise ablehnen kann, wie wir es im Dänischen Gambit gesehen haben: 4...d5 5 exd5 ♕xd5 6 cxd4 führt zu einer Stellung, die wir auf Seite 23 untersucht haben.

Nach **1 e4 e5 2 ♘f3** kann Schwarz mit dem mutigen **2...f5?!** *(1b)* schon im zweiten Zug einen Bauern opfern. Das ist das Lettische Gambit, und es ähnelt dem Königsgambit mit einigen verwandten Ideen. Eine wichtige Variante ist 3 ♘xe5 ♕f6 4 d4 d6 5 ♘c4 fxe4 6 ♘c3 *(5)*. Weiß entwickelt seine Figuren schnell, anstatt sich an seinen Mehrbauern zu klammern.

Grundlegende Stellungen im Göring Gambit und Lettischen Gambit

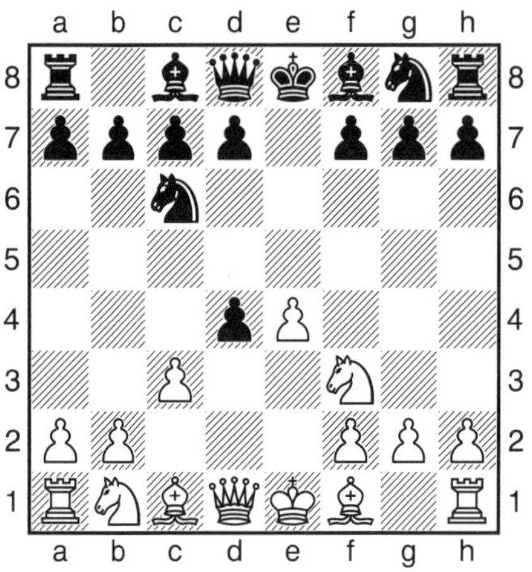

1a) Schwarz am Zug
Weiß opfert einen Bauern, um Linien im Zentrum zu öffnen und seine Figuren schnell aktiv herauszubringen. Wenn Schwarz auf c3 nimmt, hat Weiß volle Kontrolle über das Zentrum und verhindert den schwarzen Vorstoß d5.

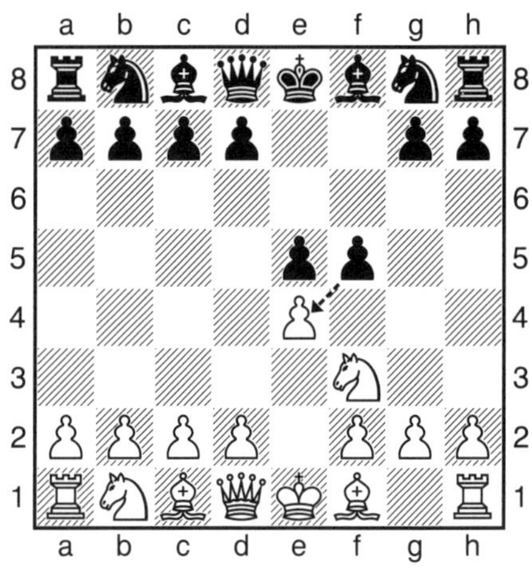

1b) Weiß am Zug
Schwarz greift sofort e4 an. Wenn Weiß den Bauern mit 3 exf5 annimmt, hat Schwarz anders als im Königsgambit den sofortigen Angriff 3...e4, der den Bauern mit Tempogewinn vorzieht.

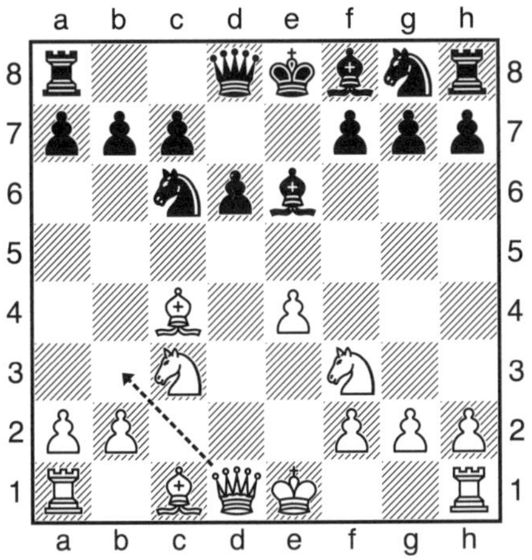

2) Weiß am Zug

Weiß behält die Initiative mit 7 ♗xe6 fxe6 8 ♕b3, was b7 und e6 angreift; zum Beispiel 8...♕c8 9 ♘g5 ♘d8 10 f4 mit der Idee e5 oder f5. Schwarz hat einen Mehrbauern, aber steht eingeengt.

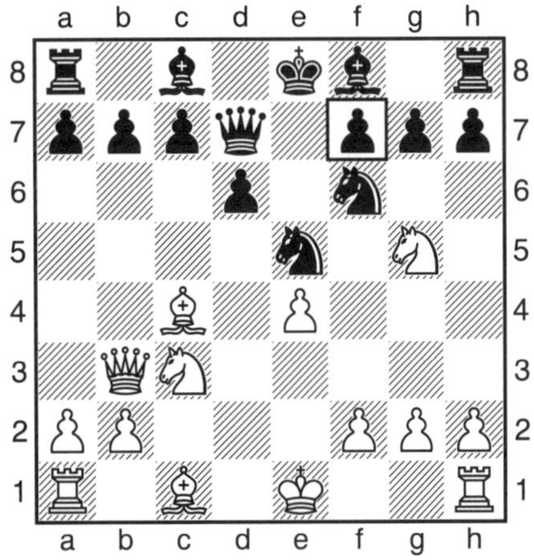

3) Weiß am Zug

Das Feld f7 ist gedeckt, und Schwarz wird gleich ...h6 spielen. Weiß kann sich keinen Zeitverlust erlauben, also versucht er 9 ♗b5 c6 10 f4! cxb5 11 fxe5 dxe5 12 ♗e3 nebst ♖d1 mit einem typischen Angriff für zwei Bauern.

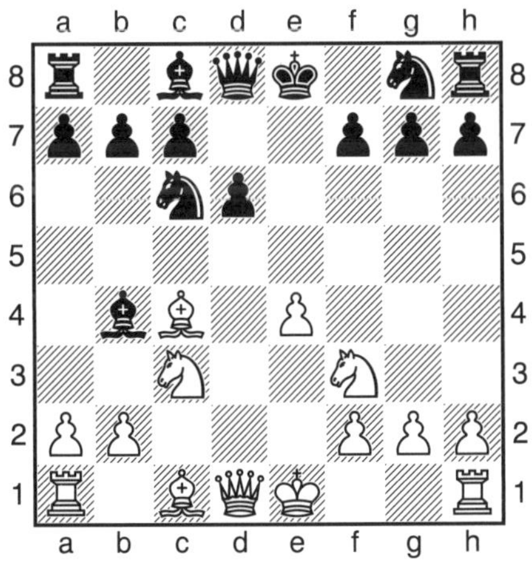

4) Weiß am Zug

Wenn die Partie mit 7 0-0 ♗xc3 8 bxc3 ♘f6 weitergeht, kann Weiß, um ...0-0 zu stoppen, das radikale 9 e5!? ♘xe5 10 ♘xe5 dxe5 11 ♕b3 ♕e7 12 ♗a3 c5 13 ♗b5+ mit großen Komplikationen versuchen.

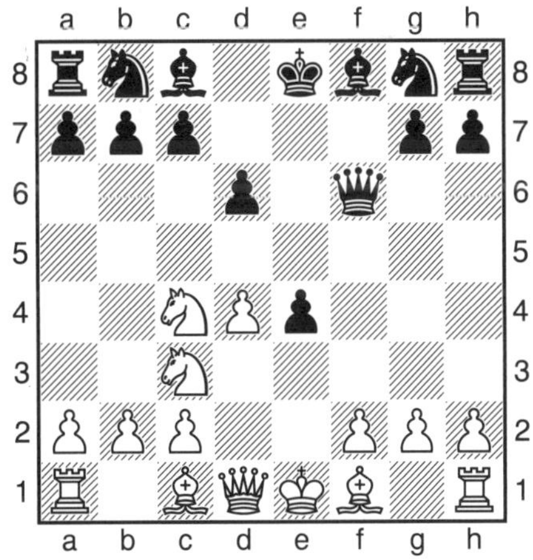

5) Schwarz am Zug

Weiß hat echten Entwicklungsvorsprung, während Schwarz seinen Bauern e4 nutzen möchte, um Weiß einzuengen. Eine mögliche Fortsetzung ist 6...♕g6 7 f3 exf3 8 ♕xf3 ♘f6 9 ♗d3 mit etwas Vorteil für Weiß.

BÄRENSTARKE ERÖFFNUNG 7

Läuferspiel und Wiener Partie

Altmodische Entwicklung

Dies sind zwei ältere Eröffnungen, aber immer noch gute Waffen. Das Läuferspiel, **1 e4 e5 2 ♗c4** *(1a)*, entwickelt sich und kontrolliert d5. Allerdings greift es e5 nicht an, wie 2 ♘f3 es tut. Die Hauptvariante nach 2 ♗c4 ist 2...♘f6 3 d3 c6 4 ♘f3 d5 *(2)*, ein Zentrumsvorstoß mit Tempo. In dieser Variante kann Schwarz auch sofort mit 3...d5?! 4 exd5 ♘xd5 hebeln, aber darauf kann Weiß mit 5 ♘f3 ♘c6 6 0-0 ♗e7 7 ♖e1 *(3)* Initiative im Zentrum erlangen. Die Wiener Partie, **1 e4 e5 2 ♘c3** *(1b)*, ähnelt dem Läuferspiel darin, dass Weiß eine Figur entwickelt und d5 kontrolliert. 2...♘f6 ist die beliebteste und aggressivste Antwort. Eine Schlüsselidee ist, dass Schwarz nach 3 ♗c4 den Trick 3...♘xe4! *(4)* hat, was sehr kompliziert werden kann. 3 f4 sieht wie ein Königsgambit aus, aber 3...d5! *(5)* ist ein wirksamer Konter (nicht 3...exf4? 4 e5). Weiß kann auch 3 ♘f3 spielen, wonach 3...♘c6 Vierspringerspiel genannt wird. 4 d4 sehen wir auf Seite 28, und 4 ♗b5 kann mit 4...♘d4!? beantwortet werden.

Grundlegende Stellungen im Läuferspiel und in der Wiener Partie

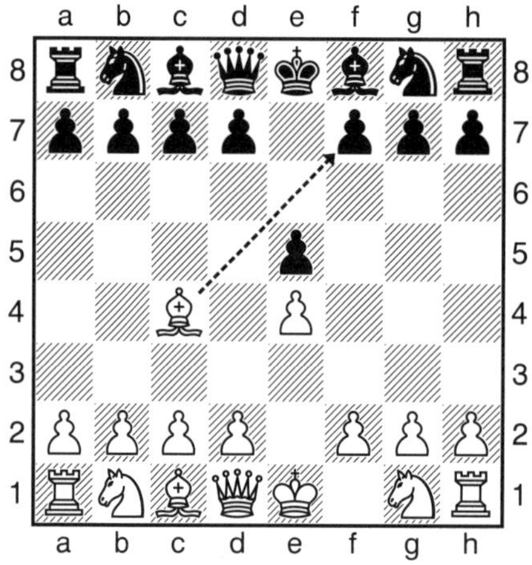

1a) Schwarz am Zug

Weiß entwickelt sich und nimmt f7 sofort ins Visier. Die Wahl zwischen ♘f3 und f4 bleibt im Moment noch offen. Da nichts Direktes droht, hat Schwarz die Freiheit, etwas im Zentrum zu tun.

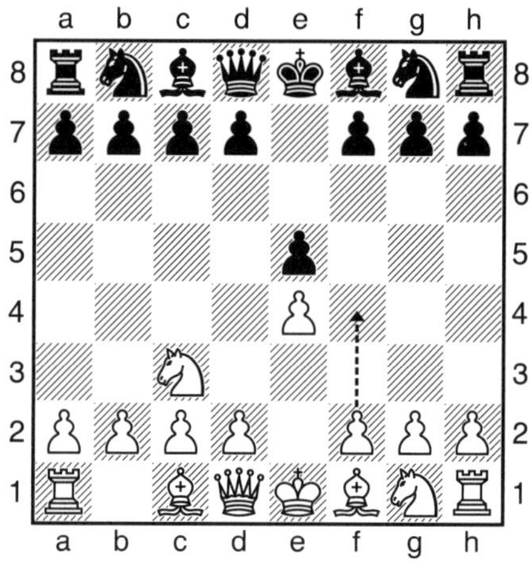

1b) Schwarz am Zug

In der Wiener Partie kontrolliert Weiß d5, deckt e4 und vermeidet, Schwarz ein Ziel zu bieten. Eine Idee ist, dass der Zug f4 wie im Königsgambit noch möglich ist. Aber der Nachziehende hat Zeit für eine aktive Antwort im Zentrum.

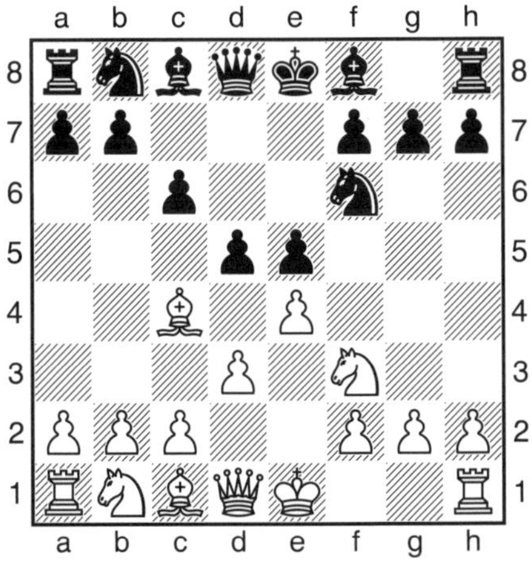

2) Weiß am Zug

Schwarz hat seinen Teil des Zentrums übernommen, aber Weiß ist mit 5 ♗b3! zufrieden, was die Pointe 5...dxe4?! 6 ♘g5! hat. Stattdessen ist 5...♗d6 6 ♘c3 dxe4 7 ♘xe4 ♘xe4 8 dxe4 0-0 normal.

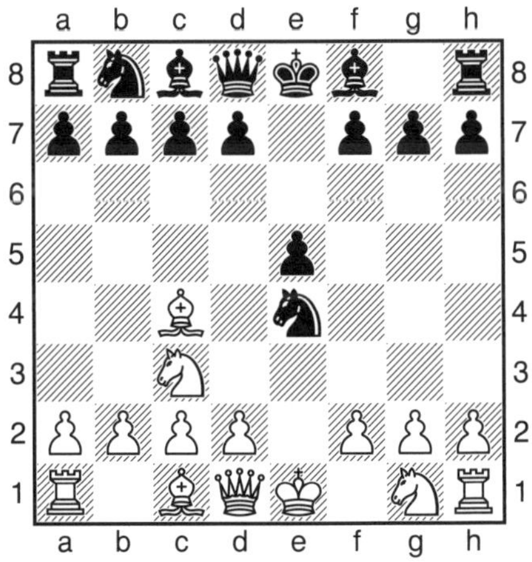

4) Weiß am Zug

Nach 4 ♘xe4 d5 gewinnt Schwarz die Figur zurück. Weiß hat auch das raffinierte 4 ♕h5! (was f7 angreift) 4...♘d6 5 ♗b3 ♘c6 (sicherer ist 5...♗e7) 6 ♘b5! (mit der Drohung ♘xd6+) 6...g6 7 ♕f3 f5, mit wildem, unklarem Spiel.

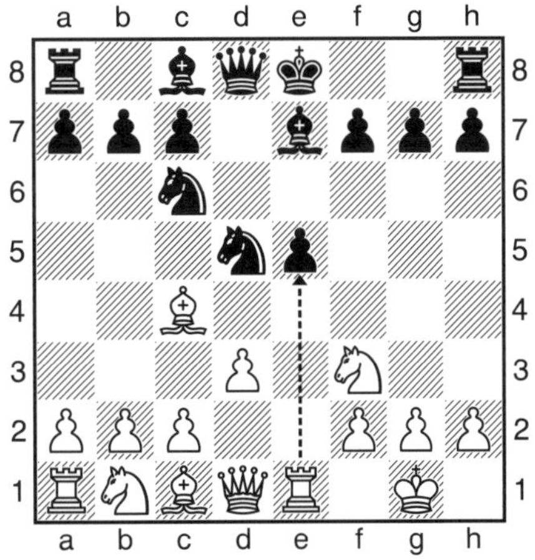

3) Schwarz am Zug

Weiß greift den schwarzen e-Bauern mit Springer und Turm an. Nach der natürlichen Verteidigung 7...f6?! spielt Weiß 8 d4!, wonach Schwarz sein Zentrum kaum intakt halten kann. 7...♗g4 8 h3 ♗h5 9 g4 ♗g6 ist ein Gambit.

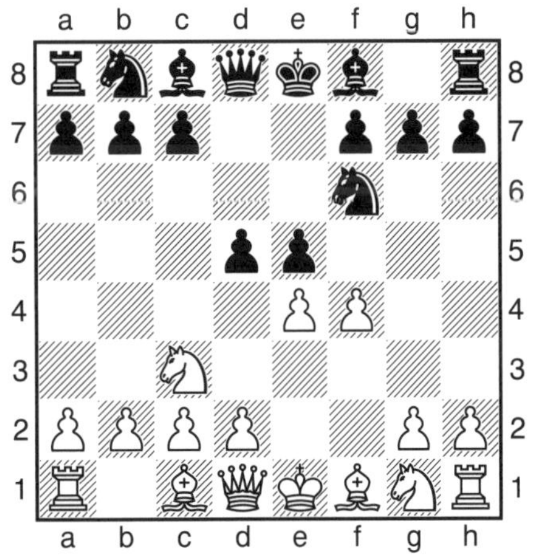

5) Weiß am Zug

Schwarz öffnet Linien und bedroht den Bauern e4. Eine natürliche Variante ist 4 fxe5 ♘xe4 5 ♘f3 ♗c5! 6 d4 ♗b4 7 ♗d2 c5, um das weiße Zentrum auszuhebeln. 4 exd5 e4! 5 ♕e2 ♗e7 ist ein verbessertes Falkbeer-Gambit (Seite 20).

BÄRENSTARKE ERÖFFNUNG 8

Schottische Partie

Erobere Raum, aber sei bereit, ihn zu verteidigen!

In der Schottischen Partie, **1 e4 e5 2 ♘f3 ♘c6 3 d4 exd4 4 ♘xd4** *(1a)*, gewinnt Weiß Raum und öffnet Linien. Allerdings ist Schwarz, wenn er nun 4...♘f6 spielt, schon in der Entwicklung voraus und greift den Bauern e4 an. Das gibt Weiß zwei hauptsächliche Optionen. Er kann mit 5 ♘c3 eine Figur entwickeln (das ist das schottische Vierspringerspiel – 1 e4 e5 2 ♘f3 ♘c6 3 ♘c3 ♘f6 4 d4 exd4 5 ♘xd4 führt zur gleichen Stellung). Nach 5...♗b4 6 ♘xc6 bxc6 7 ♗d3 ist der weiße e-Bauer gedeckt, aber 7...d5! 8 exd5 cxd5 9 0-0 0-0 *(3)* gibt Schwarz einen guten Teil des Zentrums. Oder Weiß spielt 5 ♘xc6 bxc6 6 e5 *(1b)* und versucht, den Springer von f6 zu vertreiben. Das kann direkt zu der komplizierten und beliebten Stellung in Diagramm 2 führen. Der andere schwarze Hauptzug gegen Schottisch ist 4...♗c5, was eine Figur mit Angriff auf d4 entwickelt. Dann ist 5 ♗e3 ♕f6! 6 c3 ♘ge7 *(4)* zweischneidig, während nach 5 ♘xc6 das trickreiche 5...♕f6! *(5)* den Springer zurücknehmen will, ohne die Damen tauschen zu müssen.

Grundlegende Stellungen in der Schottischen Partie

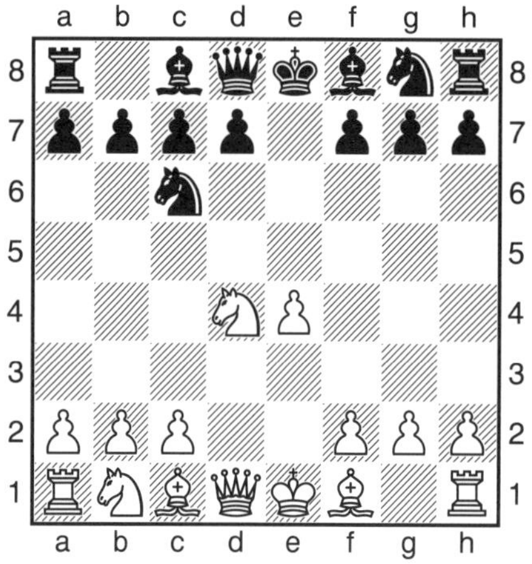

1a) Schwarz am Zug

Die Schottische Partie. Weiß möchte prinzipielle Züge wie ♗c4, 0-0 und ♘c3 spielen, aber Schwarz wird dazwischenfunken, bevor es dazu kommt. Er hat etwas weniger Raum, aber kann seine Figuren schnell entwickeln.

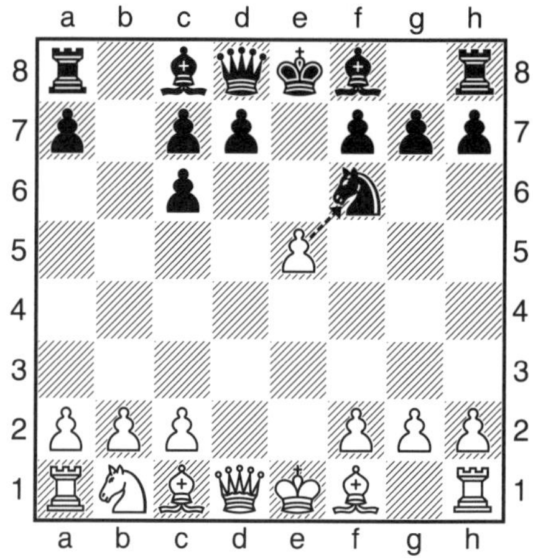

1b) Schwarz am Zug

Nun sollte Schwarz nicht mit 6...♘g8 zurückweichen, und 6...♘d5 7 c4 ist unbequem. Also ist die Hauptvariante 6...♕e7 7 ♕e2 ♘d5 8 c4 ♗a6. Dann deckt 9 b3 *(2)* den Punkt c4 und bereitet außerdem ♗b2 vor.

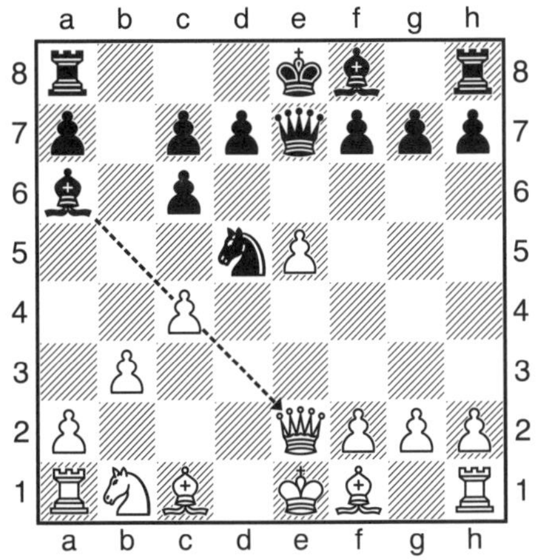

2) Schwarz am Zug

Schwarz fianchettiert seinen Läufer mittels 9...g5 oder 9...g6 und ...♗g7. Bei so vielen ungedeckten Figuren müssen beide Seiten auf frühe taktische Tricks achten, aber sobald Weiß entwickelt ist, hat er die bessere Struktur.

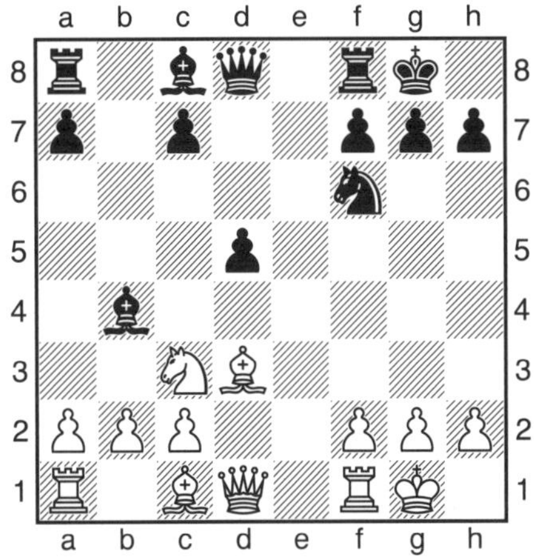

3) Weiß am Zug

Schwarz kann gleich ...c6 mit einer soliden Stellung spielen. Hier gibt es ein paar kleine Tricks wie 10 ♗g5 ♗e7?! 11 ♗xf6 ♗xf6 12 ♘xd5! ♕xd5?? (12...♗xb2 ist korrekt) 13 ♗xh7+, und Weiß gewinnt die Dame!

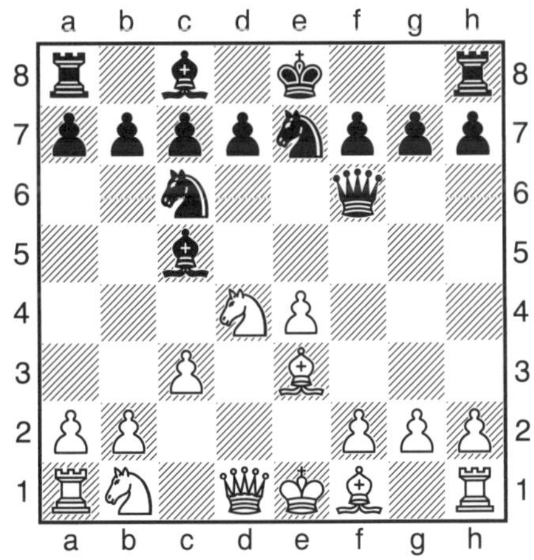

4) Weiß am Zug

Nun entwickelt 7 ♗c4 eine Figur und verhindert ...d5. Nach 7...♘e5 verliert 8 ♗e2 einen Bauern wegen 8...♕g6, was e4 und g2 gabelt. Doch nach 9 0-0 ♕xe4 10 ♘d2 sieht Schwarz recht starkem Angriff entgegen.

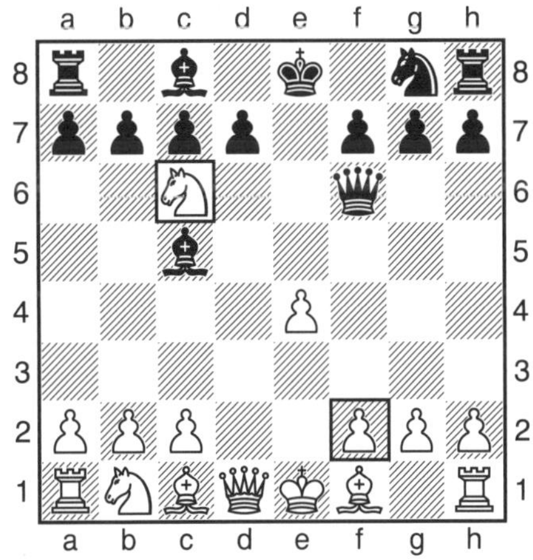

5) Weiß am Zug

Schwarz lässt den Springer einen Moment lang hängen, da er Matt auf f2 droht. Nun ist 6 ♕d2! ein schlauer Zug, der dem weißen Läufer f1 eine schnelle Entwicklung ermöglicht. Beide Seiten haben hier ihre Chancen.

Bärenstarke Eröffnung 9

Philidor-Verteidigung

Schwarz baut eine Festung auf

1 e4 e5 2 ♘f3 d6 *(1a)* ist die Philidor-Verteidigung. Schwarz deckt seinen Bauern e5, aber 3 d4 gibt Weiß den Löwenanteil des Zentrums. 3...exd4 öffnet die Stellung, und nach 4 ♘xd4 ♘f6 5 ♘c3 g6 6 ♗c4 ♗g7 *(5)* sucht Schwarz Spiel auf der langen Diagonale. Nach 3...♘d7 führt die natürliche Folge 4 ♘c3 ♘gf6 5 ♗c4 ♗e7 6 0-0 0-0 *(1b)* zur traditionellen Hauptvariante. Allerdings kann Weiß auch 4 ♗c4! spielen, was einige schlaue Tricks bereithält, wie etwa 4...♘gf6? 5 dxe5! ♘xe5 6 ♘xe5 dxe5 *(2)* oder 4...♗e7? 5 dxe5 ♘xe5 (5...dxe5?? verliert nach 6 ♕d5!) 6 ♘xe5 dxe5 *(3)*. Um diese Probleme zu vermeiden, ist die moderne Spielweise im Philidor 1 e4 d6 2 d4 ♘f6 3 ♘c3 (bis hierher wird diese Eröffnung Pirc-Verteidigung genannt, wo der normale Plan ein Fianchetto mit 3...g6 und späteren Aktionen im Zentrum ist) 3...e5. Die Idee ist, dass 4 ♘f3 ♘bd7 zu Stellungen wie in Diagramm 1b führt, aber die Tricks von Diagramm 2 und 3 vermeidet. Die Vereinfachung 4 dxe5 dxe5 5 ♕xd8+ ♔xd8 6 ♗c4 *(4)* verspricht Weiß wenig.

Grundlegende Stellungen in der Philidor-Verteidigung

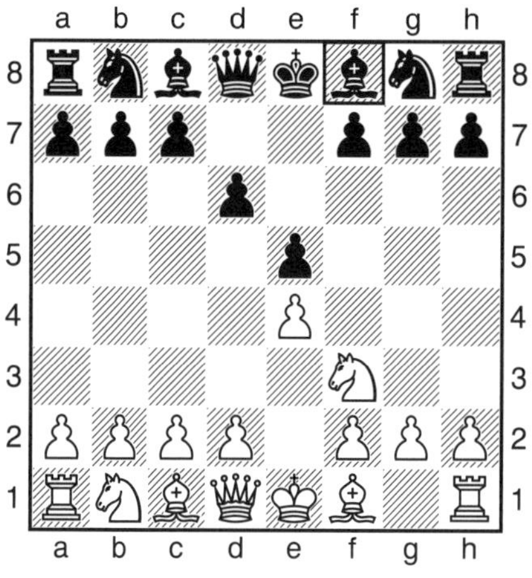

1a) Weiß am Zug

Schwarz hat e5 gedeckt, aber seinen Läufer auf f8 eingesperrt. Nach 3 d4 kann Schwarz entweder den Stützpunkt e5 halten oder ...exd4 und ...g6 spielen, um aktives Spiel zu bekommen. Das aggressive 3...f5?! ist auch möglich.

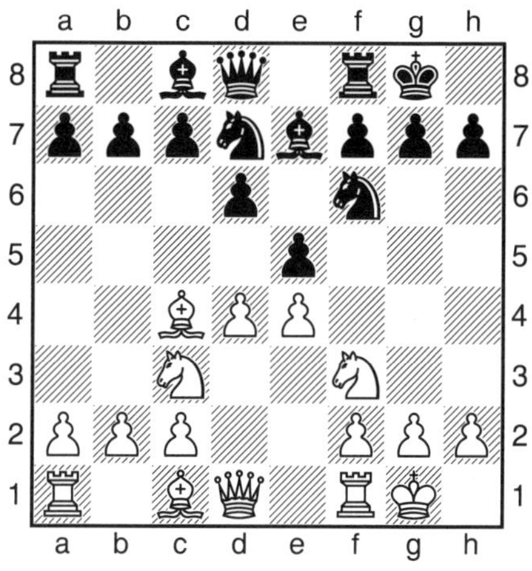

1b) Weiß am Zug

Nach 7 ♕e2 c6 plant Schwarz ...b5, und 8 a4 ♕c7 9 ♖d1 b6 mit der Idee ...♗b7 kann folgen. Weiß hat mehr Raum, aber die schwarze Festung wird nicht leicht zu stürmen sein. Beide Seiten haben viele Möglichkeiten.

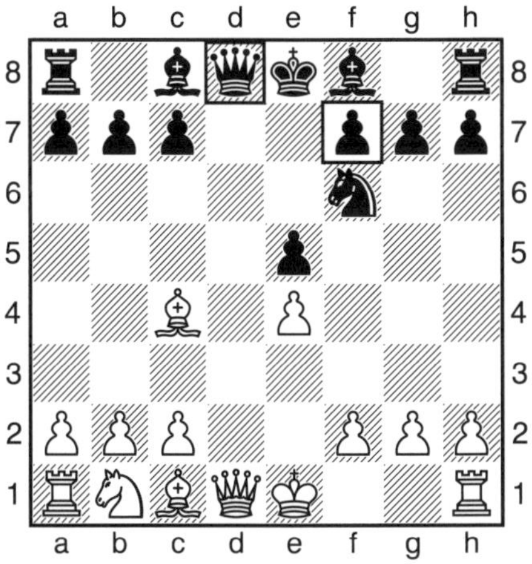

2) Weiß am Zug

Weiß hat einen Trick, den wir aus dem Dänischen Gambit kennen: 7 ♗xf7+! ♔xf7 8 ♕xd8. Obgleich Schwarz die Dame mit 8...♗b4+ 9 ♕d2 ♗xd2+ 10 ♘xd2 zurückgewinnt, hat Weiß hier einen klaren Mehrbauern.

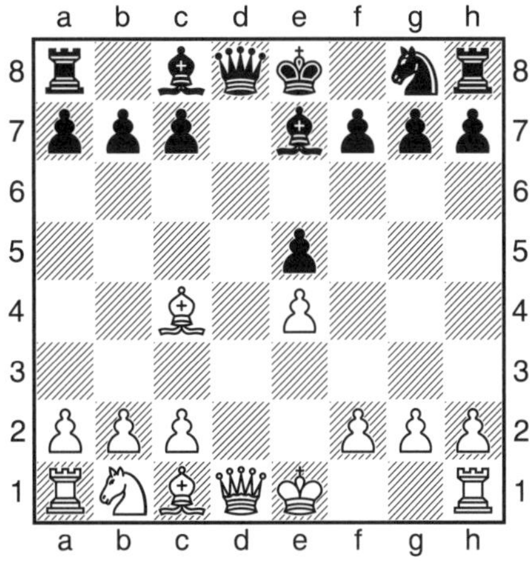

3) Weiß am Zug

Auch hier gewinnt Weiß Material mit Hilfe einer einfachen Gabel: 7 ♕h5! g6 8 ♕xe5. Schwarz muss in diesen Varianten vorsichtig sein, weshalb er oft andere Zugfolgen versucht, vor allem 1 e4 d6.

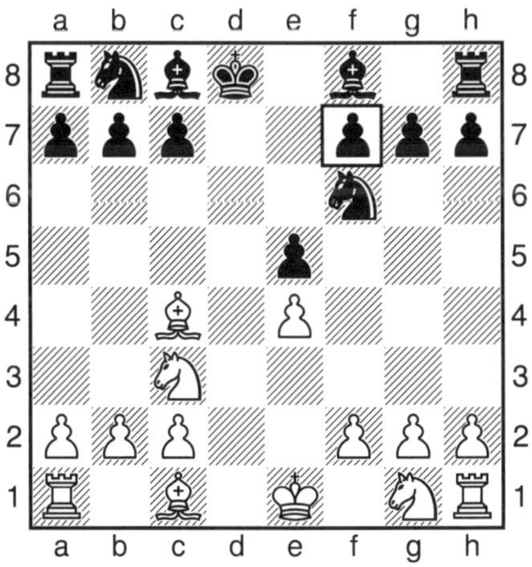

4) Schwarz am Zug

Nach 6...♔e8 bleibt die schwarze Stellung solide. Er kann auch mit 6...♗e6 7 ♗xe6 fxe6 isolierte Doppelbauern in Kauf nehmen, da diese Bauern wichtige Zentrumsfelder kontrollieren und schwer anzugreifen sind.

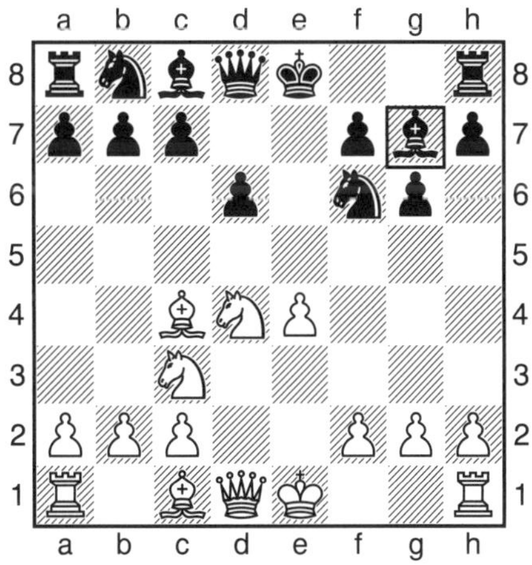

5) Weiß am Zug

Schwarz verzichtet auf die Zentrumskontrolle, um auf der langen Diagonale h8-a1 Druck zu machen. Eine mögliche Fortsetzung ist 7 f3 0-0 8 ♗e3 mit der Idee ♕d2 und 0-0-0, was an einen Sizilianischen Drachen erinnert (Seite 64).

BÄRENSTARKE ERÖFFNUNG 10

Russische Verteidigung

Nachahmungstaktik mit Konterideen

In der Russischen Verteidigung beantwortet Schwarz **1 e4 e5 2 ♘f3** mit **2...♘f6** *(1a)*, was den Bauern e4 angreift. Anfänger werden davor gewarnt, die weißen Zügen nachzumachen, und man zeigt ihnen Horrorgeschichten wie 3 ♘xe5 ♘xe4?! 4 ♕e2 ♘f6?? (4...♕e7 5 ♕xe4 d6 ist besser) 5 ♘c6+ mit Damenverlust. Aber Russisch ist eine respektable Eröffnung, weil Schwarz 3 ♘xe5 mit 3...d6! vor ...♘xe4 beantwortet. In Varianten wie 3 d4 ♘xe4 (3...d5 ist auch möglich!) 4 ♗d3 d5 5 ♘xe5 *(2a)* bleibt das Spiel nicht lange symmetrisch. Nach 3 ♘xe5 d6 4 ♘f3 ♘xe4 ist die Frage, wie ehrgeizig sich Weiß fühlt. 5 d3 ♘f6 6 d4 d5 ist tatsächlich ein Abtauschfranzose (Seite 48), und 5 ♕e2 ♕e7 6 d3 ♘f6 führt zu einem langweiligen Endspiel – ein Problem, wenn Schwarz unbedingt gewinnen will! Die Hauptvarianten sind 5 ♘c3 ♘xc3 6 dxc3 *(3)* und 5 d4 d5 *(1b)*, was wie ein Abtauschfranzose mit einem Extrazug für Schwarz aussieht. Aber wenn Weiß den Springer e4 angreift und ...♘f6 erzwingt, ist es *Weiß*, der einen Zug gewonnen hat! Wer lieber direkt angreift, mag vielleicht das Gambit 3 ♗c4 ♘xe4 4 ♘c3 *(4)*.

Grundlegende Stellungen in der Russischen Verteidigung

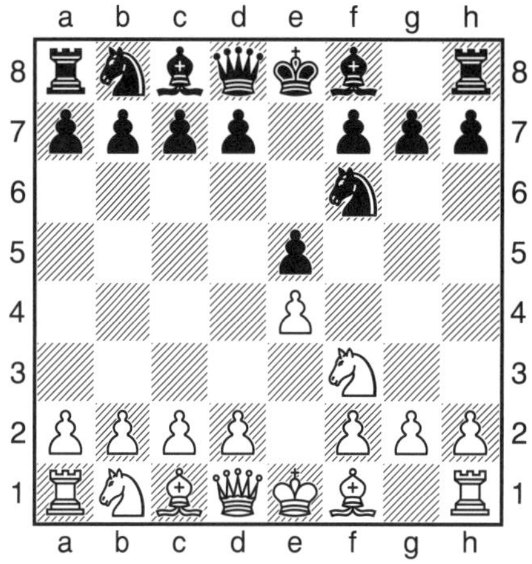

1a) Weiß am Zug

Normalerweise öffnet Weiß das Spiel mit 3 ♘xe5 oder 3 d4, denn 3 d3 ♘c6 nebst ...d5 ist bequem für Schwarz, und 3 ♘c3 ♘c6 führt zum Vierspringerspiel (siehe Seite 26).

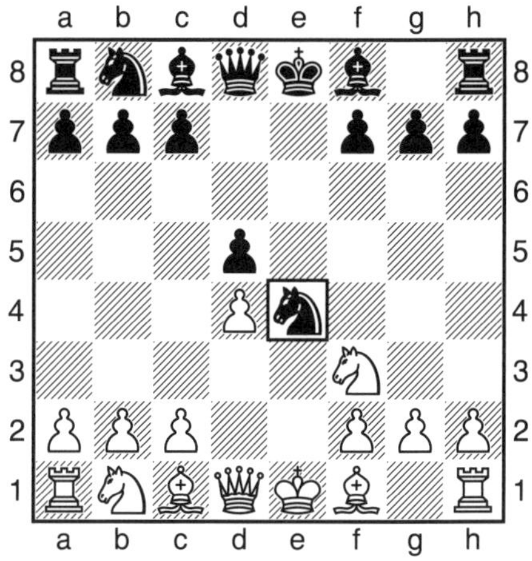

1b) Weiß am Zug

6 ♗d3 ♗e7 7 0-0 ♘c6 8 c4 macht dem schwarzen Springer Druck. 8...♘b4 9 ♗e2 0-0 10 ♘c3 ♗f5 vermeidet einen Rückzug mit Zeitverlust, aber 11 a3 gibt Weiß das freiere Spiel.

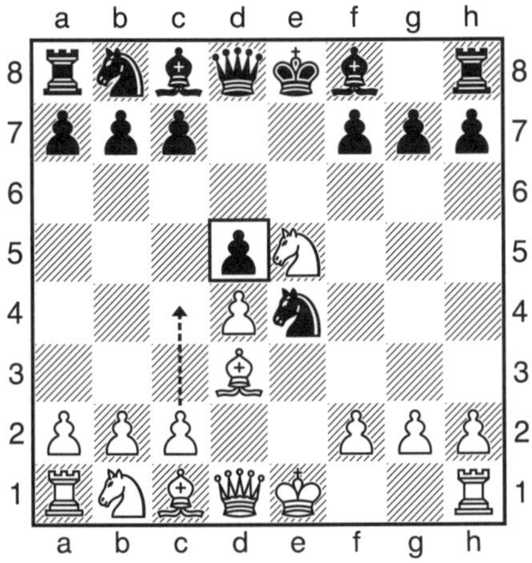

2a) Schwarz am Zug

5...♗d6 6 0-0 0-0 7 c4 behält den Druck aufrecht, wie 7...♗xe5 8 dxe5 ♘c6 9 cxd5 ♕xd5 10 ♕c2 zeigt. 5...♘d7 gibt Schwarz mehr Aktivität nach 6 ♘xd7 ♗xd7 7 0-0 *(2b)*, und 6 ♘xf7 ♕e7!? ist scharf.

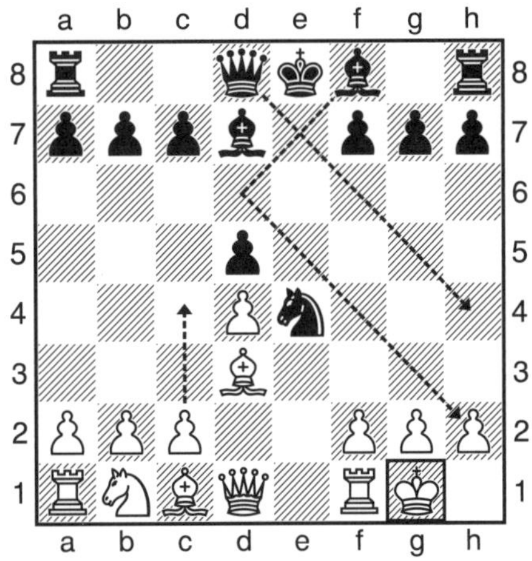

2b) Schwarz am Zug

7...♕h4 8 c4 0-0-0 9 c5 führt zu dramatischem Spiel, in dem beide Könige unter Beschuss sind. 7...♗d6 gibt einen Bauern für Aktivität: 8 c4 c6 9 cxd5 cxd5 10 ♕h5 0-0 11 ♕xd5 ♗c6. Beachte, dass 8 ♖e1 ♗xh2+ 9 ♔xh2 ♕h4+ remis macht.

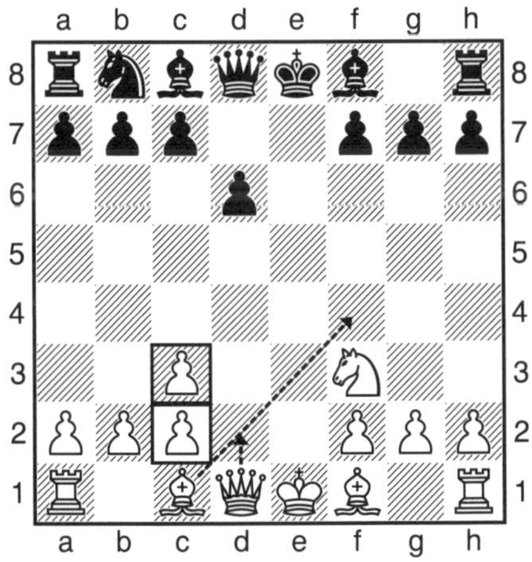

3) Schwarz am Zug

Statt sich um die Bauernstruktur zu sorgen, möchte Weiß sich schnell entwickeln und einen Königsangriff starten. Sein eigener König bringt sich auf c1 in Sicherheit: 6...♗e7 7 ♗f4 0-0 8 ♕d2 ♘d7 9 0-0-0.

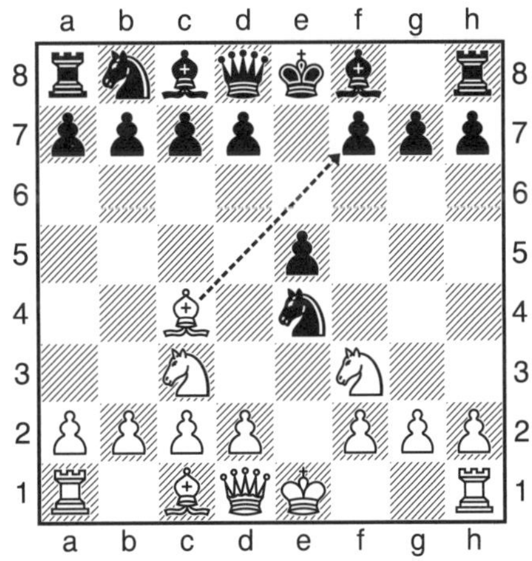

4) Schwarz am Zug

Weiß hat sehr aktives Spiel nach 4...♘xc3 5 dxc3, z. B. 5...f6 (nicht 5...d6? 6 ♘g5 ♗e6 7 ♗xe6 fxe6 8 ♕f3) 6 ♘h4 g6 7 f4, mit der Idee f5. Aber Schwarz kann den Bauern mit 4...♘c6! ablehnen, was auf 5 ♘xe4 d5 basiert.

BÄRENSTARKE ERÖFFNUNG 11

Spanische Partie: Einleitung

Den Test der Zeit mit Bestnote bestanden

Spanisch ist eine der ältesten und wichtigsten Eröffnungen. Nach **1 e4 e5 2 ♘f3 ♘c6** spielt Weiß **3 ♗b5** *(1a)*. Das sieht weniger gefährlich als 3 ♗c4 aus, da Weiß den Bauern f7 nicht attackiert, aber er möchte Druck gegen den Bauern e5 machen, indem er dessen Verteidiger angreift. Früher oder später muss Schwarz diese Drohung beantworten, und Weiß hofft, die Zeit zu nutzen, um das Zentrum fest in den Griff zu bekommen. Beachte auch, dass der schwarze Bauernvorstoß ...d5, den wir öfter im Giuoco Piano und im Zweispringerspiel gesehen haben, hier nicht den Läufer angreift. Schwarz hat viele Möglichkeiten, denn Weiß droht noch kein 4 ♗xc6 dxc6 5 ♘xe5, da 5...♕d4 den Bauern mit gutem Spiel zurückgewinnt. Daher ist 3...d6 unnötig passiv, und 4 d4 gibt Weiß das freiere Spiel. Die Hauptvariante ist 3...a6, mit Pointen wie 4 ♗a4 d6 5 d4?! b5! 6 ♗b3 ♘xd4 7 ♘xd4 exd4 8 ♕xd4?? c5, wonach ...c4 den weißen Läufer gewinnt. Das solide 3...♘f6 *(3)* und das wilde 3...f5 *(4)* sind ebenfalls möglich, während sich der Läufer mit dem natürlichen 3...♗c5 dem weißen Bauernhebel c3 und d4 aussetzt.

Grundlegende Stellungen in der Spanischen Partie

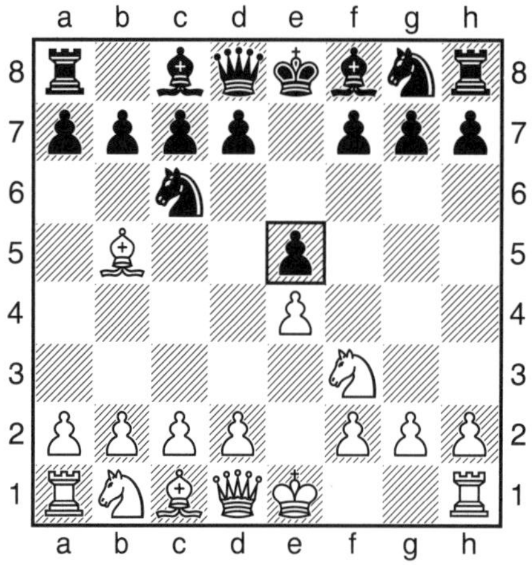

1a) Schwarz am Zug

3...a6 zwingt den Läufer, seine Absichten zu erklären. Bezüglich 4 ♗xc6 dxc6 siehe Diagramm 2a. 4 ♗a4 behält den Läufer und wartet auf einen besseren Moment, ihn auf c6 zu tauschen.

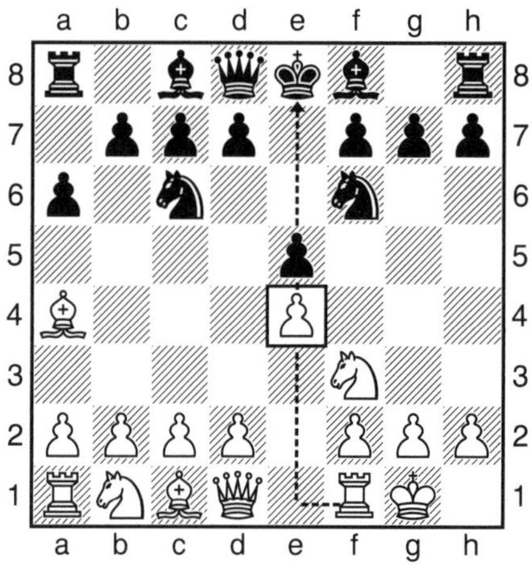

1b) Schwarz am Zug

Dann führt 4...♘f6 5 0-0 zu dieser Stellung. Scheinbar hat Weiß seinen e-Bauern vergessen, aber siehe Seite 40 bezüglich 5...♘xe4. Der Hauptzug ist 5...♗e7 (siehe Seiten 36-39).

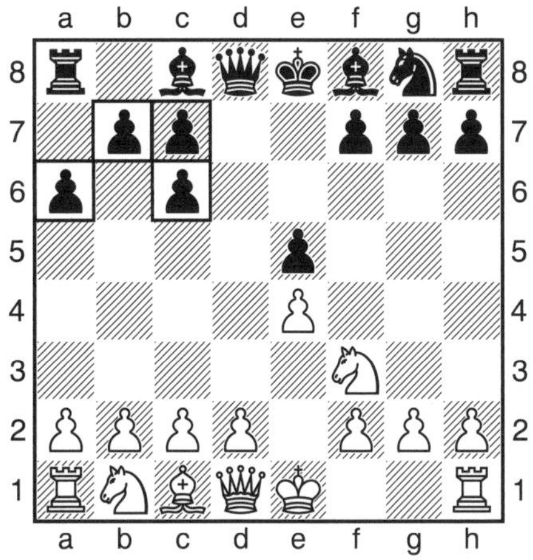

2a) Weiß am Zug

Nach 5 d4 exd4 6 ♕xd4 ♕xd4 7 ♘xd4 wäre ein reines Bauernendspiel schlecht für den Nachziehenden, weshalb er wenig tauschen und sein Läuferpaar einsetzen sollte. 5 ♘xe5 ♕d4 gibt dem Weißen nichts.

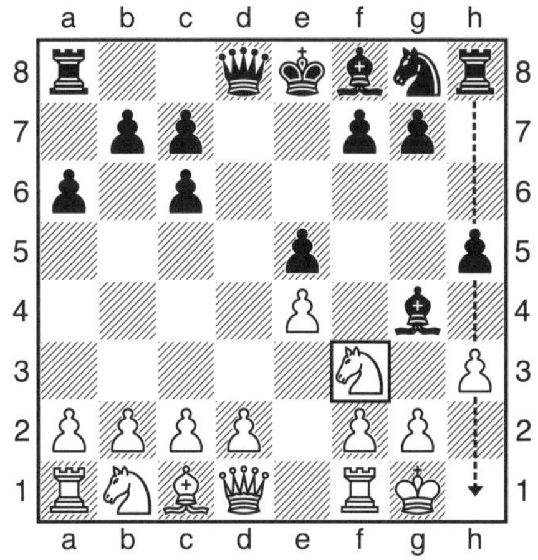

2b) Weiß am Zug

Die Stellung nach 5 0-0 ♗g4!? 6 h3 h5!. Der Läufer ist tabu: 7 hxg4? hxg4 8 ♘h2? ♕h4. Nach 7 d3 ♕f6 plant Schwarz ...♘e7-g6 und vielleicht den Tausch auf f3, wenn das die weißen Bauern verdoppelt.

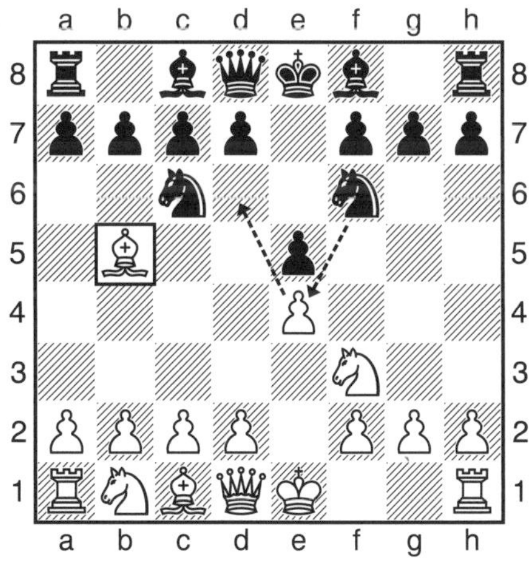

3) Weiß am Zug

Diese Verteidigung hat die Idee 4 0-0 ♘xe4 5 ♖e1 ♘d6, mit Angriff auf den Läufer b5. Das gleiche Motiv kommt in der Variante 5 d4 ♘d6 6 ♗xc6 dxc6 7 dxe5 ♘f5 8 ♕xd8+ ♔xd8 vor, mit einem komplexen, damenlosen Mittelspiel.

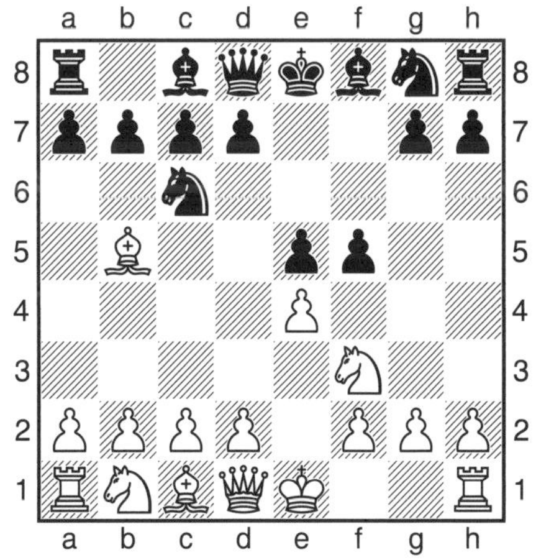

4) Weiß am Zug

Eine Pointe dieses Vorstoßes ist 4 d4 fxe4 5 ♘xe5 ♘xe5 6 dxe5 c6. Wenn der Läufer zieht, gewinnt 7...♕a5+ den Bauern e5. Nach 4 ♘c3 fxe4 5 ♘xe4 ♘f6 6 ♘xf6+ ♕xf6 7 ♕e2 ♗e7 opfert Schwarz einen Bauern für Figurenspiel.

BÄRENSTARKE ERÖFFNUNG 12

Spanisch: Geschlossene Hauptvarianten

Ein echter Test des Schachverständnisses

1 e4 e5 2 ♘f3 ♘c6 3 ♗b5 a6 4 ♗a4 ♘f6 5 0-0 ♗e7 *(1a)* ist als Geschlossener Spanier bekannt und führt oft zu sehr subtilem, strategischem Spiel. Lass dich von dem Namen nicht verwirren: Es gibt viele Wege, die das Spiel öffnen. Aber der Reihe nach: Weiß muss nun seinen Bauern e4 decken, also ist 6 ♖e1 der normale Zug. Dann droht Weiß, auf c6 zu tauschen und e5 zu schlagen, was Schwarz mit 6...b5 7 ♗b3 verhindert. Man könnte denken, dass Weiß mit seinem Läufer einfach Zeit verloren hat, aber er ist auf einer sehr guten Diagonale angekommen, und die schwarzen Züge ...a6 und ...b5 können sich für Weiß als Angriffspunkte erweisen. Nachdem er den Bauern e5 gesichert hat, muss Schwarz entscheiden, wie er seine Figuren aufstellt. 7...d6 ist der Standardzug, der Ideen mit ...♗g4 und der positionellen Drohung ...♘a5 ins Spiel bringt, um den starken weißen Läufer abzutauschen. Aus diesem Grund antwortet Weiß meist 8 c3 *(1b)*, was auch den Zug d4 vorbereitet. Dann erreichen wir nach 8...0-0 9 h3 *(2a)* eine Stellung, in der Schwarz eine große Auswahl an Plänen hat.

Grundlegende Stellungen im Geschlossenen Spanier

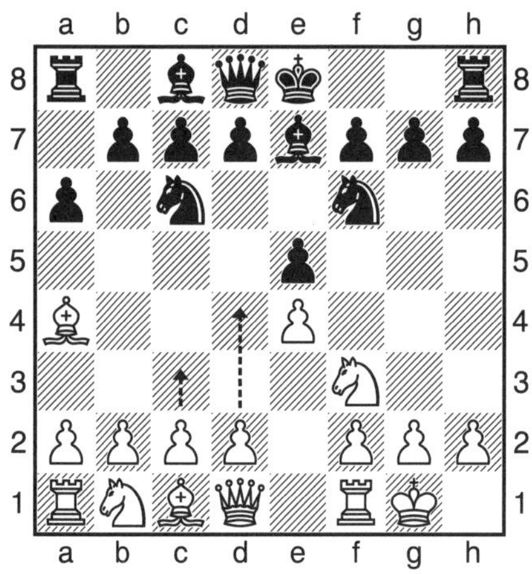

1a) Weiß am Zug

Mit direkten Angriffsmethoden kommt Weiß hier nicht weit. Sein bester Plan ist, den e-Bauern zu decken und mit c3 und d4 ein starkes und flexibles Bauernzentrum aufzubauen.

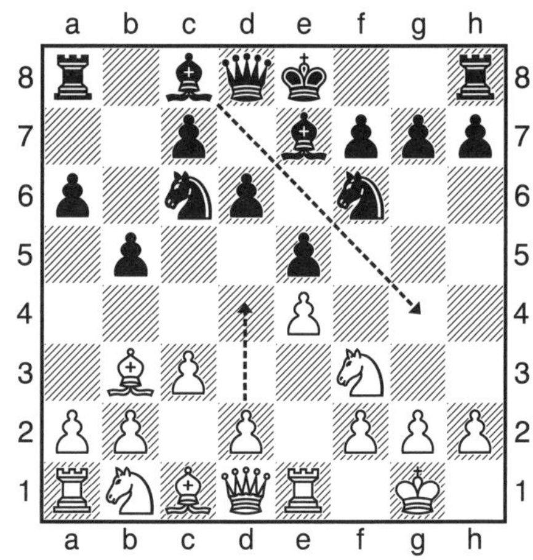

1b) Schwarz am Zug

Nun führt 8...♘a5 wegen 9 ♗c2 zu nichts. Nach 8...0-0 9 d4 setzt die schwarze Idee 9...♗g4! den Weißen unter Druck, da 10 h3? ♗xf3 11 ♕xf3 exd4 einen Bauern kostet.

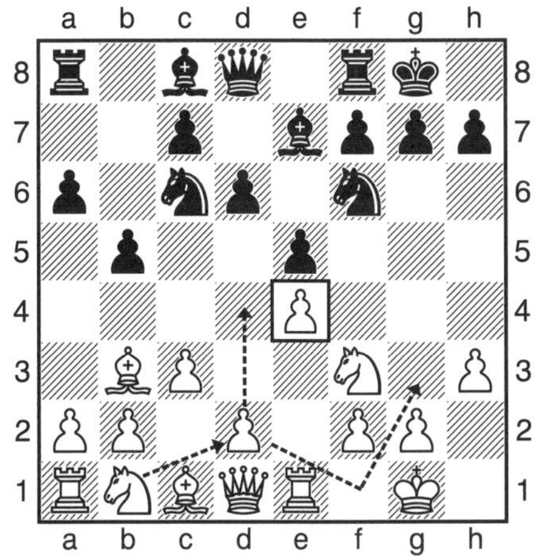

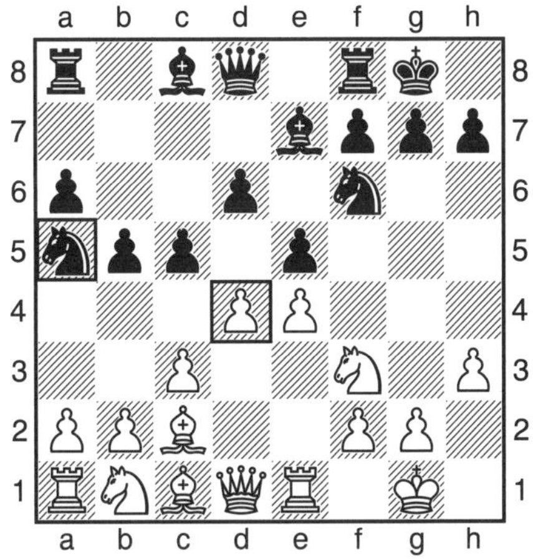

2a) Schwarz am Zug

Weiß plant d4 mit einem idealen Zentrum, die weitere Entwicklung ♘bd2 und wenn möglich ♘f1-g3, um den Läufer c1 zu befreien. Die schwarzen Hauptvarianten behindern dieses Manöver – siehe die nächsten drei Diagramme.

2b) Schwarz am Zug

Das ist die Tschigorin-Verteidigung, 9...♘a5 10 ♗c2 c5 11 d4. Nun schließt 11...♕c7 12 ♘bd2 ♘c6 13 d5 das Spiel, 11...cxd4 12 cxd4 exd4 öffnet es, und 11...♘d7 12 ♘bd2 exd4 13 cxd4 ♘c6 bringt die Sache aus dem Gleichgewicht.

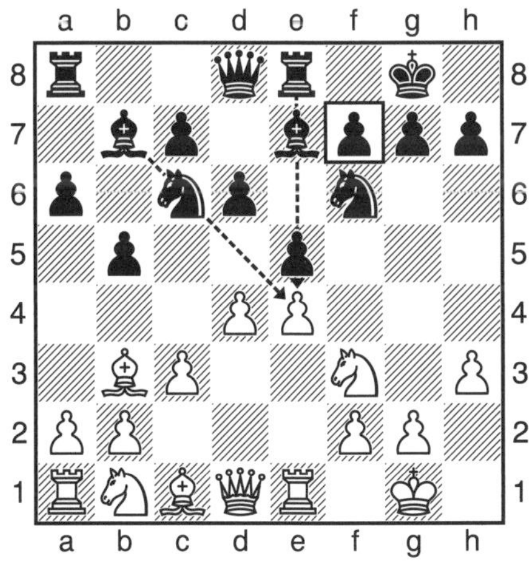

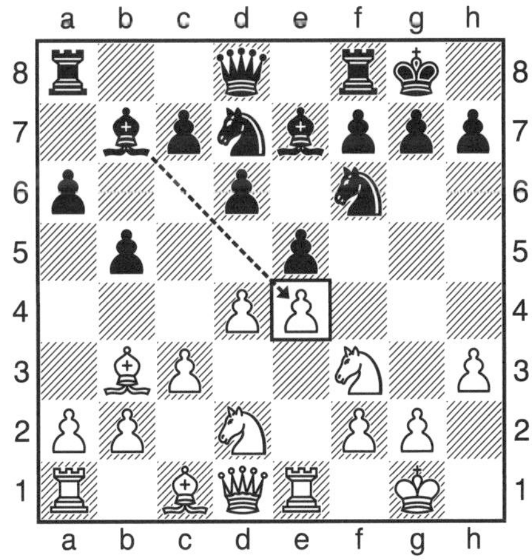

2c) Weiß am Zug

9...♗b7 10 d4 ♖e8 macht direkt Druck gegen e4 und kann in Varianten wie 11 ♘bd2 ♗f8 12 a4 h6 13 ♗c2 exd4 14 cxd4 ♘b4 15 ♗b1 c5 zu aufregendem Spiel führen. Aber beachte 11 ♘g5 ♖f8 12 ♘f3, was Remis anbietet.

2d) Weiß am Zug

Breyers 9...♘b8 10 d4 ♘bd7 11 ♘bd2 ♗b7 reorganisiert die schwarzen Figuren flexibel und hält sich ...d5 und ...c5 noch offen. Beide Spieler müssen vorsichtig manövrieren und auf verschiedenste Strukturen vorbereitet sein.

BÄRENSTARKE ERÖFFNUNG **13**

Spanisch: Marshall-Angriff

Ein spektakuläres, aber feinsinniges Gambit

Der Marshall-Angriff ist ein mutiges Gambit von Schwarz. Gerade als Weiß sich bereit macht, den Gegner unter langfristigen Druck zu setzen, opfert Schwarz einen Zentrumsbauern, sprengt Linien auf und geht gegen den weißen König vor. Aber im Gegensatz zu anderen Gambits wird dieses oft von den besten Großmeistern der Welt gespielt. Nach **1 e4 e5 2 ♘f3 ♘c6 3 ♗b5 a6 4 ♗a4 ♘f6 5 0-0 ♗e7 6 ♖e1 b5 7 ♗b3** muss Schwarz **7...0-0** ziehen, wenn er Marshall spielen will, denn er möchte **8 c3** mit **8...d5** *(1a)* beantworten (und nicht 8...d6, was zu den geschlossenen Varianten übergeht). Nach 9 exd5 ♘xd5 (bezüglich 9...e4?! 10 dxc6 exf3 siehe Diagramm 4) 10 ♘xe5 ♘xe5 11 ♖xe5 c6 *(1b)* plant Schwarz ...♗d6 mit Tempogewinn und schneller Figurenentwicklung gegen den weißen Königsflügel. Der nun langsam erscheinende Zug c3 bedeutet, dass der weiße Damenflügel noch eine Weile schlafen wird. Der Kampf dreht sich darum, ob Weiß die Drohungen am Königsflügel entkräften kann, ohne zu viele positionelle Zugeständnisse zu machen. Wir betrachten auch 8 a4 *(5)*, den prinzipiellen weißen „Anti-Marshall-Zug“.

Grundlegende Stellungen im Marshall-Angriff

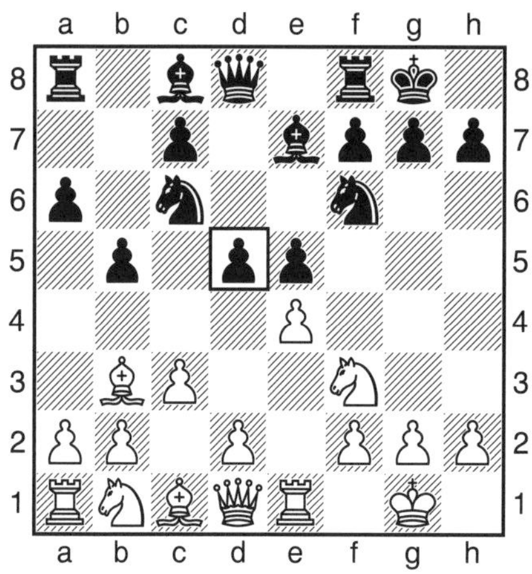

1a) Weiß am Zug

Schwarz verliert den Bauern e5, aber behält sehr aktive Figuren. Die weißen Felder um den weißen König können schwach werden, da ihr Hauptverteidiger weit entfernt auf b3 steht.

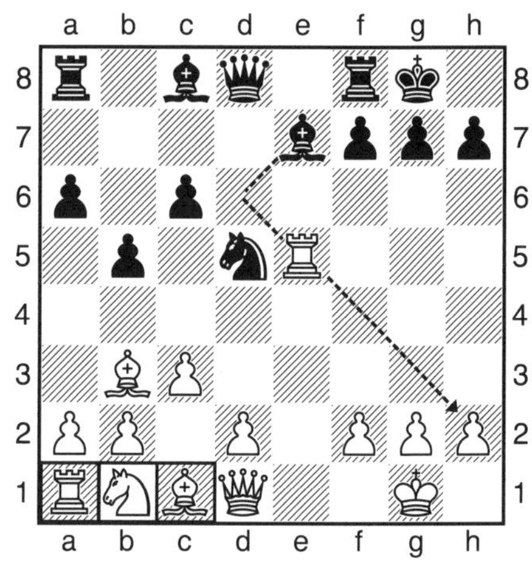

1b) Weiß am Zug

Schwarz hat Ideen mit ...♗d6 und ...♕h4, gefolgt von ...♗g4 und ...♖ae8-e6-h6 oder dem Bauernsturm ...f5-f4. Kann Weiß überleben? Sieh dir die zwei nächsten Diagramme an!

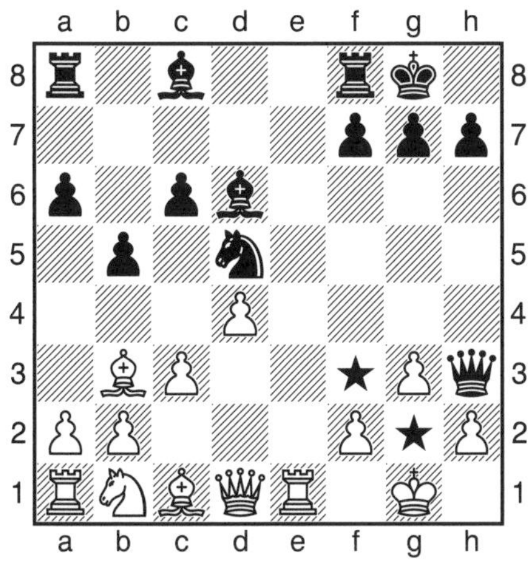

2) Weiß am Zug

Das ist die Stellung nach 12 d4 ♗d6 13 ♖e1 ♕h4 14 g3 ♕h3. Eine Idee ist 15 ♖e4 g5! 16 ♕f1 ♕h5, aber 15 ♗e3 ♗g4 16 ♕d3 ♖ae8 17 ♘d2 ♖e6 ist üblicher. In jedem Fall bleibt Weiß unter Druck.

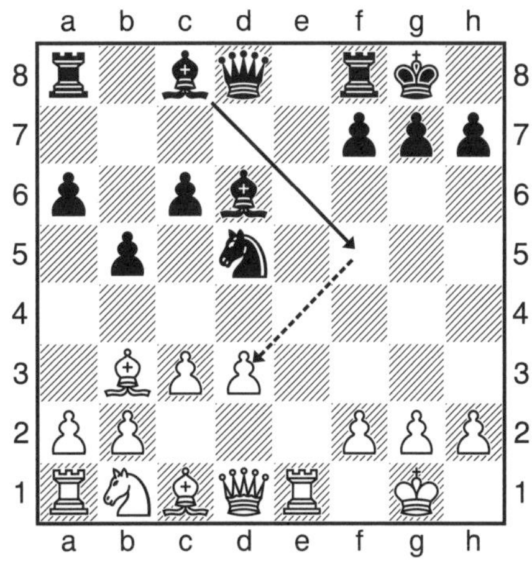

3) Schwarz am Zug

Weiß hat 12 d3 ♗d6 13 ♖e1 gespielt. Da der Turm gedeckt ist, erlaubt 13...♕h4 14 g3 ♕h3 15 ♖e4 g5? nun 16 ♗xg5. Aber das weiße Spiel ist langsam, und nach dem ruhigen 13...♗f5 ist es schwer für Weiß, sich zu entwirren.

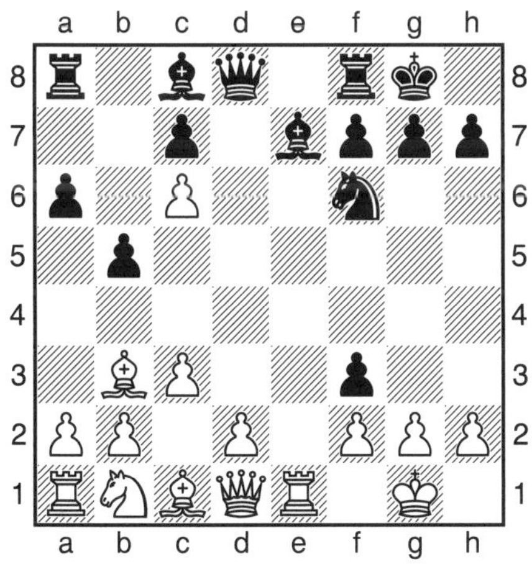

4) Weiß am Zug

Hier steht Weiß besser, aber sein König ist unter Beschuss, sowohl nach 11 ♕xf3 ♗g4 12 ♕g3 ♖e8 13 f3 ♕d3! als auch 11 d4 fxg2 12 ♕f3 a5, mit der Idee ...a4, ...b4 und ...♖a5. 11 g3!? ♗g4 12 d4 behält mehr Kontrolle.

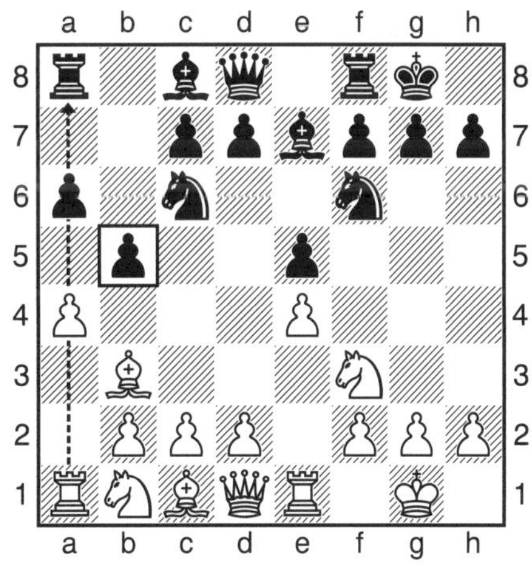

5) Schwarz am Zug

Da Schwarz auf ...d6 verzichtet hat, droht Weiß axb5, während ...♗g4 unmöglich ist und ...♘a5 den Bauern e5 verliert. Aber 8...b4 9 d3 d6 10 a5 ♖b8 ist okay – wessen vorgepreschter Bauer ist schwächer?

BÄRENSTARKE ERÖFFNUNG 14

Offener Spanier

Alles dreht sich um aktive Figuren

Wie der Marshall-Angriff ist der Offene Spanier ein Weg für Schwarz, das Zentrum aufzubrechen und seine Figuren aktiv zu entwickeln. Doch in diesem Fall opfert Schwarz keinen Bauern, und auch Weiß hat seinen Spaß. Oft folgt ein verwickeltes Mittelspiel mit taktischem Scharmützel. Nach **1 e4 e5 2 ♘f3 ♘c6 3 ♗b5 a6 4 ♗a4 ♘f6 5 0-0** spielt Schwarz **5...♘xe4** *(1a)*. In früheren Abschnitten haben wir gesagt, dass dieser Bauer für Schwarz oft zu heiß zum Schlagen ist, aber hier hat er eine bestimmte Idee im Sinn. Nach 6 d4! (um Linien zu öffnen; nach 6 ♖e1 ♘c5 kommt Schwarz gut heraus), spielt er 6...b5 7 ♗b3 d5 (nicht 7...exd4? 8 ♖e1 d5 9 ♘c3!!) 8 dxe5 ♗e6 *(1b)*. Schwarz hat den Bauern zurückgegeben, seine Figuren befreit und einen Stützpunkt im Zentrum gesichert. Allerdings ist sein Aufbau ein bisschen gelockert, und oft gewinnt Weiß Zeit mit Angriffen auf den Springer e4. Schwarz muss sich anstrengen, seine Entwicklung ohne irgendwelche Unfälle zu beenden, aber eine strukturelle Schlüsselidee ist, seine Bauern später mit ...c5 zu vereinen. Wir betrachten auch 6...exd4 7 ♖e1 d5 *(4)*, die Riga-Variante.

Grundlegende Stellungen im Offenen Spanier

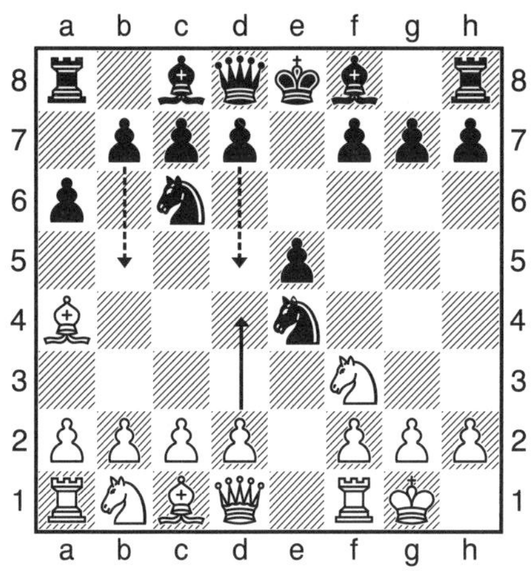

1a) Weiß am Zug

6 d4! nimmt dem schwarzen Springer das Feld c5 und möchte die e-Linie öffnen. Wegen 6...d5? 7 ♘xe5 ♗d7 8 ♘xf7! ♔xf7 9 ♕h5+ muss Schwarz erst 6...b5 vor ...d5 spielen.

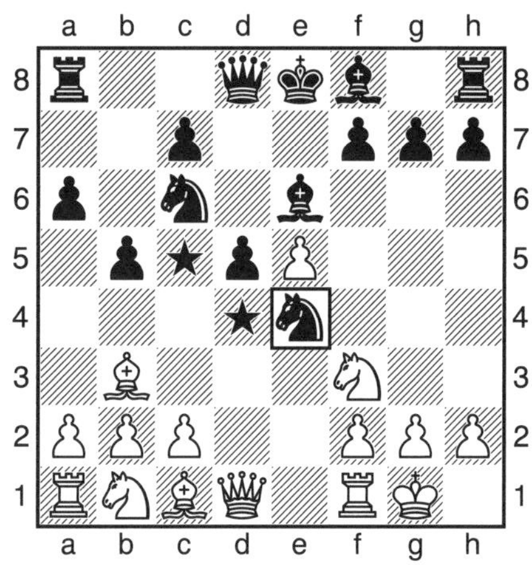

1b) Weiß am Zug

Schau dir die aktiven schwarzen Figuren an! Aber wenn Weiß d4 fest in den Griff bekommt, steht er besser. Er beginnt mit 9 c3 ♗c5 *(3)* oder 9 ♘bd2 *(2a)*, was den schwarzen Springer befragt.

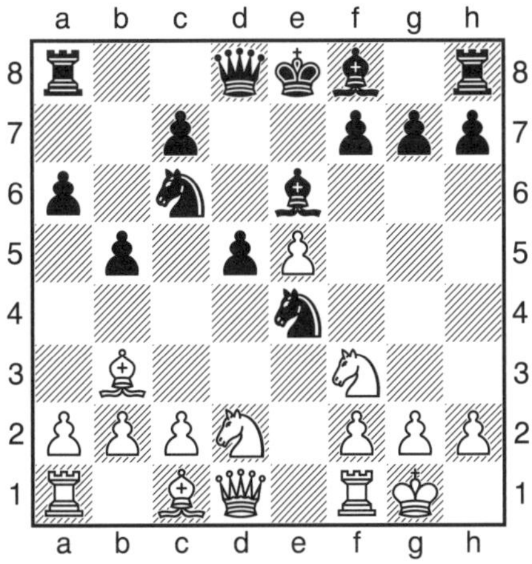

2a) Schwarz am Zug

Der Springer e4 fühlt die Hitze schon, denn Varianten wie 9...♗c5?! 10 ♘xe4 dxe4 11 ♘g5 sind nicht im schwarzen Sinne. 9...♗e7 10 c3 0-0 11 ♖e1 gibt Weiß Druck. 9...♘c5 10 c3 d4 *(2b)* ist ehrgeiziger.

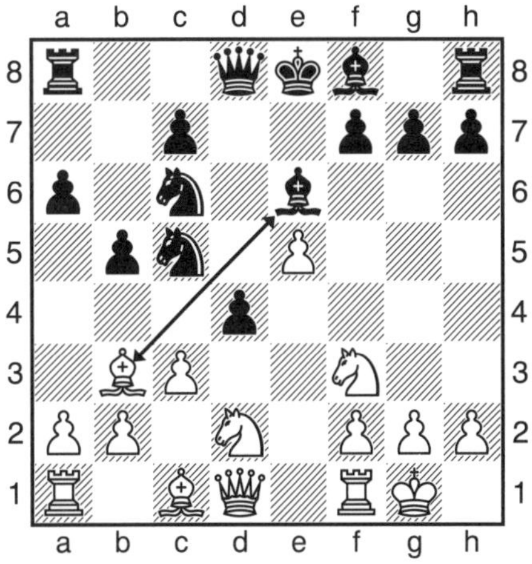

2b) Weiß am Zug

Nun ist 11 ♗xe6 ♘xe6 12 cxd4 ♘cxd4 13 a4 die positionelle Spielweise, und 11 ♘g5!? ist eine spektakuläre Idee, basierend auf 11...♕xg5 12 ♕f3!, wonach Schwarz keine gute Möglichkeit hat, seine Mehrfigur zu behalten.

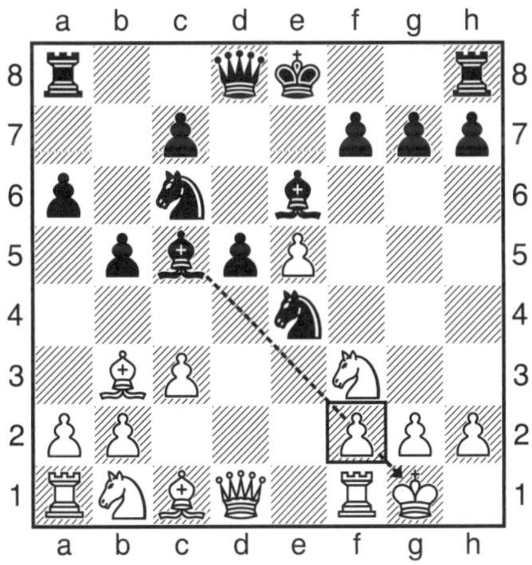

3) Weiß am Zug

Ein Beispiel für das schwarze Figurenspiel ist 10 ♘bd2 0-0 11 ♗c2 ♘xf2 12 ♖xf2 f6 mit großen Komplikationen. 10 ♕d3 bereitet ♘bd2 vor, aber 10...♘e7 11 ♘bd2 ♗f5 gibt dem Springer e4 festen Halt.

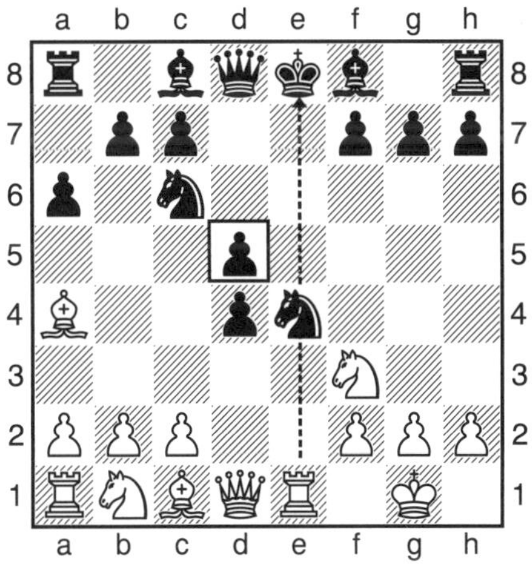

4) Weiß am Zug

8 ♘xd4 sieht vernichtend aus, aber die Idee ist 8...♗d6 9 ♘xc6 ♗xh2+! mit Remis, wenn Weiß auf h2 nimmt. 8 c4!? ist ein ehrgeiziges Gambit: 8...♗b4 9 cxd5 oder 8...dxc3 9 ♘xc3 ♗e6 (9...♗b4 10 ♘xe4) 10 ♘e5.

BÄRENSTARKE ERÖFFNUNG 15

Aljechin-Verteidigung

Kluge Provokation – oder unkluger Übermut?

Die Aljechin-Verteidigung ist eine der aggressivsten und provokantesten Antworten auf **1 e4**. Mit **1...♘f6** *(1a)* bedroht Schwarz den weißen Bauern und fordert ihn heraus, vorzuziehen und den schwarzen Springer zu jagen. Wenn er das tut, wird Schwarz den frechen weißen Bauern umzingeln und alle weißen Figuren und Bauern angreifen, die ihm zu Hilfe kommen. Die Aljechin-Verteidigung ist ebenso ehrgeizig wie riskant, da die frühe Konfrontation die schwarze Stellung in Unordnung und räumliche Bedrängnis bringen kann. Die kritischsten Varianten beginnen mit 2 e5 ♘d5 3 d4 d6. Die Hauptvariante ist das solide und flexible 4 ♘f3, während der Vierbauernangriff versucht, Schwarz mit 4 c4 ♘b6 5 f4 dxe5 6 fxe5 *(2a)* plattzuwalzen. Das führt zu chaotischen Stellungen, in denen es so aussieht, als seien die Figuren zufällig aufs Brett gefallen! Ein anderes beliebtes System ist 4 c4 ♘b6 5 exd6 *(3)*, die ruhige Abtauschvariante, während die Jagdvariante, 3 c4 ♘b6 4 c5 ♘d5 *(4)*, wie Schach von einem anderen Planeten ist!

Grundlegende Stellungen in der Aljechin-Verteidigung

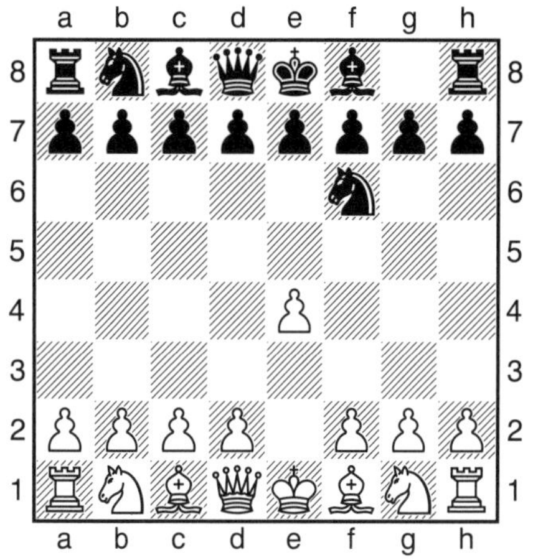

1a) Weiß am Zug

Nach 2 e5 ♘d5 3 d4 d6 4 ♘f3 ist die traditionelle schwarze Antwort 4...♗g4, aber nach 5 ♗e2 ist es schwer, den weißen Raumvorteil in Frage zu stellen. Moderne Großmeister ziehen das solide 4...dxe5 5 ♘xe5 c6 *(1b)* vor.

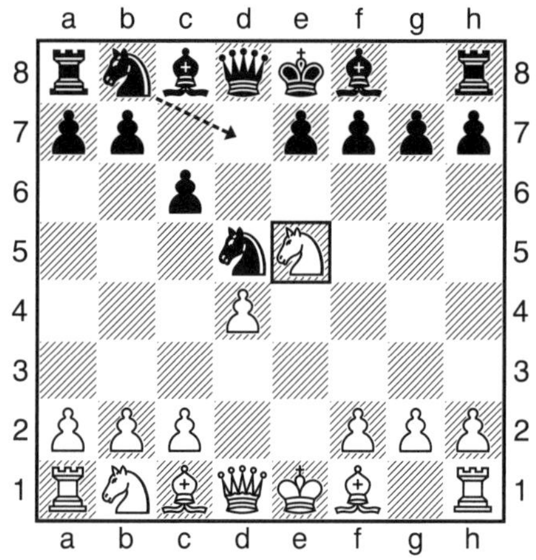

1b) Weiß am Zug

Dieser kleine Bauernzug bereitet ...♘d7 vor (nicht 5...♘d7?! 6 ♘xf7! mit Angriff) und hält sich einen Aufbau entweder mit ...g6 oder ...e6 offen. Beachte, dass Schwarz nach 6 c4 ♘b4! nun 7...♕xd4 8 ♕xd4 ♘c2+ droht.

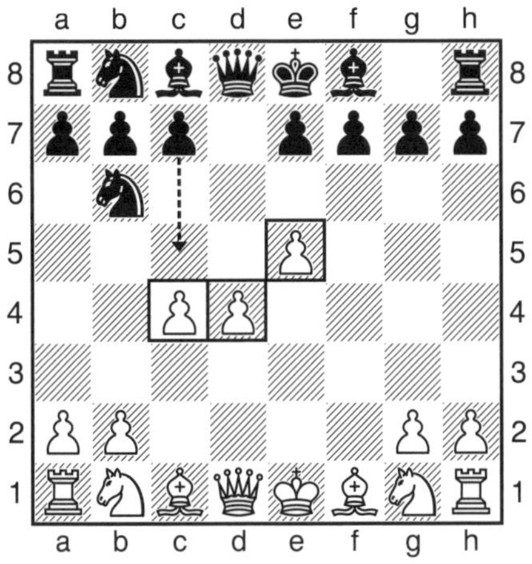

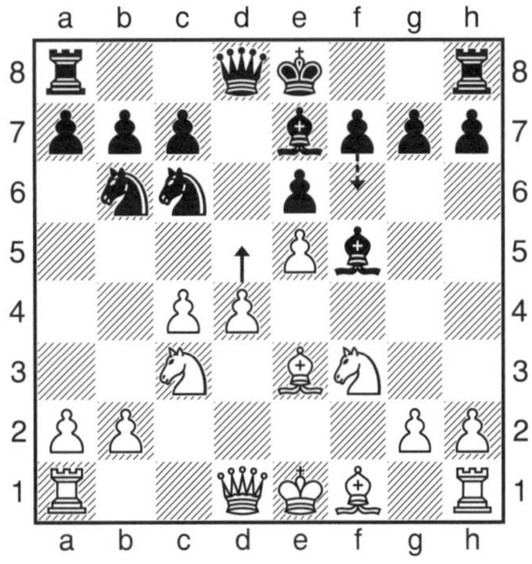

2a) Schwarz am Zug

Ein scharfer Angriff auf das Zentrum ist 6...c5 7 d5 g6 8 ♘c3 ♗g7 9 ♗f4 0-0 10 ♕d2 e6, aber die Hauptvariante geht weiter mit 6...♘c6 7 ♗e3 ♗f5 8 ♘c3 e6 9 ♘f3 ♗e7 *(2b)*.

2b) Weiß am Zug

Bald wird ...f6 das weiße Zentrum aufbrechen, also schlägt Weiß mit 10 d5 exd5 11 cxd5 ♘b4 12 ♘d4 ♗d7 zuerst zu. Dann ist 13 ♕f3 ruhig und 13 e6 irre kompliziert!

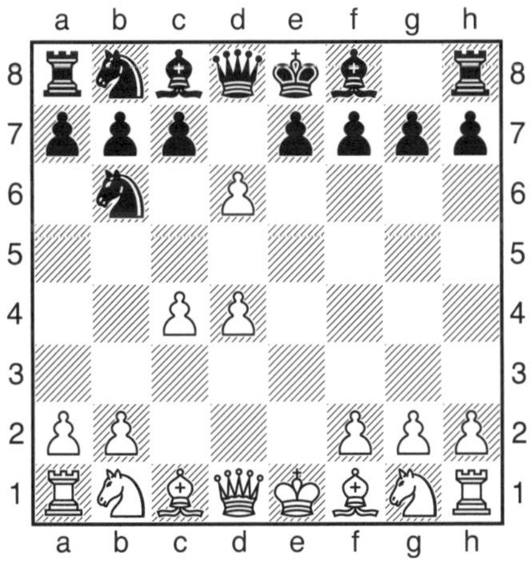

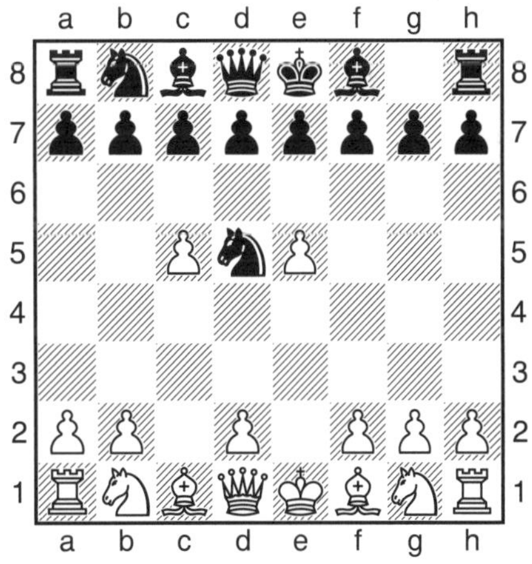

3) Schwarz am Zug

Weiß hat etwas Raumvorteil und hofft, dass der Springer auf b6 schlecht steht, obwohl er c4 angreift. 5...cxd6 6 ♘c3 g6 7 ♗e3 ♗g7 8 ♖c1 0-0 9 b3 e5 ist eine beliebte Variante, wo Weiß diesen Bauern stützt und Schwarz im Zentrum dagegenhält.

4) Weiß am Zug

Hier ist alles möglich: Wenn Weiß den Springer angreift, ist 5 ♗c4 c6 6 ♘c3 d6 7 ♕b3 ♘d7 8 ♘xd5 ♘xc5 9 ♘c7+ ♔d7 ein typisches Hauen und Stechen. Vermeiden sollte Schwarz 5 ♗c4 e6 6 ♘c3 d6?! 7 ♘xd5 exd5 8 ♗xd5 c6 9 ♗xf7+! mit drei Bauern für die Figur.

BÄRENSTARKE ERÖFFNUNG 16

Skandinavische Eröffnung

Einfachheit – aber zu welchem Preis?

Wenn du eine einfache, leicht zu erlernende Antwort auf **1 e4** suchst, die Weiß wenig Wahl lässt, dann ist **1...d5** *(1a)* ideal. Die einzige anspruchsvolle Antwort ist 2 exd5, aber alle weißen Hoffnungen auf eine blockierte Stellung oder ein großes Bauernzentrum sind futsch. Schwarz kann den Bauern auf zwei Arten zurückgewinnen und sich auf eine freie Entwicklung seiner Figuren freuen.

Natürlich ist das Ganze nicht ganz so einfach. Auch Weiß hat eine sehr freie Entwicklung, und Schwarz braucht Zeit, um seinen Bauern zurückzuschlagen. Nach dem direkten 2...♕xd5 3 ♘c3 sehen wir schon, dass Schwarz noch mehr Zeit mit seiner Dame verliert, und in der Einleitung dieses Buches haben wir ein Beispiel gesehen, wie gefährlich das sein kann. Aber mit Vorsicht (meist heißt das, recht bald ...c6 zu spielen!) erreicht Schwarz eine akzeptable Stellung, entweder nach 3...♕a5 4 d4 *(1b)* oder dem moderneren 3...♕d6 4 d4 ♘f6 5 ♘f3 *(2)*. Die andere schwarze Option, 2...♘f6, ist ehrgeiziger. Wir betrachten das nahe liegende 3 c4 *(3)* und das aufregende 3 d4 ♗g4!? *(4)*, aber beachte, dass das bescheidene 3 ♘f3 *(5)* vermutlich am besten ist.

Grundlegende Stellungen in der Skandinavischen Verteidigung

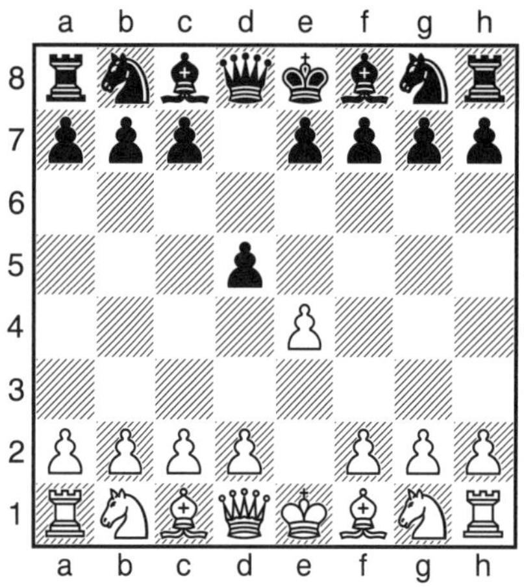

1a) Weiß am Zug

Weiß hat kaum eine andere Wahl, als auf d5 zu tauschen. Sonst ist Schwarz mit dem äußerst erstrebenswerten Zug ...d5 „davongekommen“, ohne ihn mit ...e6 oder ...c6 vorzubereiten.

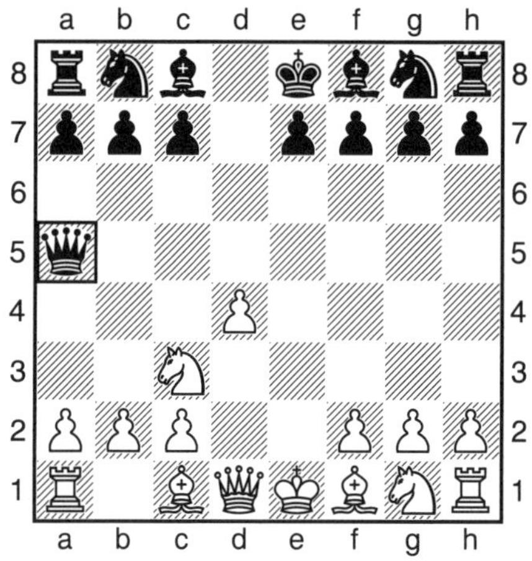

1b) Schwarz am Zug

4...♘f6 5 ♘f3 c6 6 ♗c4 ♗f5 ist eine typische Fortsetzung. Ein Plan ist ...e6, ...♗b4 und ...♗xc3, was das Läuferpaar aufgibt, aber das Feld d5 fest in den Griff bekommt.

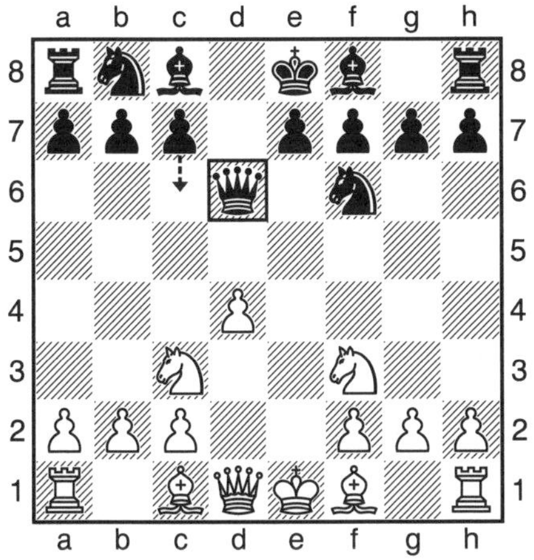

2) Schwarz am Zug

Eine beliebte Stellung. 5...g6 6 ♘b5 ♕b6 7 c4 c6, 5...c6 6 ♘e5 ♘bd7 7 ♘c4 ♕c7 und 5...a6 (was Ideen mit ...♘c6 offenhält) 6 g3 ♗g4 7 ♗g2 c6!? sind alles vorsichtige Manöver des Schwarzen, die „Unfälle“ vermeiden sollen.

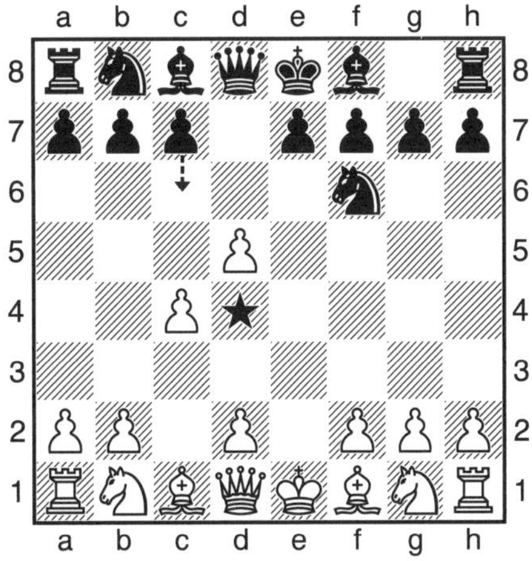

3) Schwarz am Zug

Hat Schwarz einfach einen Bauern verloren? Nein: 3...c6! ist ein ausgezeichnetes Gambit. 4 dxc6?! ♘xc6 gibt Schwarz prächtige Kontrolle über d4 und das Zentrum, und die weißen Bauern sind schwach. 4 d4 cxd5 wird auf Seite 47 behandelt.

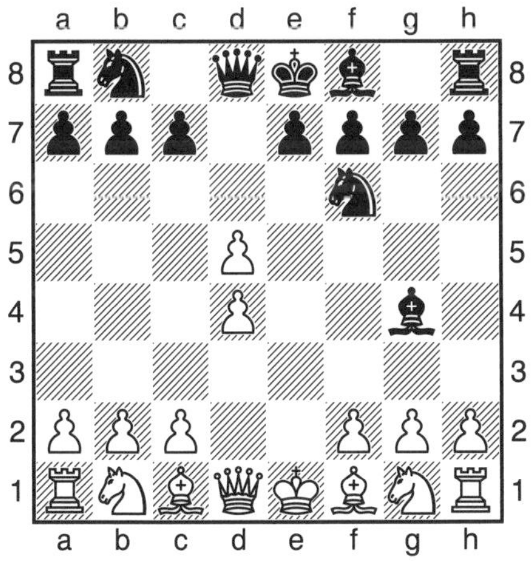

4) Weiß am Zug

Das ist eine nette Idee für Schwarz. 4 ♘f3 ♕xd5 gibt Schwarz zusätzliche Ideen mit ...♕h5, während 4 f3 ♗f5 5 c4 e6! 6 dxe6 ♘c6! zu verrücktem Gambitspiel führt. Nach 7 exf7+? ♔xf7 greift Schwarz auf der e-Linie an.

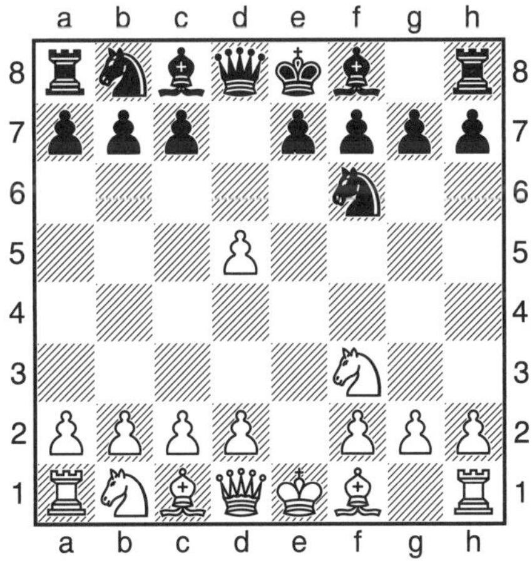

5) Schwarz am Zug

3...♗g4?! 4 ♗b5+ ist unbequem für Schwarz, während 3...♕xd5 4 ♘c3 den Varianten mit 2...♕xd5 ähnelt. 3...♘xd5 4 d4, bald gefolgt von c4, gibt Weiß Raumvorteil. Schwarz muss vorsichtig vorgehen.

BÄRENSTARKE ERÖFFNUNG 17 Caro-Kann-Verteidigung

Extrem solide – aber mit scharfen Optionen für beide Spieler

Diese Eröffnung mit dem seltsamen Namen beginnt mit dem ebenso seltsamen kleinen Zug **1...c6** *(1a)* als Antwort auf **1 e4**. Doch sie ist eine der angesehensten und beliebtesten Eröffnungen, die sowohl Klubspieler als auch Großmeister anspricht. Die schwarze Idee ist, 2...d5 zu spielen. Im Vergleich zur Französischen Verteidigung (Seite 48) hat Schwarz seinen Damenläufer nicht eingesperrt. Im Vergleich zum Skandinavischen kann Schwarz auf d5 mit dem Bauern zurückschlagen. Das sind die guten Seiten – der Nachteil ist, dass ...c6 ein langsamer Zug ist, der keine Figurenentwicklung vorbereitet.

Nach 2 d4 d5 hängt der weiße e-Bauer, also was tun? Der Panow-Angriff, 3 exd5 cxd5 4 c4 *(4)*, öffnet das Spiel und gibt Weiß oft aktives Figurenspiel und einen isolierten Damenbauern. 3 e5 ist die aggressive Vorstoßvariante, in der Weiß nach dem logischen 3...♗f5 *(5)* Ideen hat, diesen aktiven, aber exponierten Läufer zu jagen. Die Hauptvarianten beginnen mit 3 ♘c3 (oder 3 ♘d2), wonach Schwarz nichts Besseres als 3...dxe4 4 ♘xe4 *(1b)* hat. Weiß steht etwas freier, aber Schwarz kann sich leicht entwickeln.

Grundlegende Stellungen in der Caro-Kann-Verteidigung

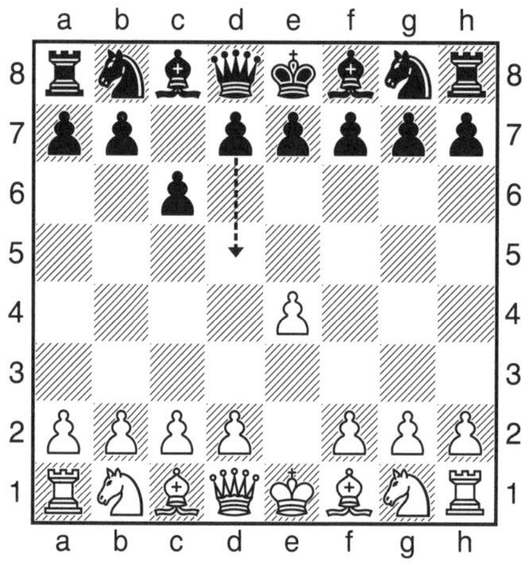

1a) Weiß am Zug

Schwarz beabsichtigt ...d5, um das weiße Zentrum anzufechten. Der weitere Plan ist, seinen Damenläufer aktiv nach f5 oder g4 zu stellen und seine Figuren schnell zu entwickeln.

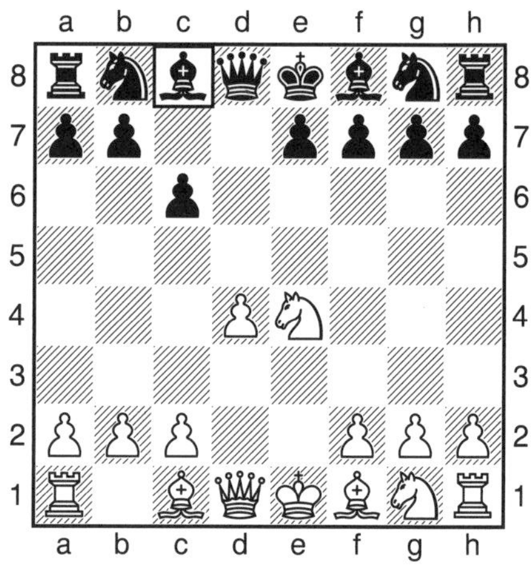

1b) Schwarz am Zug

Die Hauptideen sind hier 4...♗f5 5 ♘g3 ♗g6 *(2)*, was den Läufer entwickelt, ihn aber auch der weißen Verfolgung aussetzt, und 4...♘d7 *(3)*, was den Läufer blockiert, aber 5...♘gf6 plant.

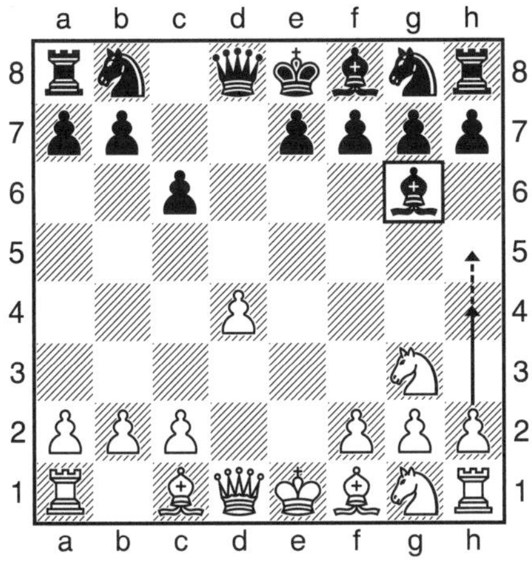

2) Weiß am Zug

Einfache Entwicklung gibt Weiß wenig, daher ist 6 h4 h6 7 ♘f3 ♘d7 8 h5 ♗h7 9 ♗d3 ♗xd3 10 ♕xd3 normal. Weiß hat Raum herausgeschlagen und die Voraussetzungen für einen Königsangriff, wenn Schwarz kurz rochiert.

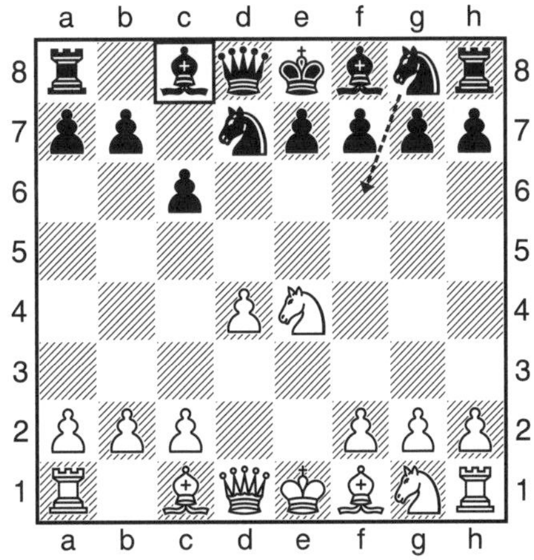

3) Weiß am Zug

Nun droht 5 ♕e2?! einzügig Matt, aber 5...♘df6! vereitelt es geschickt. 5 ♘g5!? ♘gf6 (5...h6?! 6 ♘e6!) 6 ♗d3 e6 7 ♘1f3 hat die tückische Idee 7...h6?! 8 ♘xe6! fxe6 9 ♗g6+ ♔e7 10 0-0 mit starkem Angriff.

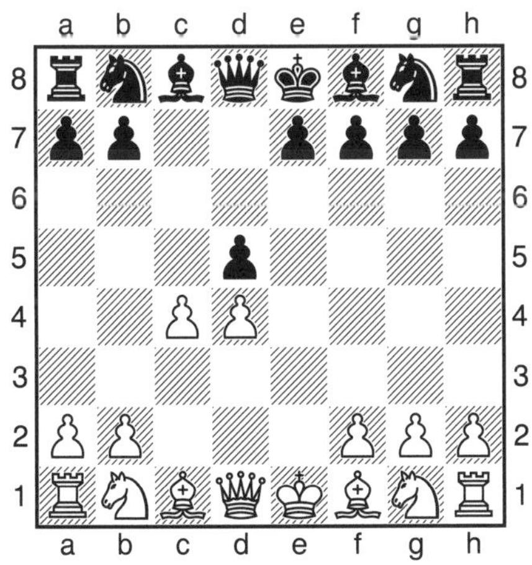

4) Schwarz am Zug

Das sieht wie ein Damengambit aus, aber nach 4...♘f6 5 ♘c3 sind seltsame Varianten wie 5...g6 6 ♕b3 ♗g7 und 5...♘c6 6 ♗g5 ♗e6 möglich. 5...e6 6 ♘f3 ♗e7 7 cxd5 ♘xd5 führt zu typischem Isolani-Spiel.

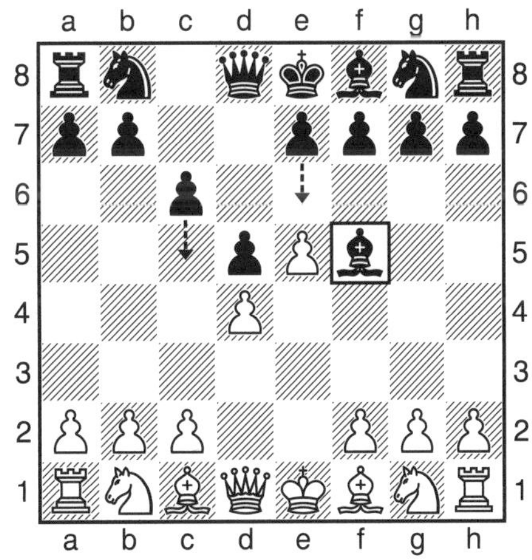

5) Weiß am Zug

Primitive Versuche wie 4 g4?! ♗e4 5 f3 ♗g6 6 h4 h5 geben Weiß nichts, aber 4 ♘c3 bereitet g4 mit deutlich größerer Wirkung vor. Mit dem flexiblen 4 ♗e3 kann Weiß auch ruhiger spielen und sich verschiedene Möglichkeiten offenhalten.

BÄRENSTARKE ERÖFFNUNG 18

Französische Verteidigung: Einleitung

Raffinierte Provokation

Die Französische Verteidigung startet mit **1 e4 e6** *(1a)*, fast immer gefolgt von 2 d4 d5. Sie ist eine Waffe für Konterspieler. Nach 2...d5 hat Weiß mehrere Möglichkeiten, der Drohung 3...dxe4 zu begegnen. Die Vorstoßvariante, 3 e5, engt die schwarzen Figuren ein, wonach 3...c5 4 c3 ♘c6 5 ♘f3 zu Diagramm 1b führt. Die weiße „Bauernkette" (Bauern auf c3, d4 und e5) erscheint in den meisten Französischen Varianten (eine Ausnahme ist die Abtauschvariante, 3 exd5 exd5, die zu vereinfachend und symmetrisch ist, um Schwarz echte Probleme zu bereiten). In der Hauptvariante greift Schwarz den Punkt d4 an, und Weiß verteidigt ihn: 5...♕b6 6 ♗e2 cxd4 7 cxd4 ♘h6 8 b3 ♘f5 9 ♗b2 *(2)*. 3 ♘d2 ist die Tarrasch-Variante. Nach 3...c5 4 exd5 exd5 5 ♘gf3 ♘c6 6 ♗b5 *(3)* entstehen Isolani-Stellungen. 3...♘f6 provoziert 4 e5 ♘fd7, wonach 5 ♗d3 c5 6 c3 ♘c6 die bekannte Bauernkette aufbaut. Nach 7 ♘e2 ist 7...cxd4 8 cxd4 f6 9 exf6 ♘xf6 10 ♘f3 ♗d6 *(4)* normal, während 7 ♘gf3 Schwarz provozieren könnte, mit 7...♗e7 8 0-0 g5!? *(5)* anzugreifen.

Grundlegende Stellungen in der Französischen Verteidigung

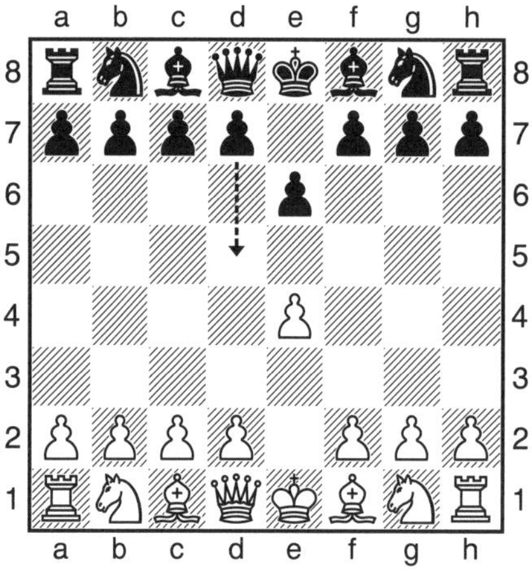

1a) Weiß am Zug

Normalerweise besetzt Weiß mit 2 d4 das Zentrum, und Schwarz hält auf den weißen Feldern mit 2...d5 dagegen. Eine prinzipielle Antwort ist 3 e5, um die schwarzen Figuren einzuengen. Bezüglich 3 ♘c3 siehe Seite 50.

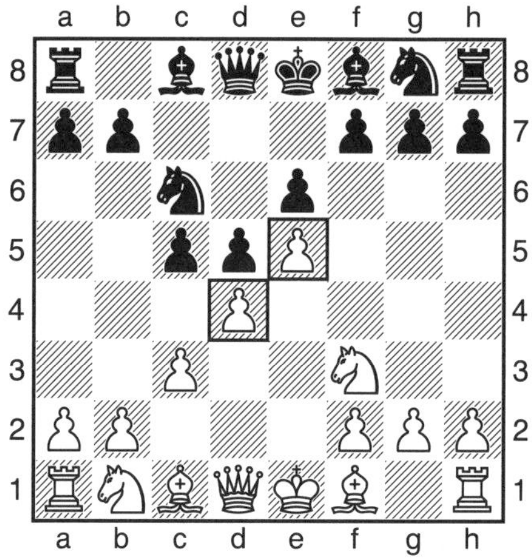

1b) Schwarz am Zug

Um seine Figuren aus der weißen Umklammerung zu befreien, wird Schwarz die Bauern auf d4 und e5 schlagen oder tauschen müssen. Wenn Weiß sie halten kann, insbesondere den auf e5, hat er einen Vorteil in Raum und Beweglichkeit.

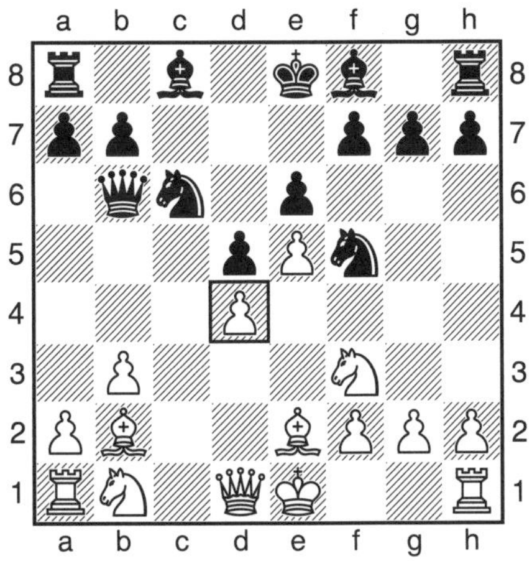

2) Schwarz am Zug

Der schwarze Angriff gegen d4 und die weiße Verteidigung sind bestmöglich verstärkt. 9...♗b4+! erzwingt nun 10 ♔f1, da Schwarz sonst den d-Bauern erobert. Aber Weiß hat immer noch Raumvorteil, also haben beide Seiten Chancen.

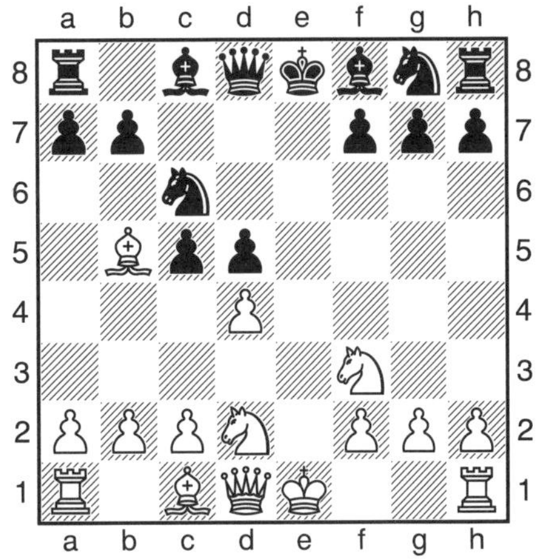

3) Schwarz am Zug

Die weiße Bauernkette verschwindet nach 6...♗d6 7 dxc5 ♗xc5 8 0-0 ♘e7. Schwarz hat gute Aktivität, aber weniger Figuren entwickelt, und sein Isolani kann später in der Partie ein Angriffsziel werden, wenn mehr Figuren abgetauscht sind.

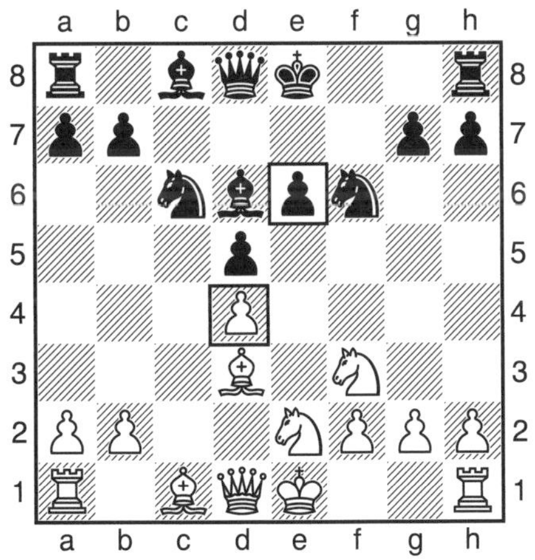

4) Weiß am Zug

Schwarz hat einen rückständigen und anfälligen Bauern auf e6, und der weiße Bauer d4 ist isoliert. Weiß würde gern den guten schwarzen Läufer d6 mit ♗f4 abtauschen, während Schwarz auf ...e5 oder Spiel auf der f-Linie hofft.

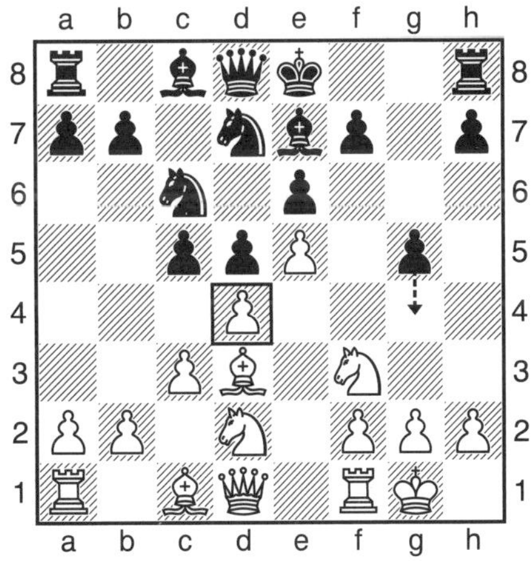

5) Weiß am Zug

Schwarz greift mit der Brechstange an, um den weißen Springer von f3 zu vertreiben und den Bauern d4 zu gewinnen. Der Nachteil ist, dass Schwarz damit seinen eigenen Königsflügel schwächt. Ein anspruchsvoller Kampf steht bevor.

BÄRENSTARKE ERÖFFNUNG 19

Französisch: Hauptvarianten mit 3 ♘c3

Um das Maximum kämpfen

Nach **1 e4 e6 2 d4 d5** ist **3 ♘c3** *(1a)* der beliebteste Zug, denn er deckt e4, greift d5 an, entwickelt eine Figur und lässt die Wege für beide Läufer offen. Die natürliche schwarze Antwort 3...♘f6 provoziert den weißen Vorstoß 4 e5, wonach 4...♘fd7 5 f4 c5 6 ♘f3 ♘c6 7 ♗e3 *(1b)* um d4 kämpft. Ein berühmtes Gambit ist 3...♘f6 4 ♗g5 ♗e7 5 e5 ♘fd7 6 h4!?, ein Bauernopfer mit der Idee 6...♗xg5 7 hxg5 ♕xg5 8 ♘h3 *(2)*. Schwarz kann auch 4...♗b4 spielen, die MacCutcheon-Variante, die meist mit 5 e5 h6 6 ♗d2 ♗xc3 7 bxc3 ♘e4 8 ♕g4 *(3)* weitergeht. Die Winawer-Variante ist 3...♗b4, was ...dxe4 droht. Die Hauptvariante läuft 4 e5 c5 5 a3 ♗xc3+ 6 bxc3 ♘e7 *(4)*. Nun ist der schärfste weiße Zug 7 ♕g4 mit Angriff auf g7, und die ehrgeizigste schwarze Antwort ist 7...♕c7 8 ♕xg7 ♖g8 9 ♕xh7 cxd4 *(5)*, die Winawer Bauernraubvariante. Schwarz opfert vorübergehend einen Bauern, damit er am Damenflügel angreifen kann. In dieser Stellung wurden schon viele Kämpfe ausgefochten.

Grundlegende Stellungen im Franzosen mit 3 ♘c3

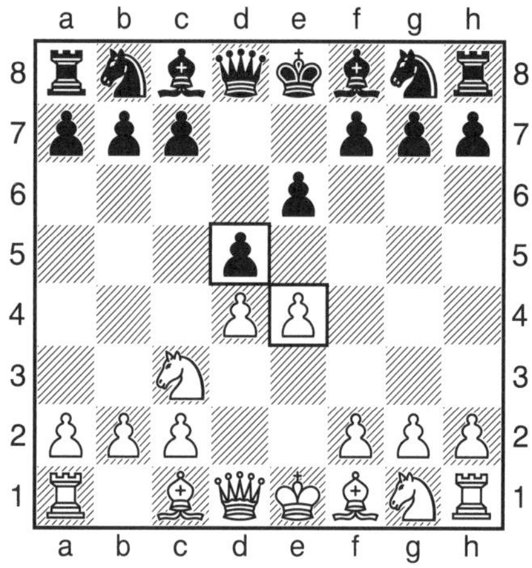

1a) Schwarz am Zug

3 ♘c3 ist der logischste weiße Zug. Er entwickelt eine Figur (anders als 3 e5) und lässt die Wege für beide Läufer offen (anders als 3 ♘d2). Eine traditionelle Antwort ist 3...♘f6. 3...dxe4 ist einfacher, aber weniger aktiv.

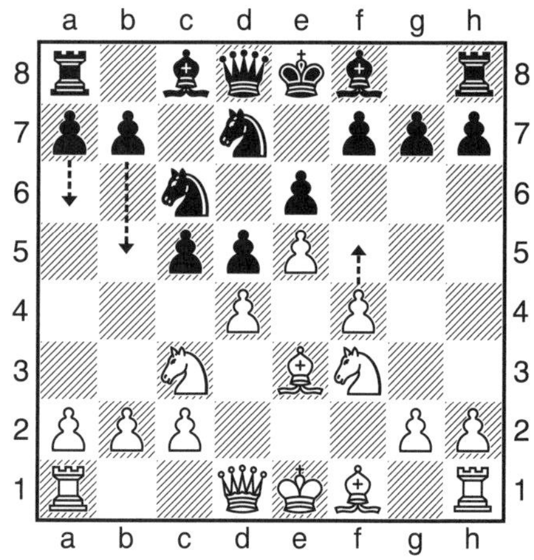

1b) Schwarz am Zug

Weiß hat sein Zentrum abgestützt. Meist entwickelt er sich mit ♗e2 und 0-0, wonach er auf einen Königsangriff mit f5 hofft. Der Nachziehende hat mehr Raum am Damenflügel und kann einen Vorstoß mit ...a6 und ...b5 vorbereiten.

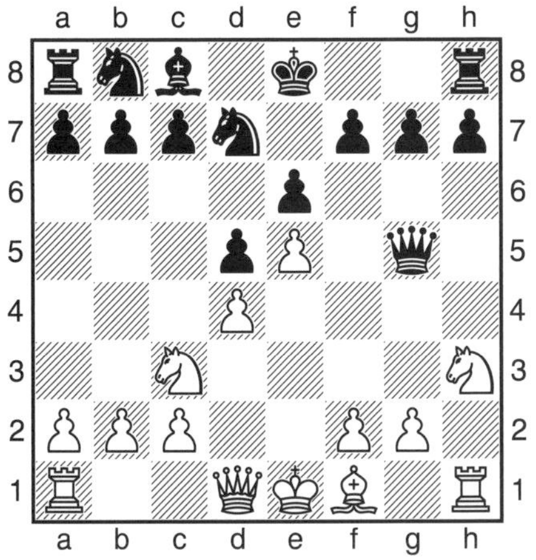

2) Schwarz am Zug

Warum hat Weiß einen Bauern geopfert? Für schnellere Entwicklung, Raum und Spiel auf der h-Linie. ♘f4, ♕g4 und 0-0-0 können schnell folgen. Natürlich hat Schwarz einen Mehrbauern und keine strukturellen Schwächen.

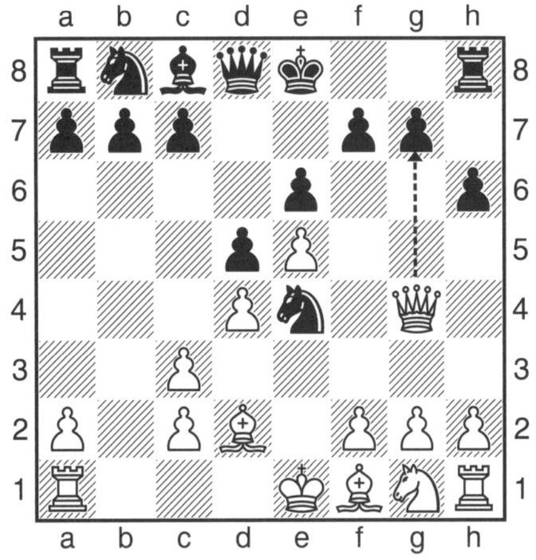

3) Schwarz am Zug

8...0-0? erlaubt nun 9 ♗xh6!, also ist 8...g6 9 ♗d3 ♘xd2 10 ♔xd2 c5 normal. Dann kann Weiß den schwarzen Königsflügel angreifen, aber der weiße König steckt im Zentrum fest. Das führt zu scharfem Spiel.

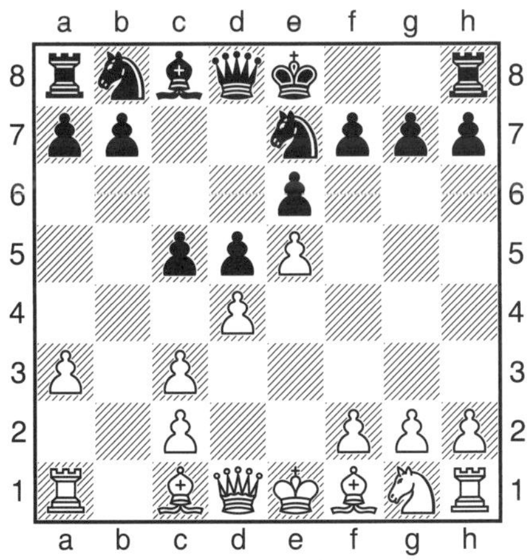

4) Weiß am Zug

Weiß hat das Läuferpaar, und dank des Bauern e5 kontrolliert er mehr Raum am Königsflügel. Allerdings sind seine verdoppelten c-Bauern schwach, und Schwarz hat schnelle Entwicklung mit aktivem Spiel am Damenflügel.

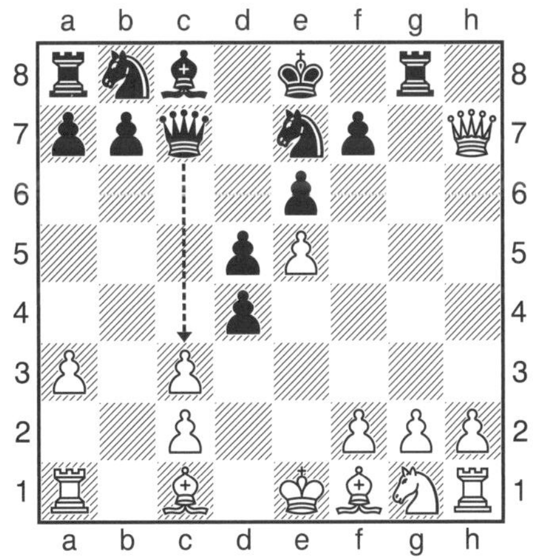

5) Weiß am Zug

Der schwarze Königsflügel ist zerstört, aber er hat den sichereren König, schnelle Entwicklung und sehr aktive Figuren. 10 ♘e2! deckt hier c3 und greift d4 an. Darauf stellt 10...♘bc6! die Falle 11 cxd4? ♘xd4! auf.

BÄRENSTARKE ERÖFFNUNG **20**

Sizilianische Verteidigung: Einleitung

Gesund, flexibel und aggressiv

Sizilianisch ist die beliebteste Eröffnung auf Klubniveau und bis ganz hinauf zum Weltmeisterschaftsschach. Aber was ist Besonderes an **1 e4 c5** *(1a),* das so ansprechend ist?

Erstens verhindert Schwarz, dass Weiß ein „ideales“ Zentrum mit den Bauern auf e4 und d4 aufbaut. Wenn Weiß d4 spielt, wird Schwarz mit ...cxd4 tauschen, wonach er mehr Zentrumsbauern hat als Weiß, ein strategischer Vorteil, für den starke Spieler zu leiden bereit sind. Und Schwarz leidet nicht selten, denn Weiß ist bestens vorbereitet, fast überall auf dem Brett einen Angriff zu starten. Aber Schwarz hat viele Quellen für Gegenspiel: Druck auf der halboffenen c-Linie, taktische Motive auf der langen Diagonale h8-a1 und Bauernvorstöße zur rechten Zeit. Viele Jahre der Praxis haben gezeigt, dass Sizilianisch für Schwarz grundlegend gesund ist, und sogar, dass er ohne extreme Risiken auf Gewinn spielen kann. Weiß hat keinen einfachen Weg, einen risikofreien Vorteil zu bekommen: Dies ist eine Eröffnung halsbrecherischer Risiken, wo der Mutige (und Kundige!) sich durchsetzt.

Grundlegende Stellungen in der Sizilianischen Verteidigung

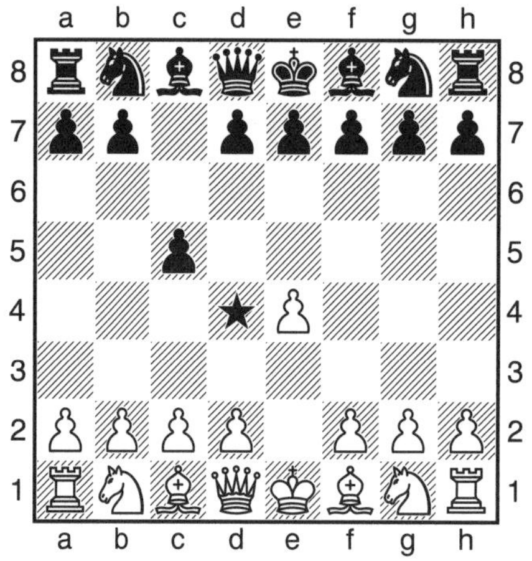

1a) Weiß am Zug

Der hauptsächliche Kampfplatz ist der „Offene Sizilianer“, wo Weiß 2 ♘f3 und 3 d4 spielt. Aber es gibt viele andere Möglichkeiten, wie 2 c3 nebst d4, und 2 ♘c3, gefolgt von entweder f4 oder g3.

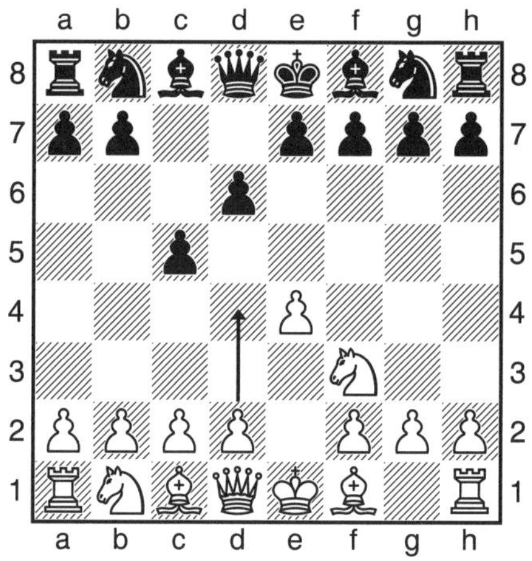

1b) Weiß am Zug

Die Situation nach 2 ♘f3 d6. Nun ist 3 d4 cxd4 4 ♘xd4 ♘f6 5 ♘c3 das Hauptsystem (siehe Seiten 62-67), aber auch 3 ♗b5+ ist beliebt (siehe Seite 60). 3 c3 kann mit 3...♘f6 beantwortet werden, wonach 4 d4? den Bauern e4 verliert.

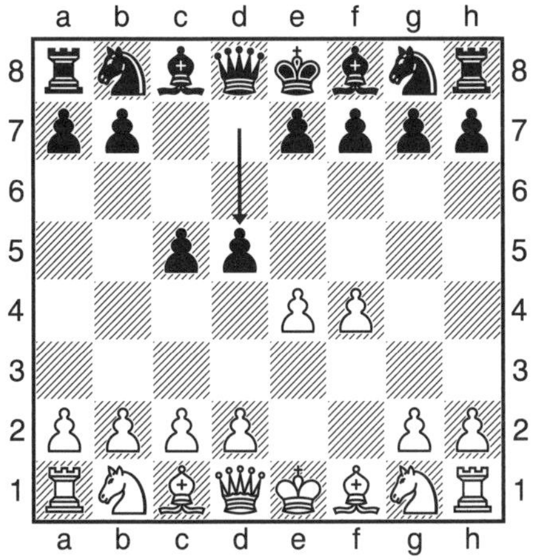

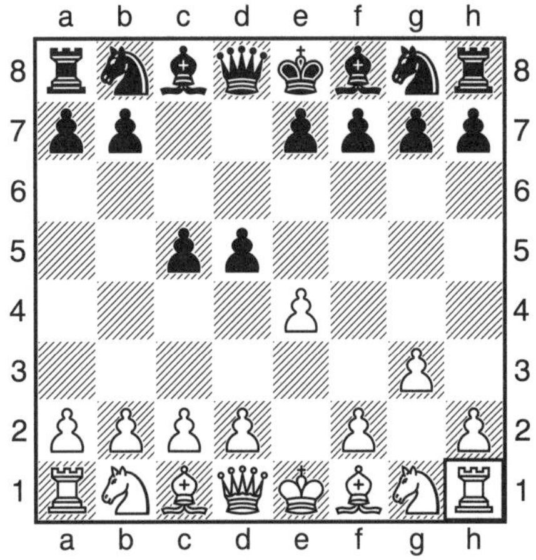

2) Weiß am Zug

Schwarz hat 2 f4 mit 2...d5! beantwortet. Der Vorstoß ...d5 ist eine wichtige Idee in vielen Sizilianischen Varianten – also verhindert Weiß ihn meist! Das Gambit 3 exd5 ♘f6! 4 c4 e6 5 dxe6 ♗xe6 gibt Schwarz gutes Spiel.

3) Weiß am Zug

2 g3 d5 ist eine andere Variante, in der Weiß dieses Schlüsselfeld nicht kontrolliert hat. Nach 3 exd5 ♕xd5 4 ♘f3 ♗g4 5 ♗g2 ♕e6+ fehlt der weißen Stellung die Schlagkraft: Er muss die Damen tauschen oder seinen König schlecht stellen.

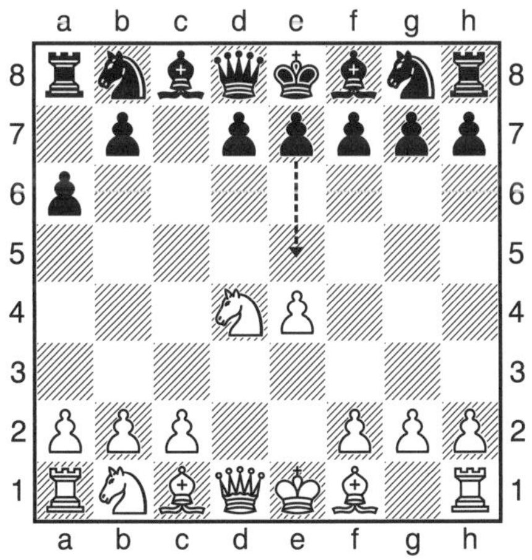

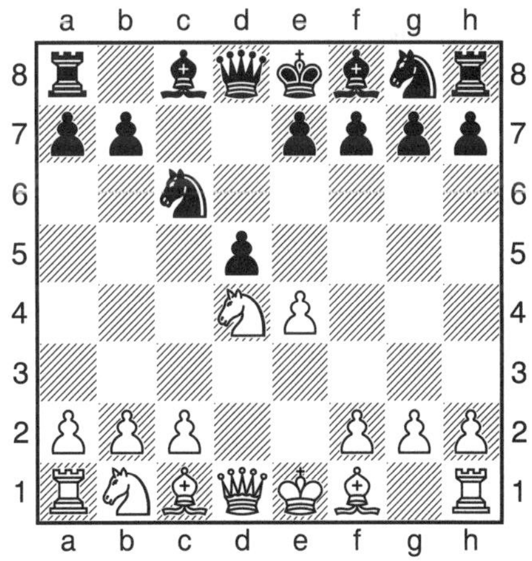

4) Schwarz am Zug

2 ♘f3 a6 3 d4?! cxd4 4 ♘xd4 ist überraschenderweise zu sorglos (3 c3 ist besser). Mit 4...♘f6 5 ♘c3 (5 e5? ♕a5+) 5...e5! 6 ♘b3 ♗b4 7 ♗d3 d5! aktiviert Schwarz seine Figuren und übernimmt die Initiative.

5) Weiß am Zug

Aber diese Stellung nach 2 ♘f3 ♘c6 3 d4 cxd4 4 ♘xd4 d5?! ist eine andere Geschichte. Nach 5 ♗b5 dxe4 6 ♘xc6 ♕xd1+ 7 ♔xd1 a6 8 ♗a4 ♗d7 9 ♘c3 ♗xc6 10 ♗xc6+ bxc6 11 ♘xe4 hat Schwarz ein schwieriges Endspiel.

BÄRENSTARKE ERÖFFNUNG 21

Geschlossener Sizilianer und Grand-Prix-Angriff

Kontrollierte Aggression

Der aggressivste Plan für Weiß gegen den Sizilianer ist, d4 zu spielen und seinen Entwicklungsvorsprung zum Angriff zu nutzen. Aber er kann sich auch vorsichtiger entwickeln und den schwarzen Vorstoß ...d5 strikt unterbinden. Der Geschlossene Sizilianer beginnt mit **1 e4 c5 2 ♘c3**. Nach der üblichen (aber nicht erzwungenen!) Antwort **2...♘c6** muss Weiß zielstrebig spielen, sonst kann Schwarz bald im Zentrum oder am Damenflügel vorstoßen und seine gute Kontrolle über das Feld d4 ausnutzen. Normalerweise zieht Weiß seinen f-Bauern nach vorne, um Raum zu gewinnen und einen Angriff am Königsflügel zu starten. Er kann das sofort mit **3 f4** *(1b)* tun oder zuerst **3 g3** *(1a)* und 4 ♗g2 wählen, um Druck auf der langen Diagonale aufzubauen. In der Regel werden beide Spieler ihre Springer nicht vor den f-Bauern stellen. Obwohl beide einen Flügelangriff anstreben (Weiß am Königsflügel und Schwarz am Damenflügel), ist die Zentrumskontrolle wichtig für das Gelingen dieser Pläne. Schwarz muss auch daran denken, dass 3 ♘f3 *(5)* mit der Absicht 4 d4 möglich ist.

Grundlegende Stellungen im Geschlossenen Sizilianer und Grand-Prix-Angriff

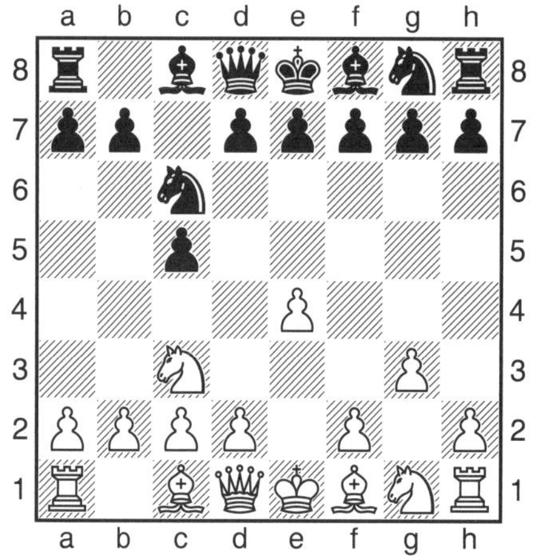

1a) Schwarz am Zug

Weiß plant, sich allmählich am Königsflügel aufzubauen, obwohl er auch mit d4 im Zentrum oder mit ♖b1, a3 und b4 am Damenflügel spielen kann. Nach 3...g6 4 ♗g2 ♗g7 5 d3 d6 *(4)* ist umsichtiges Spiel gefragt.

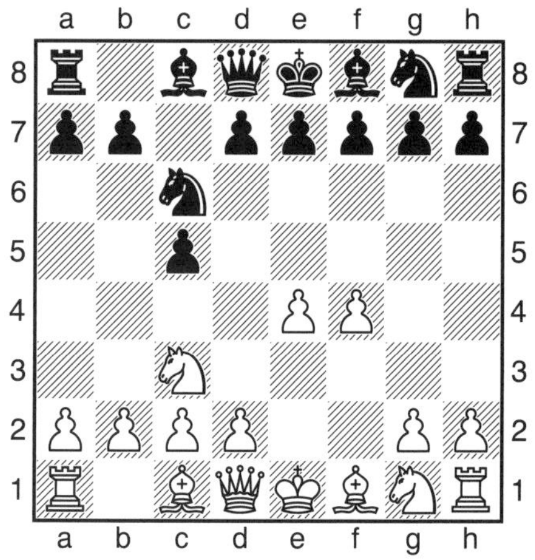

1b) Schwarz am Zug

Der Grand-Prix-Angriff. Er ist am gefährlichsten, wenn Schwarz früh ...d6 spielt. Vergleiche 3...g6 4 ♘f3 ♗g7 5 ♗c4 e6 *(2)* mit 3...d6 4 ♘f3 g6 5 ♗c4 (5 ♗b5 ist auch gut) 5...♗g7 6 0-0 ♘f6 7 d3 *(3)*.

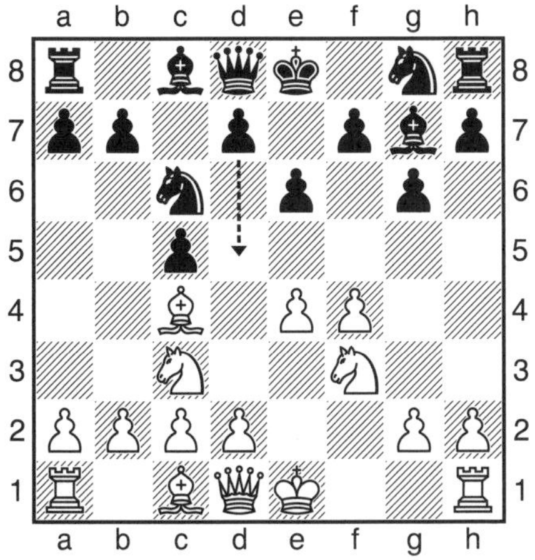

2) Weiß am Zug

Schwarz plant den Zentrumsvorstoß ...♘ge7 und ...d5, um die weißen Figuren abzudrängen. Sogar das Gambit 6 f5 verhindert 6...♘ge7! 7 fxe6 fxe6 8 d3 d5 9 ♗b3 b5! nicht, wonach Weiß leicht eine Figur verlieren kann.

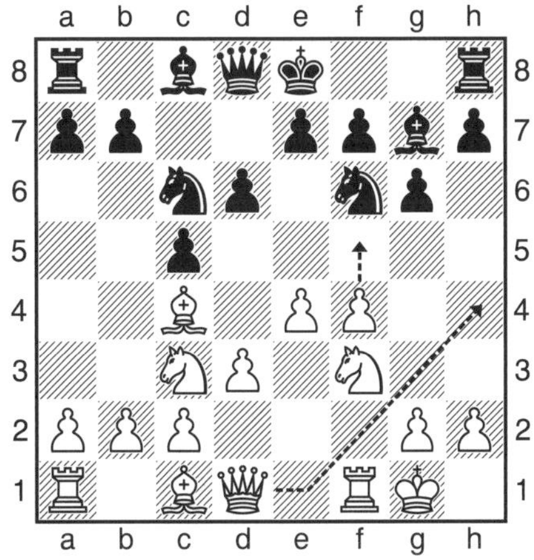

3) Schwarz am Zug

Mattideen mit ♕h4, ♗h6 und ♘g5 sind primitiv aber schlagkräftig, und auch ein Vorstoß mit e5 kann ins Spiel kommen. In Varianten wie 7...0-0 8 f5!? gxf5 9 ♕e1 fxe4 10 dxe4 ♗g4 11 ♕h4 muss Schwarz sehr vorsichtig sein.

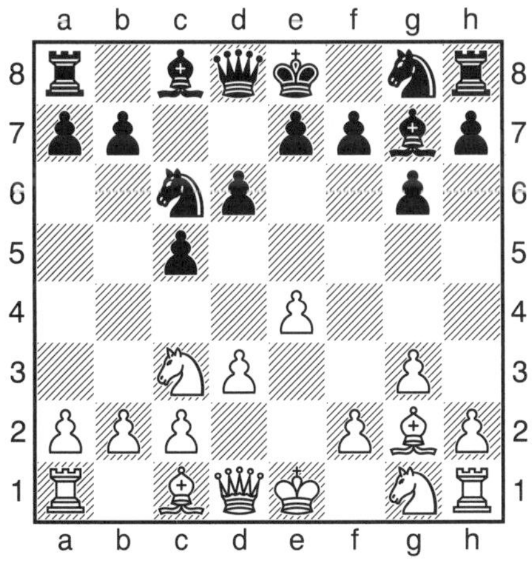

4) Weiß am Zug

6 ♗e3 plant ♕d2 und ♗h6, also ist 6...e5 sinnvoll, wonach der andere schwarze Läufer aktiv bleibt. 6 f4 versucht, Schwarz am Königsflügel zu erdrücken. Das flexible 6...e6 nebst ...♘ge7 deckt das Schlüsselfeld f5.

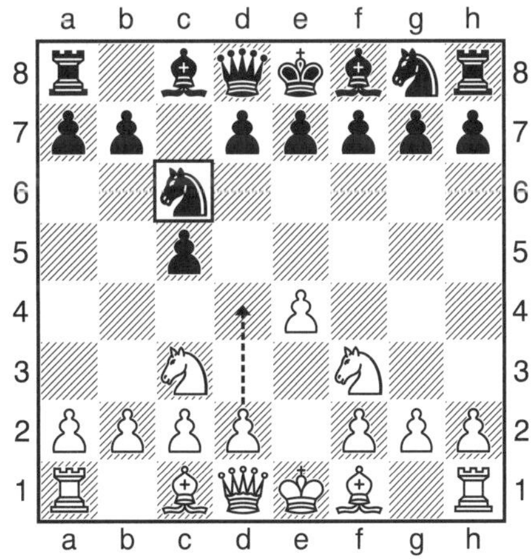

5) Schwarz am Zug

Weiß plant 4 d4 mit einem Offenen Sizilianer. Wenn Schwarz Najdorf (Seite 66) spielen wollte, hätte er im letzten Zug 2...d6 wählen sollen! Aber Drachenspieler (Seite 64) können nach 3...g6 4 d4 cxd4 5 ♘xd4 ♗g7 zufrieden sein.

BÄRENSTARKE ERÖFFNUNG 22

c3-Sizilianer (Alapin)

Einfach ein Bauernzentrum aufbauen

Dies ist eine der beliebtesten weißen Entgegnungen auf den Sizilianer, und obwohl es das Spiel relativ einfach hält, ist es trotzdem ehrgeizig und logisch. Nach **1 e4 c5** spielt Weiß **2 c3** *(1a)*, was den Zug d4 vorbereitet, um mit dem Bauern c3 zurückzuschlagen, wenn Schwarz auf d4 tauscht. Das würde Weiß ein „ideales" Bauernzentrum mit frei beweglichen Bauern auf e4 und d4 geben, ohne sich zu schwächen oder Zeit zu verlieren. Wenn Schwarz diese Situation hinnehmen müsste, dann wäre Sizilianisch bestimmt keine beliebte Eröffnung! Tatsächlich hat Schwarz zwei sehr zuverlässige Antworten, die beide darauf basieren, dass der Zug c3 ein bisschen schwerfällig ist, und die beide mit ähnlichen Ideen arbeiten wie die Eröffnungen, die wir schon gesehen haben.

2...♘f6 ähnelt der Aljechin-Verteidigung, aber nach 3 e5 ♘d5 *(3)* wäre das natürliche 4 c4 ein Zeitverlust (Weiß hätte zwei Züge gebraucht, um den Bauern nach c4 zu stellen). 2...d5 3 exd5 ♕xd5 4 d4 *(1b)* ist wie ein Skandinavier, wo Weiß jetzt nicht ♘c3 spielen kann, was bedeutet, dass die Dame im Zentrum sicherer ist. Aber Ideen mit dxc5 oder ♘a3-b5 liegen in der Luft.

Grundlegende Stellungen im c3-Sizilianer

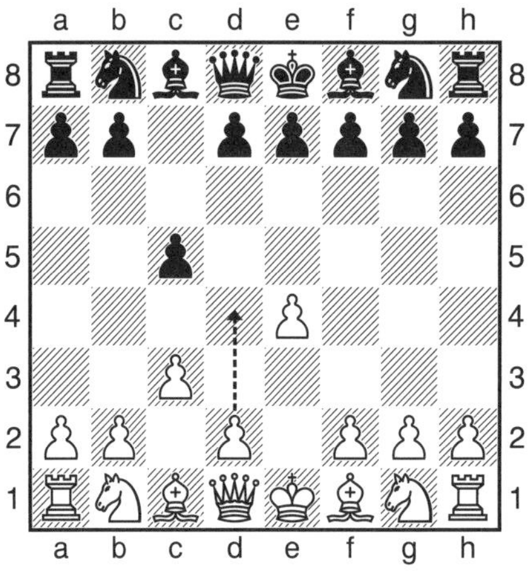

1a) Schwarz am Zug
Es gibt eine große Auswahl, wobei 2...e6 3 d4 d5 einem Franzosen ähnelt und 2...e5 3 ♘f3 ♘c6 4 ♗c4 ♕c7 eine ungewöhnliche Form der Italienischen Partie ist. Aber e4 anzugreifen, ist logischer.

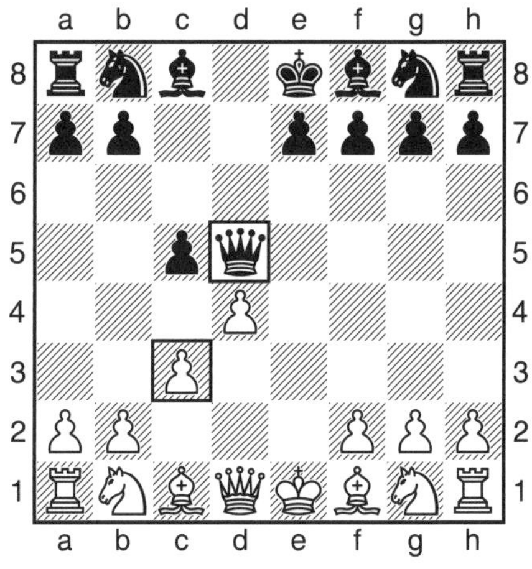

1b) Schwarz am Zug
Wenn Schwarz zu schnell auf d4 tauscht, wird ♘c3 durch Angriff auf die Dame Zeit gewinnen, und Weiß könnte einen heftigen Angriff starten. 4...♘f6 5 ♘f3 ♗g4 *(2)* entwickelt sich aktiv.

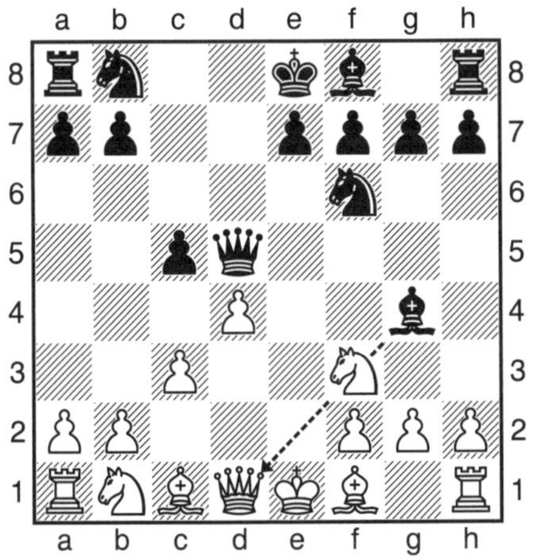

2) Weiß am Zug

Nach 6 ♗e2 e6 7 0-0 ♘c6 8 ♗e3 cxd4 9 cxd4 ♗e7 10 ♘c3 ♕d6 steht Schwarz bequem, und 6 ♕a4+ ♗d7 7 ♕b3 cxd4! 8 ♗c4 ♕e4+ ist ein wilder Ritt. 6 dxc5!? behält die Kontrolle und bietet ein kompliziertes Endspiel an.

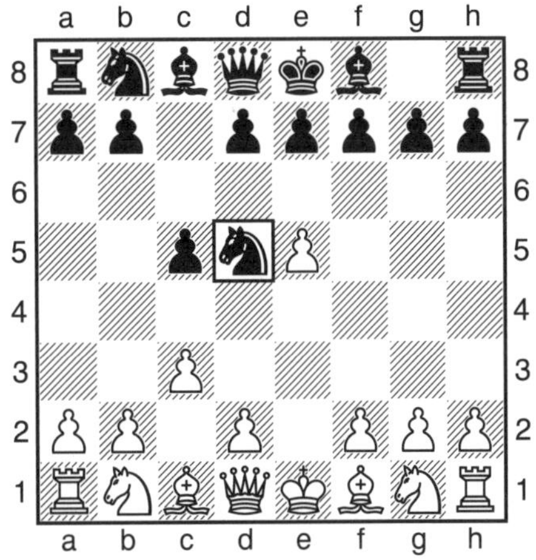

3) Weiß am Zug

Der weiße Plan ist, im Zentrum vorzugehen und gleichzeitig Druck gegen den Springer d5 zu machen. Möglich ist das mit dem offensichtlichen 4 d4 cxd4 *(4)* oder 4 ♘f3 ♘c6 5 ♗c4 ♘b6 6 ♗b3 *(5)* und eventuell späterem d4.

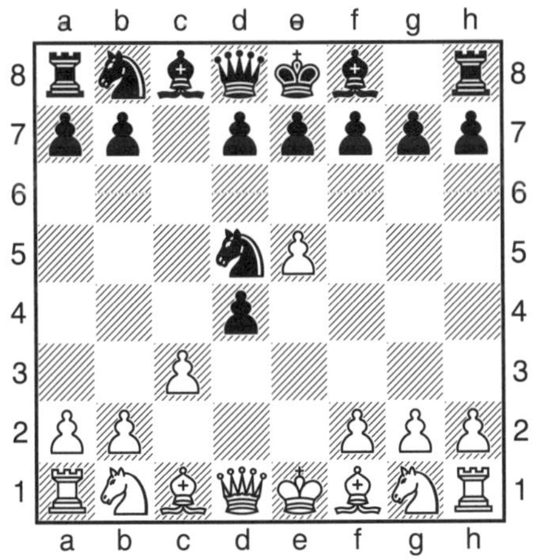

4) Weiß am Zug

5 cxd4 d6 greift erfolgreich die weißen Bauern an. 5 ♘f3 ist listiger, aber 5...♘c6 6 ♗c4 ♘b6 7 ♗b3 d5! 8 exd6 ♕xd6 9 0-0 ♗e6! ist eine energische Folge, die den starken weißen Läufer neutralisiert.

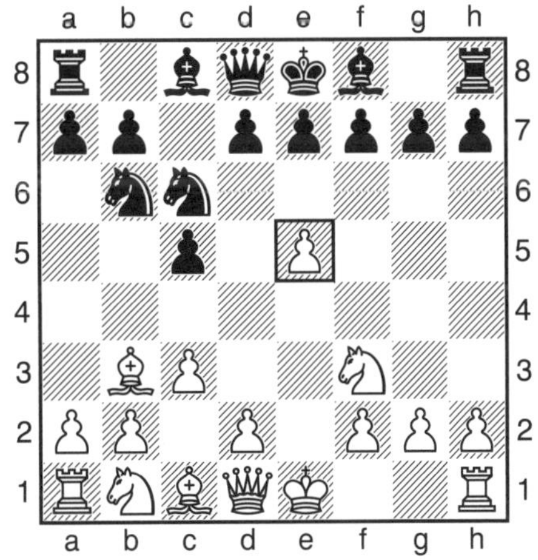

5) Schwarz am Zug

Nach 6...d5 7 exd6 ♕xd6 8 ♘a3! hat Weiß einen nützlicheren Zug gefunden als d4. Ehrgeizig ist 6...c4 7 ♗c2 ♕c7, denn d4 wird immer noch mit ...cxd3 beantwortet, und 8 ♕e2 g5! bietet den g-Bauern zum Tausch für den e-Bauern an.

Bärenstarke Eröffnung 23

Morra-Gambit

Klare Kampfansage an Sizilianischspieler

Das Morra-Gambit ist eine aggressive Antwort auf Sizilianisch. **1 e4 c5 2 d4 cxd4 3 c3** *(1a)* gibt einen Bauern, aber wenn Schwarz ihn annimmt, muss er seinen Weg durch ein Minenfeld taktischer Fallen finden. Nach 3...dxc3 4 ♘xc3 ♘c6 5 ♘f3 hat Weiß Entwicklungsvorsprung, und Ideen mit e5 erschweren es dem Schwarzen, aufzuholen. In vielen Varianten folgen als nächste weiße Züge ♗c4, 0-0, ♕e2 und ♖d1, was verschiedene Drohungen aufstellt und es der schwarzen Dame schwer macht, ein gutes Feld zu finden. Diagramm 2a zeigt die Stellung nach 5...d6 6 ♗c4 e6 7 0-0 a6 8 ♕e2 ♘f6 9 ♖d1 ♕c7 10 ♗f4, wo Schwarz ganz normale Sizilianischzüge gespielt hat, aber dennoch in Gefahr ist. Wenn Schwarz lieber selbst der Fallensteller ist, kann er die Sibirische Falle versuchen: 5...e6 6 ♗c4 ♕c7 7 0-0 ♘f6 *(3)*, wonach Weiß leicht in nur zwei weiteren Zügen verlieren kann! Aber diese Variante hat auch ihre Risiken für Schwarz. Die Chicago-Verteidigung bringt das einfallsreiche Turmmanöver 5...d6 6 ♗c4 a6 7 0-0 e6 8 ♕e2 b5 9 ♗b3 ♖a7 *(4)* aufs Brett.

Grundlegende Stellungen im Morra-Gambit

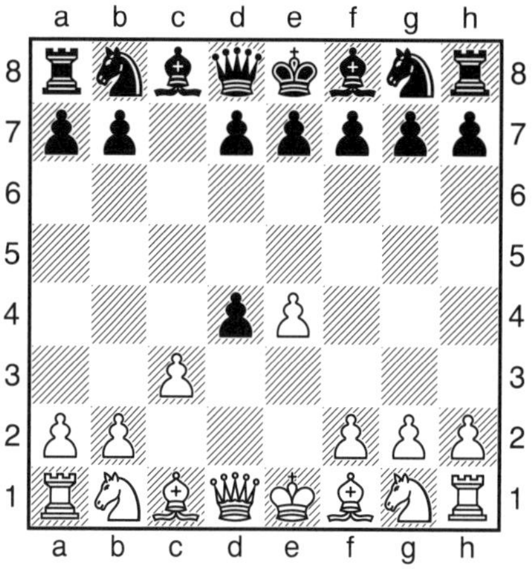

1a) Schwarz am Zug

3...♘f6 4 e5 ♘d5 ist eine sichere Ablehnung des Opfers (S. 57). Nach 3...dxc3 4 ♘xc3 ♘c6 5 ♘f3 kann Schwarz mit 5...d6 6 ♗c4 ♘f6?! (6...a6 bereitet ...♘f6 vor) 7 e5 ♘xe5?? 8 ♘xe5 dxe5? 9 ♗xf7+! die Dame verlieren.

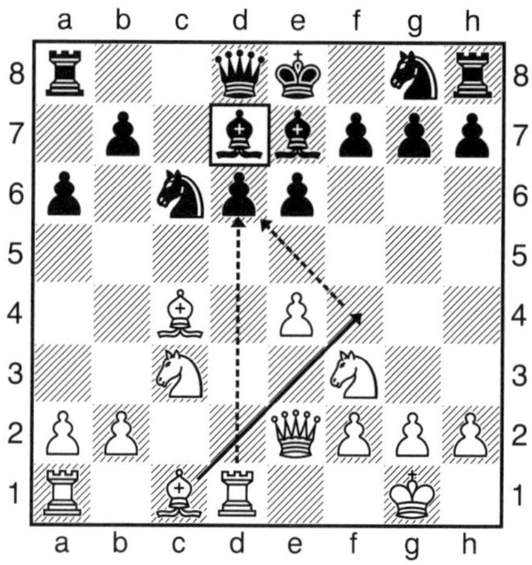

1b) Weiß am Zug

Diese Stellung entsteht nach 5...d6 6 ♗c4 e6 7 0-0 a6 8 ♕e2 ♗e7 9 ♖d1 ♗d7! (nicht 9...♘f6? 10 e5), einer sehr genauen Zugfolge für Schwarz. Nach 10 ♗f4 e5 11 ♗e3 ♘f6 12 ♖d2 steht Schwarz solide, aber Weiß ist aktiv.

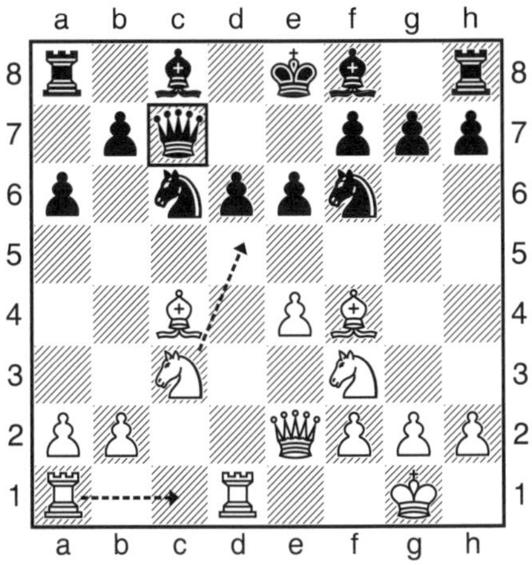

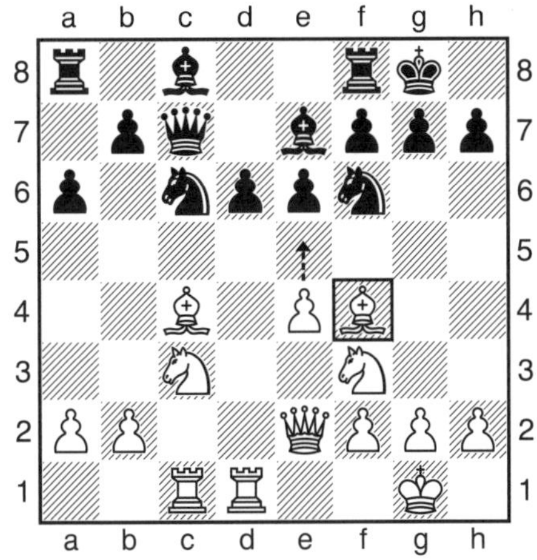

2a) Schwarz am Zug

Ungünstig steht die schwarze Dame nach 10...♘e5?! 11 ♗xe5 dxe5 12 ♖ac1 ♗d7? 13 ♗xe6!! fxe6 14 ♘d5 mit entscheidendem Angriff. 10...♗e7 11 ♖ac1 0-0 *(2b)* ist solider.

2b) Weiß am Zug

12 e5?! dxe5 13 ♘xe5 ♗d6! 14 ♖xd6 ♕xd6 15 ♘g6 e5! ist eine tückische Falle, aber 12 ♗b3 ♕b8 13 e5 ♘h5 14 ♗g5 gibt Weiß typisches Gambitspiel für den Bauern.

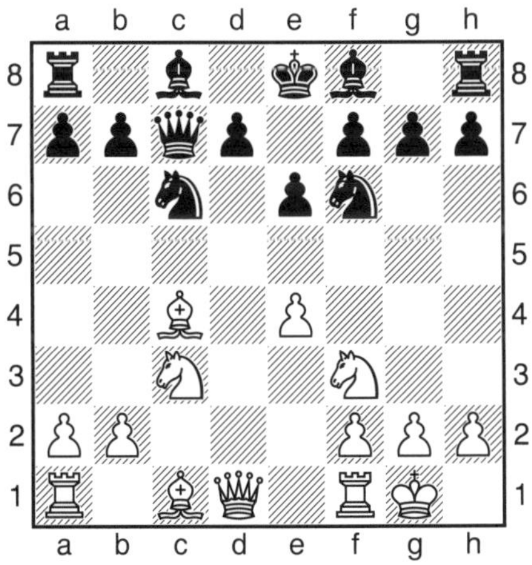

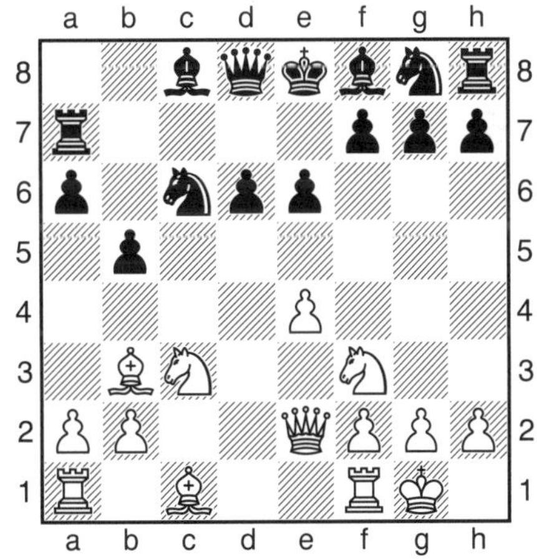

3) Weiß am Zug

Nach 8 ♕e2?! (einem Standard-Morra-Zug) 8...♘g4! 9 h3?? ♘d4! verliert Weiß König oder Dame. 8 ♘b5 ♕b8 9 e5! ist besser, denn 9...♘xe5? 10 ♘xe5 ♕xe5 11 ♖e1 gibt Weiß starken Angriff, aber 9...a6 10 exf6 axb5 verspricht Chancen für beide Seiten.

4) Weiß am Zug

Schwarz möchte mit seinem Turm das weiße Spiel auf der d-Linie neutralisieren, aber 10 ♖d1 ♖d7 11 ♗f4 ♗e7 12 ♖ac1 ♗b7 13 e5 gibt Weiß gutes Spiel nach 13...♘h6? 14 exd6 ♗xd6 15 ♗xd6 ♖xd6 16 ♘e4, 13...dxe5 14 ♘xe5 oder 13...d5 14 ♘xd5! nebst e6.

BÄRENSTARKE ERÖFFNUNG 24

Sizilianisch mit ♗b5

Gesunde Entwicklung mit vielen Plänen zur Auswahl

Es gibt noch einen anderen Weg, um die Sizilianischen Hauptvarianten zu vermeiden, aber diesmal vertraut Weiß zunächst auf Figurenspiel. Wie im Spanier ist die Hauptidee nicht so sehr, Figuren zu tauschen, sondern den Gegner unter Druck zu setzen. Indem er nach b5 geht, möchte der weiße Läufer die schwarzen Figuren am Damenflügel binden, während alle Optionen für die Zentrumsbauern offen bleiben. Zum Beispiel könnte er c3 und d4 mit der Idee eines „idealen" Zentrums spielen, oder sowohl c4 als auch d4 anstreben, um das Spiel zu öffnen, aber das Feld d5 im Auge zu behalten. Es gibt auch Varianten, in denen Weiß auf c6 tauscht, die schwarzen Bauern verdoppelt und das Spiel ähnlich wie im Nimzoinder (siehe Seite 102) geschlossen hält. Die ♗b5-Varianten sind von Fischer und Kasparow gespielt worden, die beide gezeigt haben, wie aggressiv diese scheinbar bescheidene Idee werden kann.

Es gibt zwei Hauptformen des ♗b5-Sizilianers: **1 e4 c5 2 ♘f3 ♘c6 3 ♗b5** *(1a)* und **1 e4 c5 2 ♘f3 d6 3 ♗b5+** *(1b)*. Nach 1 e4 c5 2 ♘f3 e6 muss Weiß etwas anderes spielen, denn 3 ♗b5 wäre hier sinnlos! Eine Idee ist 3 ♘c3, um 3...♘c6 mit 4 ♗b5 zu beantworten.

Grundlegende Stellungen im Sizilianisch mit ♗b5

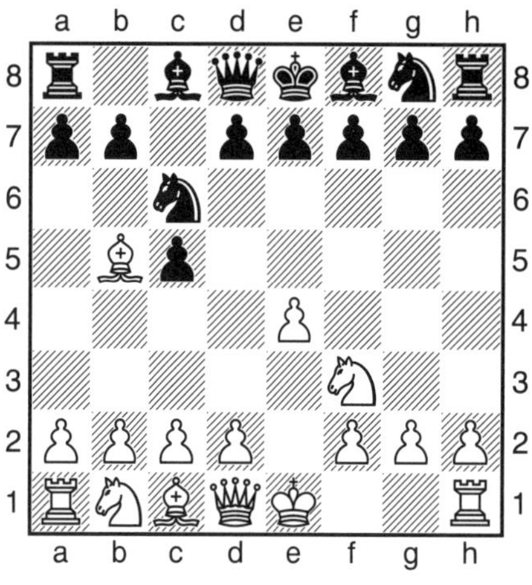

1a) Schwarz am Zug

Mit 3...g6 möchte Schwarz d4 kontrollieren, z. B. 4 ♗xc6 dxc6 *(2)*, aber beide Seiten haben auch andere Strategien. 3...d6 *(5)* und 3...e6 4 ♗xc6 bxc6 *(3)* führen zu verschiedenen Strukturen.

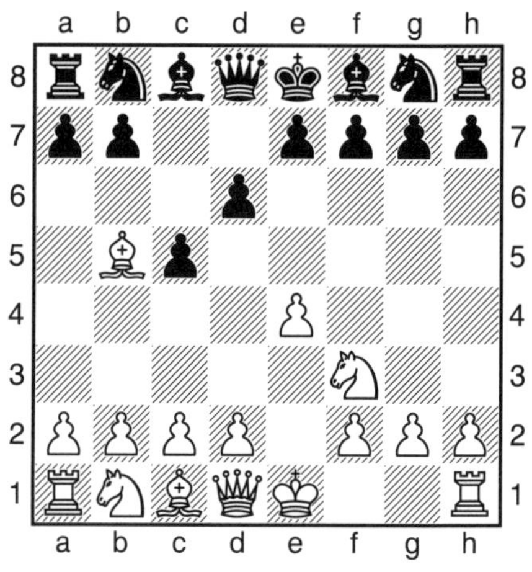

1b) Schwarz am Zug

Nach 3...♘d7 4 d4 ♘f6 5 ♘c3 cxd4 6 ♕xd4 wäre Schwarz ein bisschen eingeengt, und bezüglich 3...♘c6 siehe Diagramm 5. Häufiger gespielt wird 3...♗d7 4 ♗xd7+ ♕xd7 *(4)*.

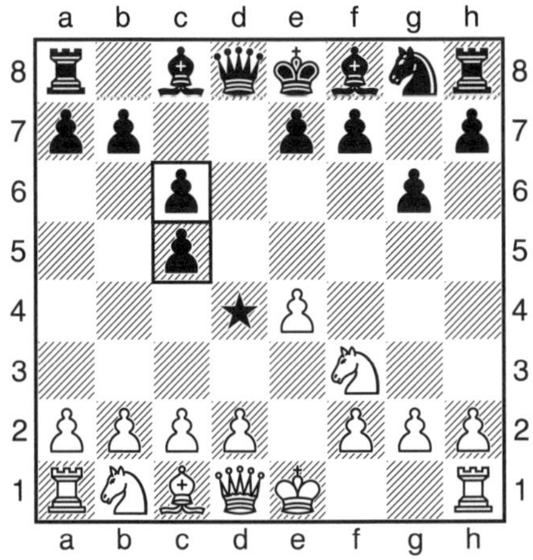

2) Weiß am Zug

5 d3 ♗g7 6 h3 (6 ♘c3 ♗g4! ist unbequem) 6...e5 (ein zentraler Stützpunkt) 7 ♗e3 ♕e7 8 ♕d2 ist typisch. Beachte die weiße Flexibilität: Er kann auf beiden Seiten angreifen, und seine Springer haben viele Möglichkeiten.

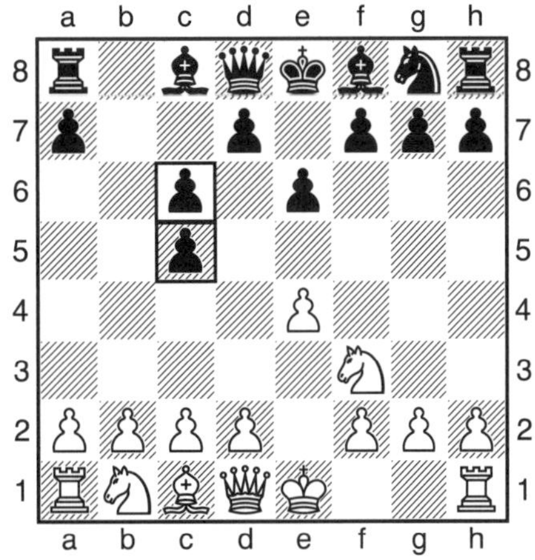

3) Weiß am Zug

Schwarz kommt leicht zum zentralen Vorstoß ...d5, aber Weiß hofft, dass sich die verdoppelten c-Bauern als schwerfällig und schwach herausstellen; z. B. 5 b3 d5?! 6 d3 nebst c4, mit einem Zermürbungskrieg wie im Nimzoinder.

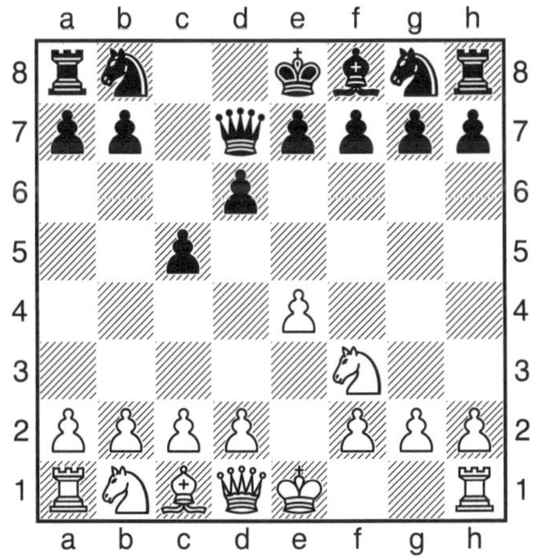

4) Weiß am Zug

5 0-0 ♘f6 6 ♖e1 ♘c6 7 c3 e6 8 d4 baut ein Bauernzentrum auf, aber 8...d5 9 e5 ♘e4 hält gut dagegen. 5 c4 ♘c6 6 d4 cxd4 (6...♕g4?! ist ein riskanter Bauernraub) 7 ♘xd4 ♘f6 8 ♘c3 ist eine Art von Maroczy-Aufbau (Seite 62).

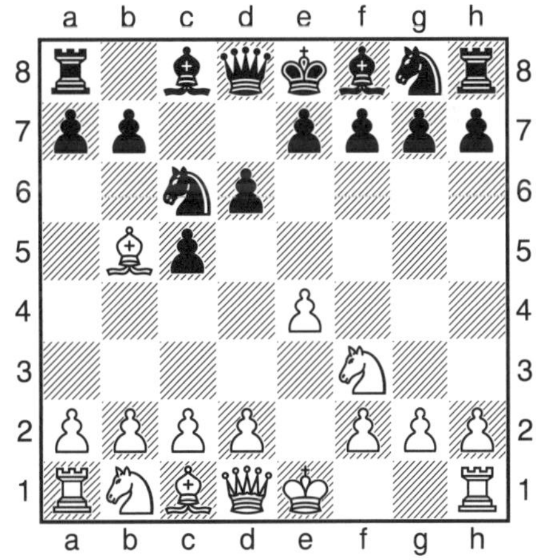

5) Weiß am Zug

Beachte, dass diese Stellung durch beide Zugfolgen zu erreichen ist. Nach 4 0-0 ♗d7 5 c3 ♘f6 6 ♖e1 a6 ist 7 ♗xc6 ♗xc6 8 d4 ♗xe4 9 ♗g5 ein aufregendes Gambit, und 7 ♗a4 b5 8 ♗c2 e5 ähnelt einem Spanier!

BÄRENSTARKE ERÖFFNUNG 25

Offener Sizilianer: Einleitung

Weiß nimmt den Fehdehandschuh auf

Die beliebteste und aggressivste Spielweise für Weiß ist **1 e4 c5 2 ♘f3** und **3 d4**, womit er das Zentrum öffnet und seine Figuren schnell entwickelt. Schwarz muss wachsam sein, um sich gegen den unvermeidlichen Ansturm zu verteidigen. Aber wenn ihm das ohne zu viele Zugeständnisse gelingt, dann hat er mit seinen starken Zentrumsbauern und Spiel auf der c-Linie langfristig beste Aussichten. Nach 2...d6 3 d4 cxd4 4 ♘xd4 ♘f6 5 ♘c3 *(1a)*, 2...♘c6 3 d4 cxd4 4 ♘xd4 *(1b)* oder 2...e6 3 d4 cxd4 4 ♘xd4 *(2a)* muss Weiß den größten Schwachpunkt des schwarzen Aufbaus ausfindig machen und ihn mit allen seinen Kräften angreifen. Das kann einen Vorstoß eines (oder aller!) Königsflügelbauern bedeuten, um die schwarzen Figuren zu jagen oder den Schutzwall des Königs zu stürmen. Oder Spiel im Zentrum mit Opfern auf d5, f5 oder e6, um Linien aufzusprengen und dem schwarzen König seine Heimat auf e8 zu nehmen. Oder Schwarz könnte dem Weißen eine Abwicklung in ein vorteilhaftes Endspiel erlauben. Die schwarze Aufgabe ist, flexibel zu bleiben, alle Chancen auf Gegenspiel zu nutzen und nicht mehr positionelle Zugeständnisse zu machen, als für das unmittelbare Überleben notwendig sind.

Grundlegende Stellungen im Offenen Sizilianer

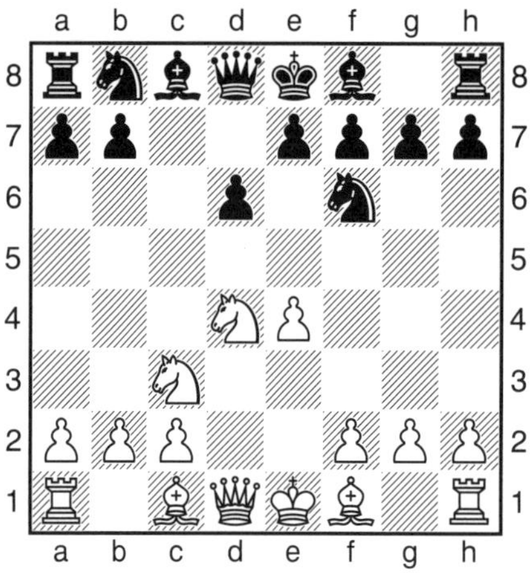

1a) Schwarz am Zug

Wir werden Najdorf (5...a6) und den Drachen (5...g6) später sehen. 5...e6 6 g4! ist mit Najdorf-Varianten zu vergleichen. 5...♘c6 6 ♗g5 *(4)* hält Schwarz unter Druck.

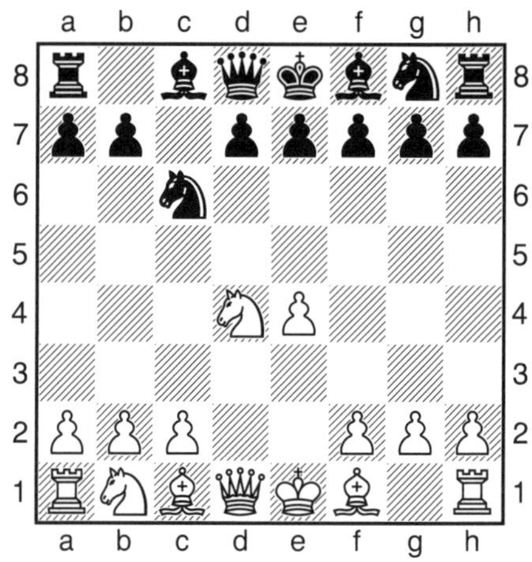

1b) Schwarz am Zug

4...g6 5 c4 ist der Maroczy-Aufbau, der zu langsamerem Spiel und schwarzer Raumenge führt. 4...e5 5 ♘b5 *(3)* ist eine schärfere Idee, und bezüglich 4...♘f6 5 ♘c3 e5 siehe Seite 68.

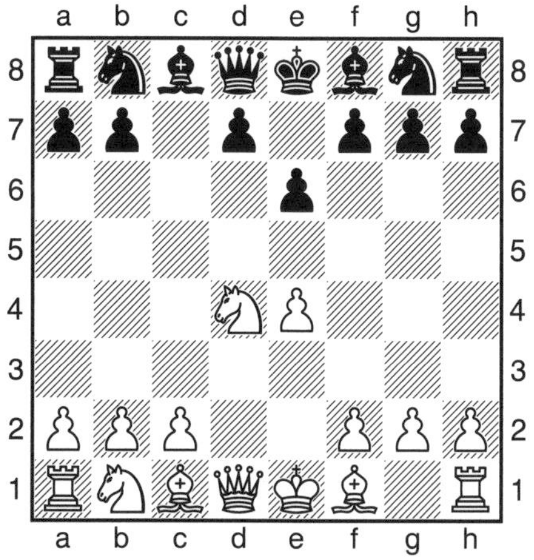

2a) Schwarz am Zug

4...a6 ist flexibel, aber das gilt auch für die Antwort 5 ♗d3, evtl. mit der Idee c4, um ...b5 zu verhindern. 4...♘f6 5 ♘c3 ♗b4?! 6 e5 ♘e4 7 ♕g4 führt zu Komplikationen. 4...♘c6 5 ♘c3 ♕c7 *(2b)* ist sicherer und beliebter.

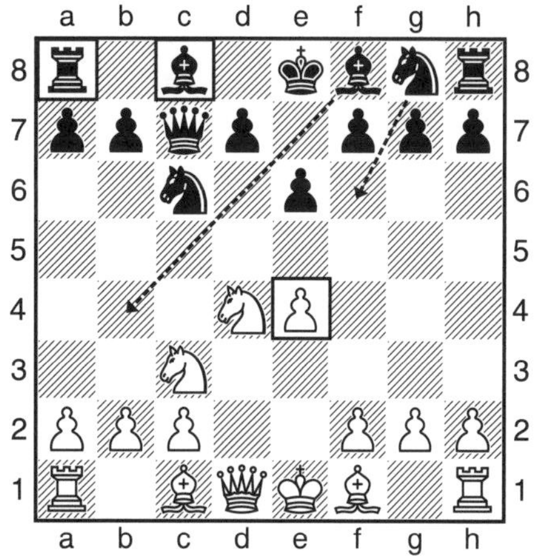

2b) Weiß am Zug

Schwarz hat Ideen mit ...♗b4 und Angriff gegen den Bauern e4. Aber nach 6 ♗e2 a6 7 0-0 ♘f6 (nicht 7...♘ge7? 8 ♘db5!!) 8 ♗e3 ♗b4 nimmt das listige 9 ♘a4 den schlafenden schwarzen Königsflügel ins Visier, und das Spiel wird scharf.

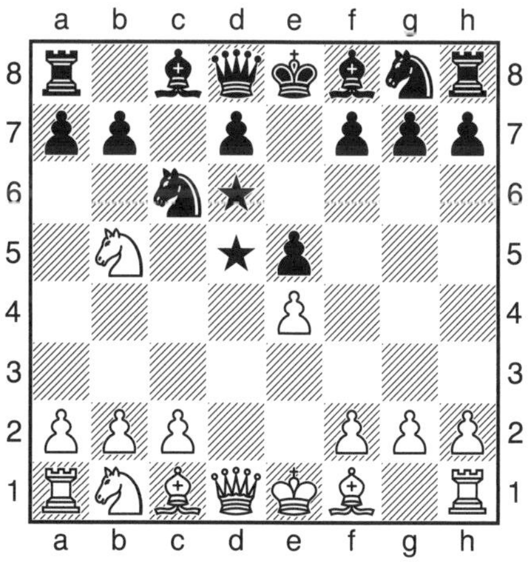

3) Schwarz am Zug

Vergleiche 5...d6 mit Seite 68; Weiß kann 6 c4 spielen, während Schwarz neue Optionen wie ...♗e7-g5 hat. Eine ältere Variante ist 5...a6 6 ♘d6+ ♗xd6 7 ♕xd6, wonach 7...♕f6 8 ♕d1! ♕g6 9 ♘c3 d5!? zu Chaos führt.

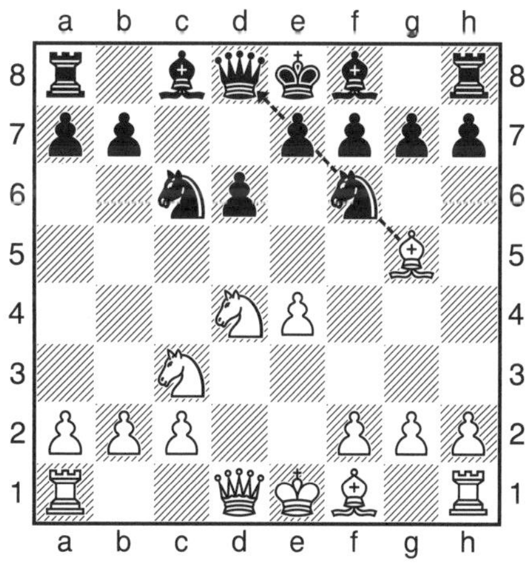

4) Schwarz am Zug

Weiß kämpft um die Kontrolle über d5 und verhindert 6...e5? (was auf 6 ♗e2 hätte folgen können), angesichts von 7 ♗xf6! gxf6 8 ♘f5. Also ist 6...e6 7 ♕d2 a6 8 0-0-0 normal, mit einem typisch Sizilianischen Kampf.

BÄRENSTARKE ERÖFFNUNG 26

Sizilianisch: Drachenvariante

Kann der feuerspeiende Drache besiegt werden?

Der Drachen ist eine der kompromisslosesten Varianten im Sizilianer. Da die Taktik eine große Rolle spielt, ist er besonders unter jungen und ehrgeizigen Spielern beliebt. Schwarz stellt seine Figuren auf die natürlichsten Felder, fianchettiert seinen Königsläufer und bereitet ein schnelles Gegenspiel auf der c-Linie und gegen den weißen Damenflügel vor. Ist also **1 e4 c5 2 ♘f3 d6 3 d4 cxd4 4 ♘xd4 ♘f6 5 ♘c3 g6** *(1a)* das ideale System für Schwarz? Im Gegensatz zum Maroczy-Aufbau (Seite 62) kann Weiß das Zentrum nicht mit dem Zug c4 kontrollieren, aber er hat einen anderen, sehr gefährlichen Plan: Schwarz mattzusetzen, indem er den „Drachenläufer" tauscht und auf der h-Linie angreift. Doch um diesen Angriff umzusetzen, muss Weiß seinen König am Damenflügel in Sicherheit bringen, was den Einsatz erhöht, da er damit geradewegs in die Klauen des schwarzen Angriffs läuft. Die Hauptvarianten verzweigen sich nach 6 ♗e3 ♗g7 7 f3 ♘c6 8 ♕d2 0-0 *(1b)*. Wenn Weiß ernsthaft auf Matt spielen will, ist 9 ♗c4 der Zug, denn 9 0-0-0 d5 *(4)* konzentriert den Kampf auf die Brettmitte. Möglich ist auch das solide 6 ♗e2 *(5)*.

Grundlegende Stellungen im Sizilianischen Drachen

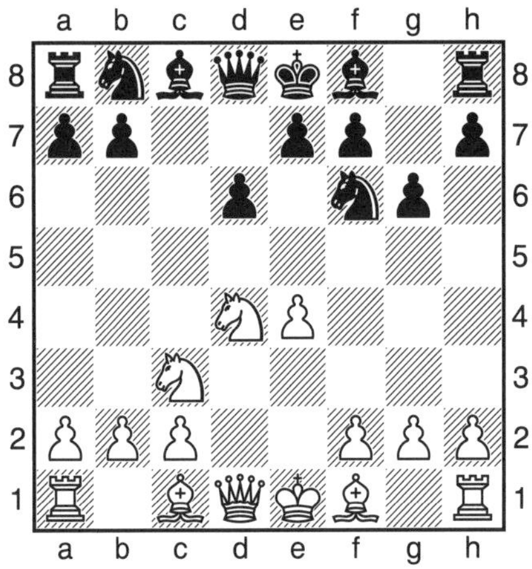

1a) Weiß am Zug
Üblicherweise spielt Weiß 6 ♗e3, denn dann hat er nach ♕d2 die Idee, den „Drachenläufer" mit ♗h6 abzutauschen. Beachte, dass 6...♘g4?? verliert: 7 ♗b5+! ♗d7 8 ♕xg4.

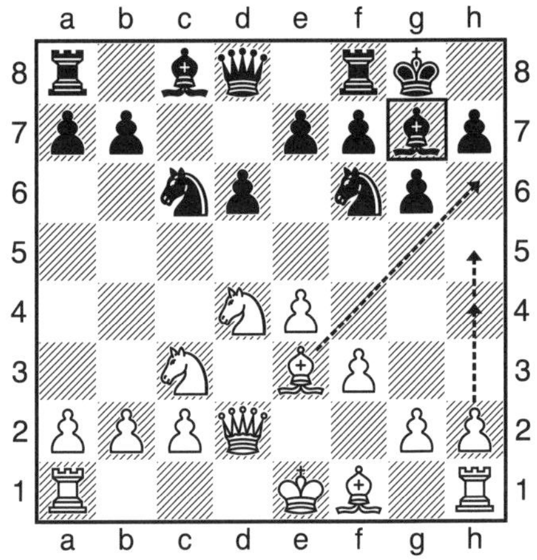

1b) Weiß am Zug
9 ♗c4 deckt das Feld d5 und fesselt den Bauern f7, so dass h4-h5xg6 die h-Linie öffnen würde. Bezüglich 9...♗d7 10 0-0-0 ♖c8 11 ♗b3 ♘e5 siehe die nächsten beiden Diagramme.

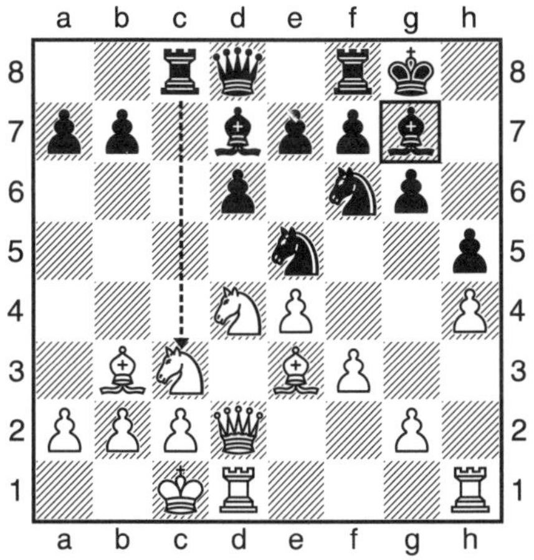

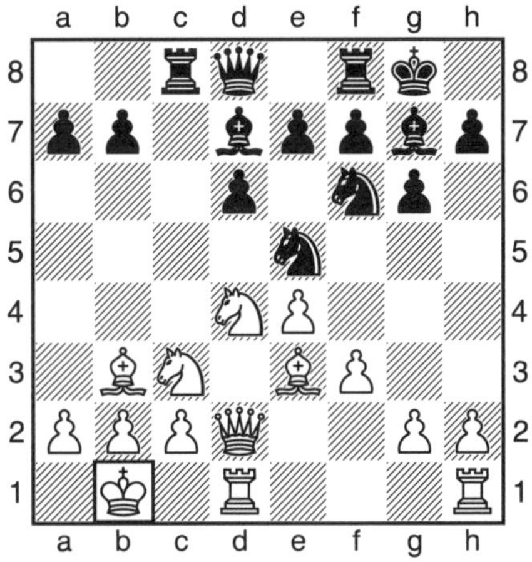

2) Weiß am Zug

Nach 12 h4 hat Schwarz mit 12...h5 blockiert, statt sich auf den Angriff mit h5 und ♗h6 einzulassen. Er bekommt Gegenspiel nach 13 ♗h6 ♗xh6 14 ♕xh6 ♖xc3 15 bxc3 ♕c8 oder 13 ♗g5 ♖c5! und Ideen mit ...b5.

3) Schwarz am Zug

Weiß hat das vorausschauende 12 ♔b1 gewählt. Eine Idee ist 12...♘c4 13 ♗xc4 ♖xc4 14 g4 b5?! 15 b3! ♖c8 (15...♖c5? 16 ♘e6!!) 16 ♘dxb5 ♕a5 17 ♘d5!, da a2 gedeckt und 17...♕xd2 kein Schach ist.

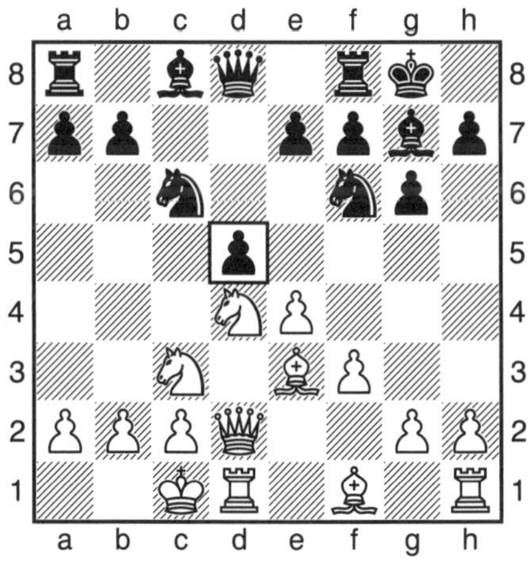

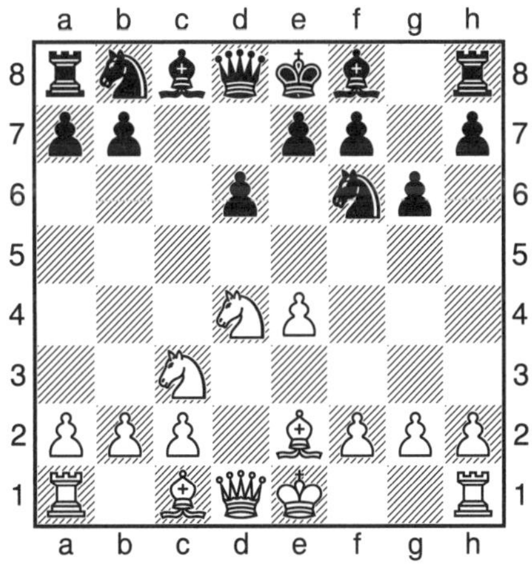

4) Weiß am Zug

Schwarz sprengt das Zentrum auf und vertraut auf seine Konterchancen nach 10 exd5 ♘xd5 11 ♘xc6 bxc6 12 ♘xd5 cxd5 13 ♕xd5 ♕c7!. Eine trickreiche Variante ist 10 ♔b1 ♘xd4 (nicht 10...dxe4?? 11 ♘xc6) 11 e5! ♘f5!.

5) Schwarz am Zug

Der Klassische Drachen. Wenn Weiß wie üblich spielt, bekommt Schwarz gute Aktivität im Zentrum und am Damenflügel. Beachte Varianten wie 6...♗g7 7 0-0 ♘c6 8 ♗e3 0-0 9 f4 ♕b6!, mit der starken Drohung 10...♘xe4.

BÄRENSTARKE ERÖFFNUNG 27

Sizilianisch: Najdorf

Die bedeutendste aller Schacheröffnungen?

Auch wenn du sonst keine anderen Eröffnungsnamen kennst, hast du vielleicht vom Najdorf gehört. Es ist einer der wichtigsten Kampfplätze des modernen Schachs und gehörte zum Waffenarsenal von einigen der größten Spieler aller Zeiten, wie Fischer und Kasparow. Aber der Zug, der Najdorf definiert, ist nach **1 e4 c5 2 ♘f3 d6 3 d4 cxd4 4 ♘xd4 ♘f6 5 ♘c3** das bescheidene **5...a6** *(1a)*. Was ist so aufregend daran? Warum ist diese Fortsetzung unter allen Möglichkeiten im fünften Zug so wichtig? Der Hauptpunkt ist, dass Schwarz mit einem sinnvollen Zug, der ♗b5+ oder ♘db5 verhindert, ...e5 vorbereitet. Aber Schwarz bleibt flexibel und *muss* nicht ...e5 spielen, wenn Weiß es mit Zügen wie 6 ♗c4 oder 6 ♗g5 unattraktiv macht. Also ist Schwarz bereit, die Initiative zu übernehmen, ohne klare Angriffsziele zu schaffen. Damit ist dies ein gesunder Weg für Schwarz, auf Gewinn zu spielen – nicht viele Eröffnungen bieten das! Weiß muss nicht verzweifeln, da er etliche schlagkräftige Optionen hat, so wie 6 ♗g5 e6 7 f4 *(1b)*, mit der Absicht ♕f3 und 0-0-0 und heftigem Angriff. Eine andere aggressive Idee ist 6 ♗e3 *(5)* mit der Idee f3 und g4, während auch das ruhigere 6 ♗e2 eine Menge Gift enthält.

Grundlegende Stellungen im Najdorf-Sizilianer

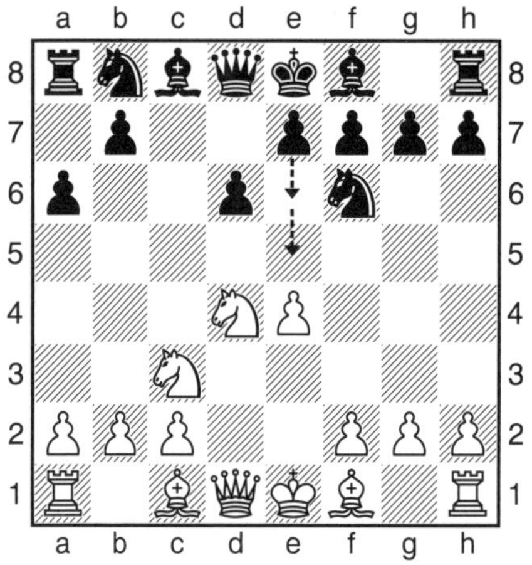

1a) Weiß am Zug

Schwarz kann 6 ♗e2, 6 ♗e3, 6 f4 und 6 g3 mit 6...e5 beantworten, sich schnell entwickeln und um d5 kämpfen. Nach 6 ♗g5 und 6 ♗c4 hält 6...e6 dieses Schlüsselfeld unter Kontrolle.

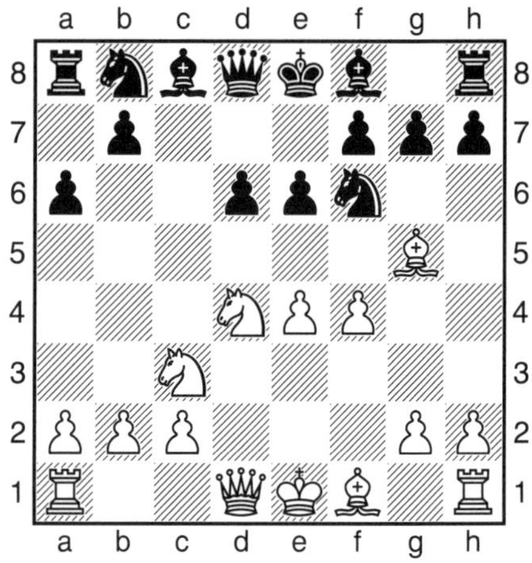

1b) Schwarz am Zug

Der Kampf hat begonnen! Schwarz kann 7...b5 versuchen, mit der Idee 8 e5 dxe5 9 fxe5 ♕c7 *(2)*, 7...♕b6 8 ♕d2 ♕xb2 *(3)*, oder ein „solides“ System wie 7...♗e7 8 ♕f3 ♕c7 9 0-0-0 ♘bd7 *(4)*.

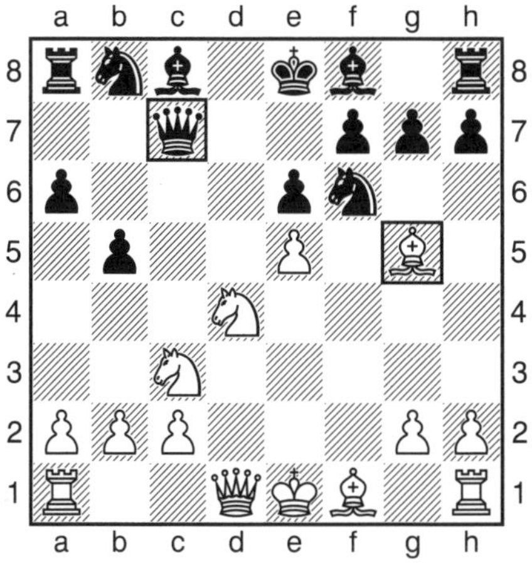

2) Weiß am Zug

Die taktische Pointe 10 exf6 ♕e5+ rettet Schwarz die Figur. Aber er liegt in der Entwicklung zurück, und das Spiel steht nach 11 ♗e2 ♕xg5 12 0-0 ♖a7! 13 ♕d3 ♖d7 14 ♘e4 ♕e5 15 ♘f3 ♕xb2 auf Messers Schneide.

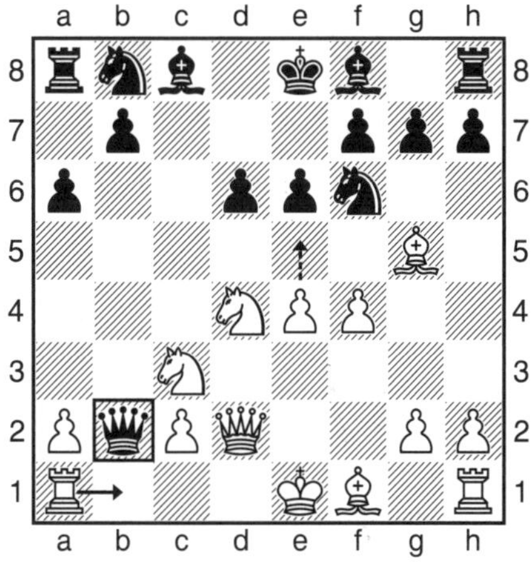

3) Weiß am Zug

Die berühmte Bauernraubvariante. Weiß hat den Bauern b2 für Angriffschancen geopfert, mit Varianten wie 9 ♖b1 ♕a3 10 e5 h6 11 ♗h4 dxe5 12 fxe5 ♘fd7 13 ♘e4 ♕xa2 14 ♖d1 ♕d5! 15 ♕e3 ♕xe5 16 ♗e2 ♗c5.

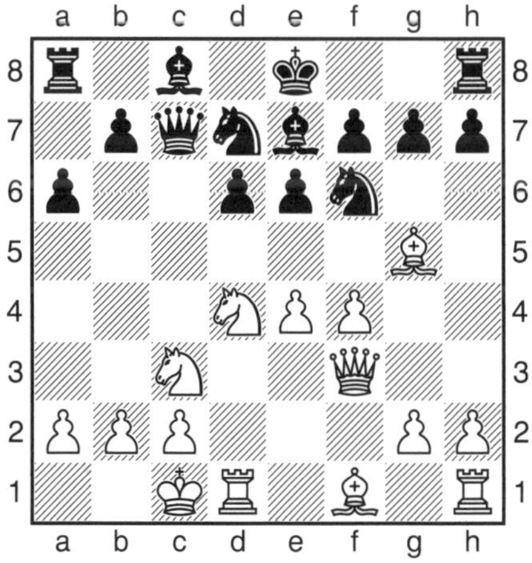

4) Weiß am Zug

Nach 10 ♗d3 gehören ♖he1 und ♘d5!? zum Angriffsplan, aber Schwarz kann mit 10...h6 11 ♗h4 g5 12 fxg5 ♘e5 um e5 kämpfen. Eine andere Hauptvariante ist 10 g4 b5 11 ♗xf6 ♘xf6 12 g5 ♘d7 13 f5 ♘c5 14 f6.

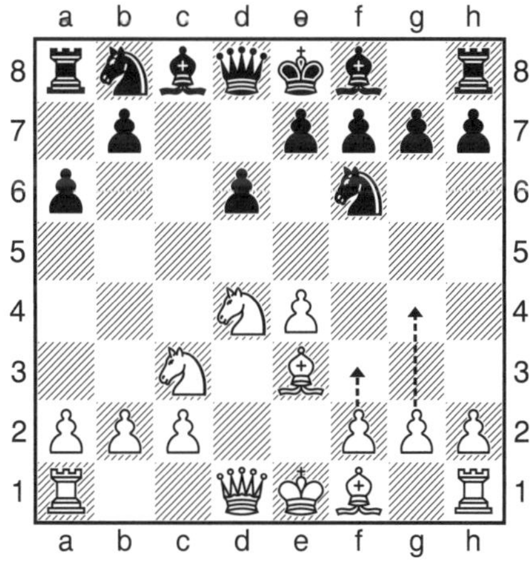

5) Schwarz am Zug

Im Englischen Angriff plant Weiß f3 und einen Bauernsturm am Königsflügel (g4-g5), und er rochiert meist lang. Schwarz kann 6...♘g4 7 ♗g5 h6, 6...e5 7 ♘b3 ♗e6 8 f3 h5!? oder 6...e6 7 f3 b5 8 g4 h6 wählen.

BÄRENSTARKE ERÖFFNUNG 28

Sizilianisch: Sweschnikow

Die Geschichte vom Tellerwäscher, der Millionär wurde

Die Sweschnikow-Variante ist eine der größten Erfolgsstories des modernen Schachs. Bis in die 70er Jahre wurde sie als etwas seltsam angesehen, da Schwarz das Feld d5 völlig vernachlässigt, aber in den letzten zwanzig Jahren hat sie die Führungsrolle des Najdorfs in Frage gestellt und viele Spieler dazu gebracht, „Anti-Sweschnikow"-Zugfolgen wie 1 e4 c5 2 ♘c3 ♘c6 3 ♘f3 ♘f6 4 ♗b5 zu verwenden.

Diese dynamische Variante beginnt mit **1 e4 c5 2 ♘f3 ♘c6 3 d4 cxd4 4 ♘xd4 ♘f6 5 ♘c3 e5** *(1a)*. Hier gibt es keine langsamen Züge für Schwarz – er entwickelt sich schnell und holt sich Raum im Zentrum. Nach **6 ♘db5 d6** war Sweschnikows Schlüsselidee, **7 ♗g5 a6 8 ♘a3** mit **8...b5!** *(1b)* zu beantworten, was ♘c4 verhindert und ...b4 droht. Es sieht riskant aus, noch einen Bauernzug zu spielen, aber das schwarze Spiel funktioniert recht gut. Der Hauptversuch für Weiß, die Partie in eine andere Richtung zu lenken, ist 7 ♘d5, was 7...♘xd5 8 exd5 erzwingt. Obwohl das für Schwarz nicht schlecht ist, führt es zu weniger dynamischem Spiel als viele Sweschnikow-Spieler es gerne hätten. Diese Spieler können die Zugfolge 1 e4 c5 2 ♘f3 e6 (was auch die ♗b5-Varianten vermeidet) 3 d4 cxd4 4 ♘xd4 ♘f6 5 ♘c3 ♘c6 *(5)* versuchen.

Grundlegende Stellungen im Sweschnikow-Sizilianer

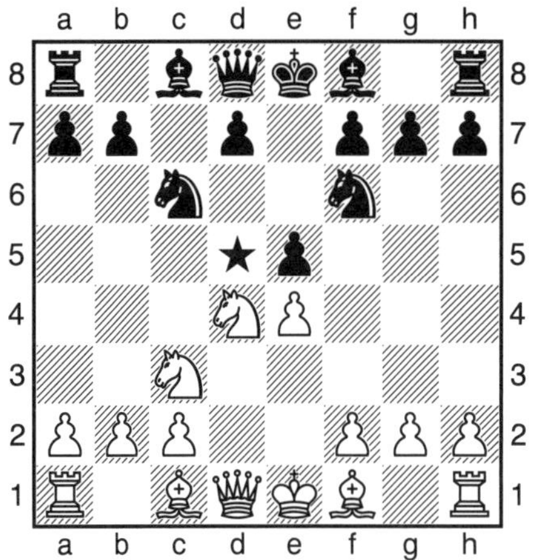

1a) Weiß am Zug

Nun ist 6 ♘f5 d5 und 6 ♘b3 ♗b4 mindestens okay für Schwarz, und 6 ♘xc6?! bxc6 schenkt ihm sogar die Kontrolle über d5. Also ist 6 ♘db5 d6 normal, mit einer Balgerei um d5.

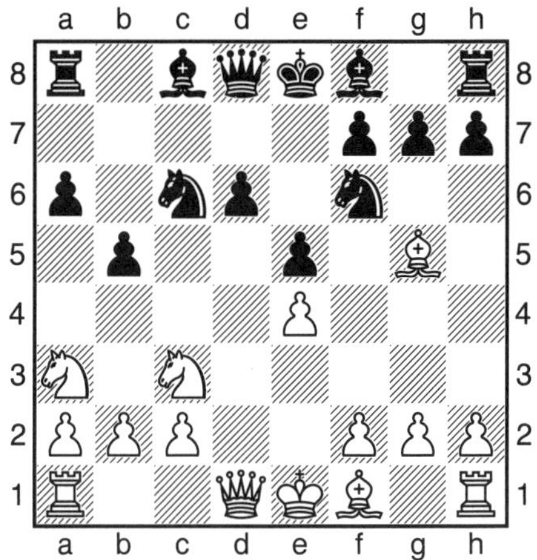

1b) Weiß am Zug

Das Spiel verzweigt sich nun in 9 ♘d5 ♗e7 10 ♗xf6 ♗xf6 *(2)* und 9 ♗xf6 gxf6 10 ♘d5 f5 *(3)*. In beiden Fällen zeigt sich, dass Schwarz um den Springer d5 herum spielen kann.

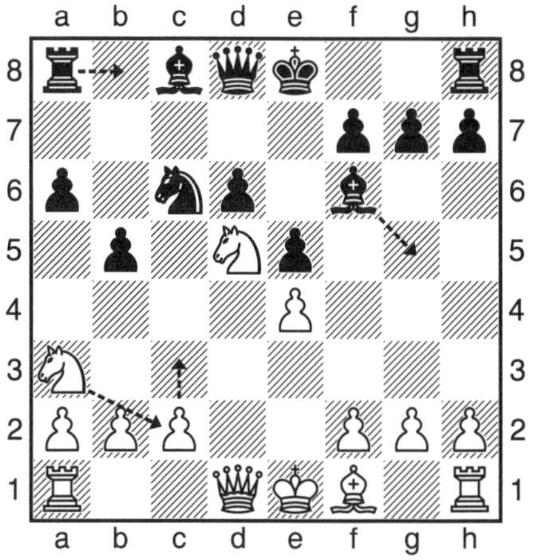

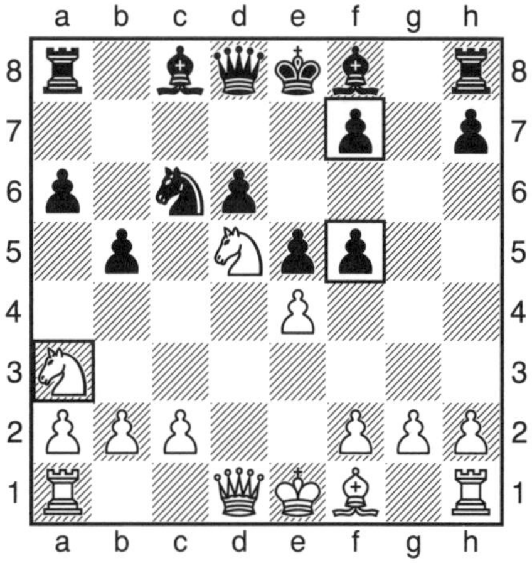

2) Weiß am Zug

Wenn Weiß Zeit hätte, c3 und ♘c2-e3 zu spielen, hätte er volle Kontrolle über die Stellung. Aber Schwarz hat Ideen wie ...♗g5, um den Springer abzutauschen, und ...♖b8 nebst Linienöffnung mit ...b4 zur rechten Zeit.

3) Weiß am Zug

Die schwarzen Bauern sehen zerpflückt aus, aber auch der Springer a3 steht schlecht, und Schwarz hat *zwei* f-Bauern, um das Zentrum anzugreifen! 11 ♗d3 ♗e6 12 0-0 ♗xd5 13 exd5 ♘e7 ist eine solide Variante, und 11 ♗xb5 axb5 12 ♘xb5 *(4)* ist verrückt!

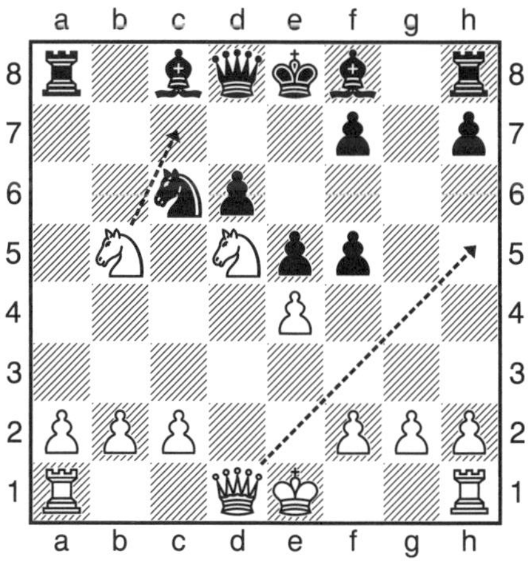

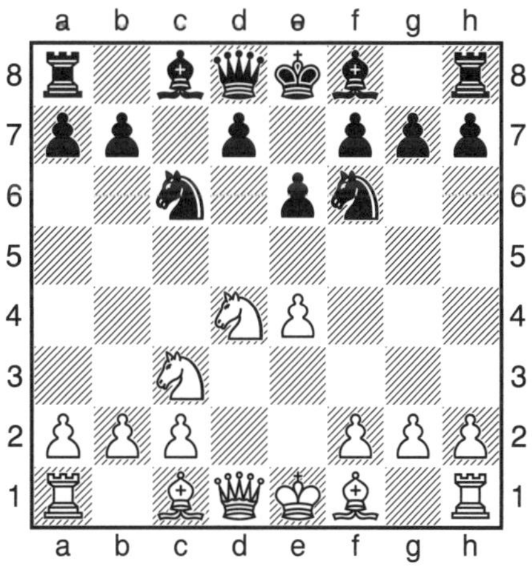

4) Schwarz am Zug

Das ist einer der vielen heftigen Angriffe, die die Sweschnikow-Variante überleben musste, bevor sie „respektabel" wurde. 12...♖a4! 13 ♘bc7+ ♔d7 14 0-0 ♖xe4 15 ♕h5 ♘d4 hält Schwarz über Wasser, indem es dem König Platz auf c6 schafft.

5) Weiß am Zug

Nun gibt uns 6 ♘db5 d6 7 ♗f4 e5 8 ♗g5 einen Standard-Sweschnikow, während es die Option eines frühen ♘d5 vermeidet. Clever! Aber die neue Möglichkeit 6 ♘xc6 bxc6 7 e5 ♘d5 8 ♘e4 gibt Weiß interessantes Spiel.

BÄRENSTARKE ERÖFFNUNG 29

Angenommenes Damengambit

Die Eröffnung der Champions

Das Damengambit, eine der wichtigsten Eröffnungen, wird durch **1 d4 d5 2 c4** definiert. Die Eröffnung ist meist ruhig, aber taktische Motive können unerwartet durchbrechen. Weiß möchte 3 cxd5 spielen, und wenn Schwarz 3...♕xd5 antwortet, greift 4 ♘c3 die Dame an, gewinnt ein Tempo und unterstützt 5 e4. Schwarz muss dieser Drohung begegnen. Die natürlichste Antwort ist, den Bauern mit **2...dxc4** *(1a)* zu nehmen. Das wird Angenommenes Damengambit genannt. Der einfachste weiße Kurs ist 3 e3, wonach 3...b5?! *(2)* eine schlechte Idee ist. Klügere Spielweisen für Schwarz sind 3...♘f6 4 ♗xc4 e6 oder 3...e5!?. Um ...e5 zu stoppen, kann Weiß 3 ♘f3 ziehen, wonach 3...♘f6 4 e3 e6 5 ♗xc4 c5 6 0-0 a6 *(1b)* das weiße Zentrum anzufechten versucht. 3 e4 ist ehrgeiziger. Dann nimmt 3...♘f6 4 e5 ♘d5 5 ♗xc4 ♘b6 *(3)* den rückständigen weißen d-Bauern ins Visier. Nach 3...♘c6 4 ♗e3 ♘f6 5 ♘c3 e5 kann die Sache schnell heiß werden, z. B. 6 d5 ♘a5 7 ♘f3 ♗d6! *(4)*. Und schließlich kann Schwarz mit 3 ♘f3 ♘f6 4 ♘c3 a6 5 e4 b5 *(5)* den Gambitbauern halten und den weißen Angriff in Kauf nehmen.

Grundlegende Stellungen im Angenommenen Damengambit

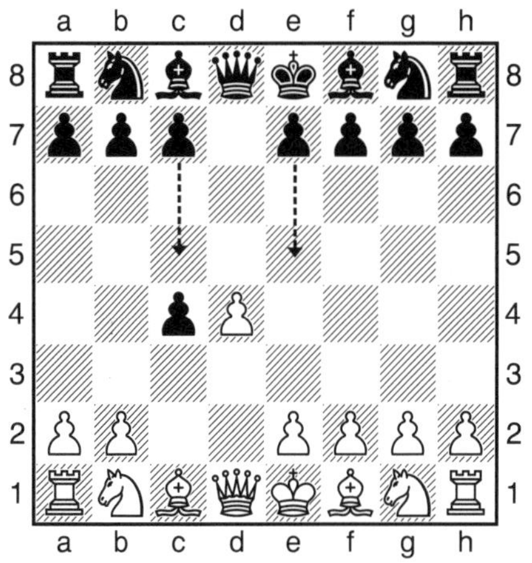

1a) Weiß am Zug

Während Weiß seinen Bauern zurückholt, hofft Schwarz, mit dem Gegenschlag ...c5 einen guten Teil des Zentrums zu erobern. Die Varianten 3 ♘c3 e5 und 3 e4 e5 zeigen, dass dies nicht der einzige schwarze Bauernvorstoß ist.

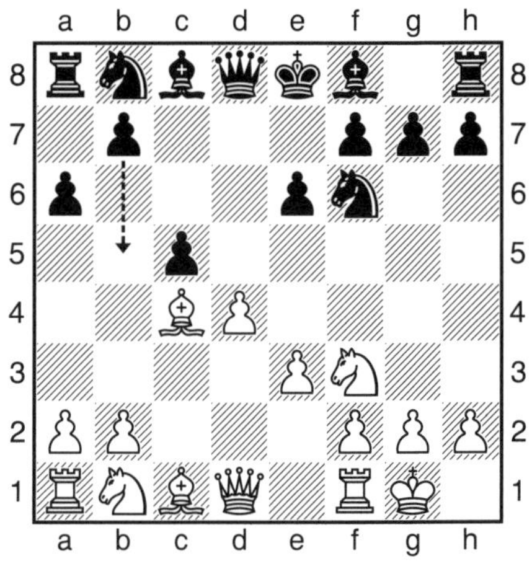

1b) Weiß am Zug

Die Idee von ...a6 ist, ...b5 und ...♗b7 vorzubereiten. Daher spielt Weiß oft 7 a4, wonach 7...cxd4 8 exd4 zu einer typischen Isolani-Stellung führt. Weiß steht aktiver, aber sein d-Bauer ist anfällig.

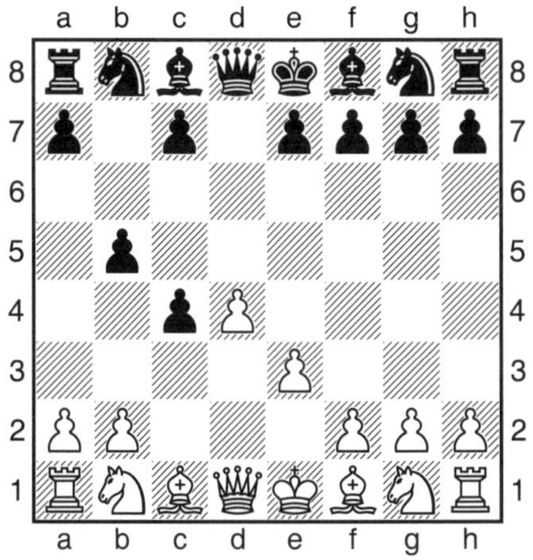

2) Weiß am Zug

Weiß greift den Bauern b5 mit 4 a4! an, was die Falle 4...c6?! (4...a6?! 5 axb5, und der Nachziehende kann nicht zurückschlagen) 5 axb5 cxb5?? 6 ♕f3! aufstellt, wonach der schwarze Turm gefangen ist und Weiß eine Figur gewinnt.

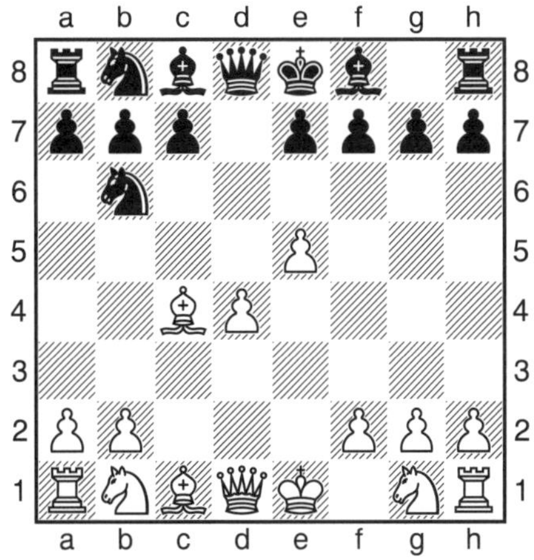

3) Weiß am Zug

Hier ist 6 ♗d3! ein schlauer Rückzug. Zum Beispiel 6...♘c6 (nicht 6...♕xd4?? 7 ♗b5+, was die schwarze Dame kostet) 7 ♗e3 ♗e6 8 ♘c3 ♘b4 9 ♗e4 ♘4d5 10 ♘f3 mit Raumvorteil für Weiß.

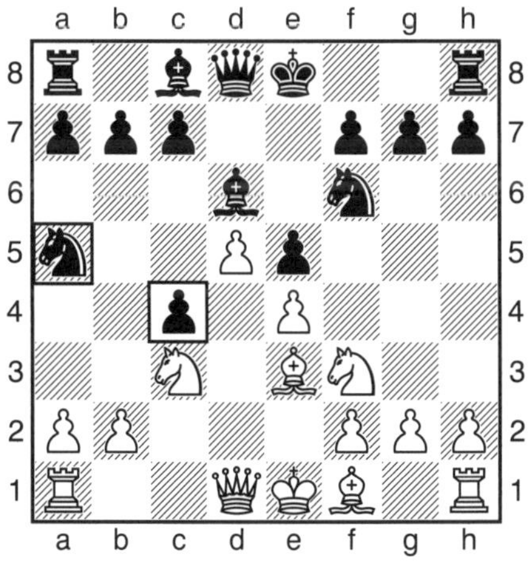

4) Weiß am Zug

8 ♕a4+ sieht sehr stark aus, aber Schwarz opfert seinen Springer mit 8...♗d7! 9 ♕xa5 a6!, wonach ...b6 droht, die Dame zu fangen! Nach 10 ♘a4 ♕e7! 11 a3 ♘xe4 plant Schwarz immer noch ...b6. Trickreich!

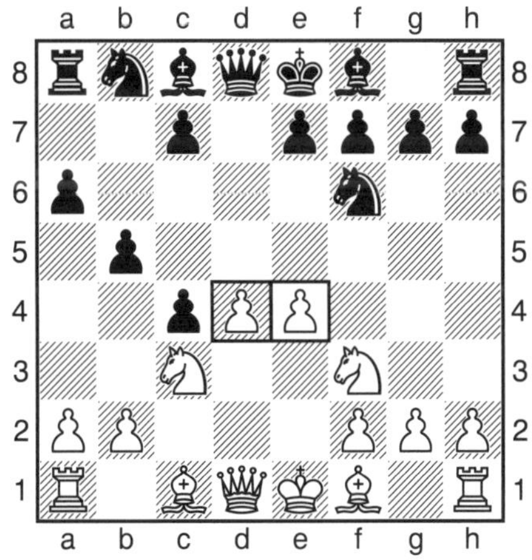

5) Weiß am Zug

Mit einem Bauern weniger versucht Weiß, die schwarze Stellung mit 6 e5 ♘d5 7 a4! zu unterminieren. Dann erschwert 7...♘xc3 8 bxc3 ♕d5 (8...♗b7 9 e6!) 9 g3! ♗b7 10 ♗g2 ♕d7 11 ♗a3 die schwarze Entwicklung.

BÄRENSTARKE ERÖFFNUNG 30

Klassisches Abgelehntes Damengambit

Manchmal sind die alten Wege die besten

Nach **1 d4 d5 2 c4** ist **2...e6** *(1a)* der traditionelle Weg, das Damengambit abzulehnen (Slawisch, 2...c6, werden wir auf Seite 82 sehen). Schwarz stützt einfach seinen wichtigen Bauern auf d5, obwohl er damit seinen Damenläufer einschließt. Im frühen 20. Jahrhundert war dies die bei weitem häufigste Spielweise gegen 1 d4 und ist heute immer noch eine äußerst wichtige Eröffnung auf allen Ebenen, wenn auch oft mit modernen, dynamischen Fortsetzungen.

Eine Hauptvariante ist 3 ♘c3 ♘f6 4 ♗g5 ♗e7 5 e3 0-0 6 ♘f3 *(1b)*. Die traditionellen schwarzen Verteidigungen zielen darauf ab, zu vereinfachen und den Läufer c8 zu befreien. Die Lasker-Verteidigung ist 6...h6 7 ♗h4 ♘e4 8 ♗xe7 ♕xe7 *(2)*. Die Orthodoxe Variante, 6...♘bd7, kann nach 7 ♖c1 c6 8 ♗d3 dxc4 9 ♗xc4 ♘d5 10 ♗xe7 ♕xe7 *(3)* zu ähnlichem Spiel führen. Schwarz kann die Orthodoxe Variante auch mit dem seltsam aussehenden Zug 4...♘bd7 *(4)* erreichen, der zu einem klassischen Patzer einlädt. Die Zugfolge mit 4...♘bd7 kann auch zur Cambridge-Springs-Variante führen: 5 e3 c6 6 ♘f3 ♕a5 *(5)*.

Grundlegende Stellungen im Klassischen Abgelehnten Damengambit

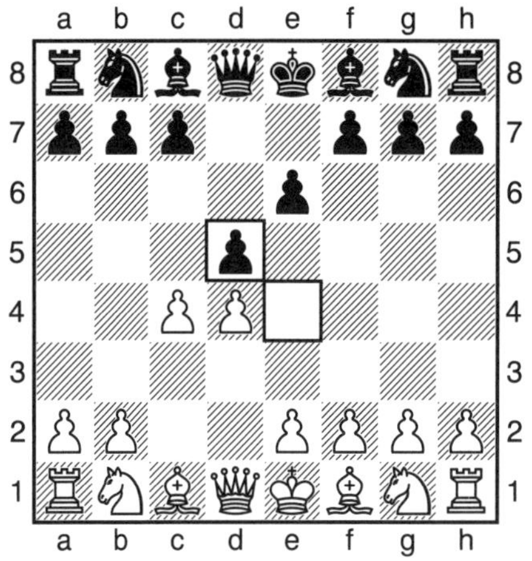

1a) Weiß am Zug

Weiß spielt 3 ♘c3, um seinen Einfluss auf d5 und e4 zu erhöhen. In der Regel tut Schwarz das gleiche mit 3...♘f6 (obwohl 3...c6 eine trickreiche Idee ist – siehe Seite 85). Ein Schlüsselthema ist das Schicksal des Läufers c8.

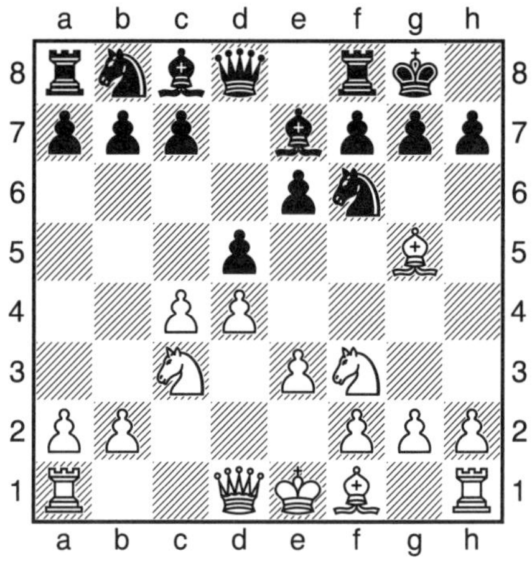

1b) Schwarz am Zug

Beide Seiten entwickeln sich normal. Nun kann Schwarz auf Abtausch spielen: Das war das Ziel, das die alten Meister anstrebten. Ihre Philosophie war, dass man vereinfachen sollte, wenn man weniger Raum hat.

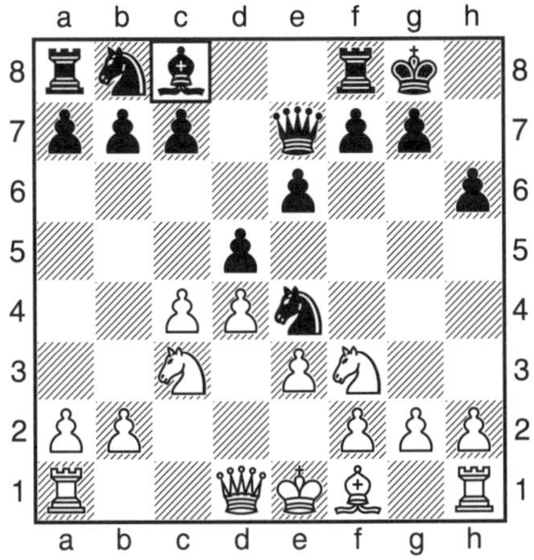

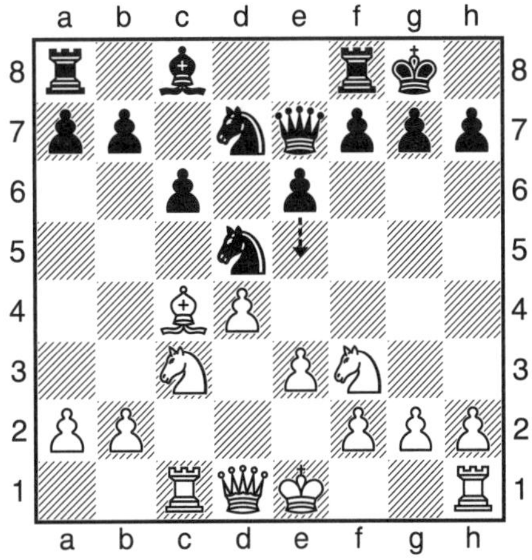

2) Weiß am Zug

Die Lasker-Verteidigung. Eine mögliche Fortsetzung ist 9 ♖c1 c6 10 ♗d3 ♘xc3 11 ♖xc3 dxc4! 12 ♗xc4 ♘d7, was ...e5 vorbereitet, um den schwarzen Läufer auf c8 zu befreien. Dafür hat Weiß etwas mehr Raum.

3) Weiß am Zug

Wiederum ist die schwarze Idee ...♘xc3 und ...e5. Abgesehen von 11 0-0, kann Weiß dies mit 11 ♘e4 vermeiden und auf 11...♕b4+ 12 ♕d2 ♕xd2+ 13 ♔xd2 hoffen, wonach Weiß ein starkes Zentrum und Raumvorteil hat.

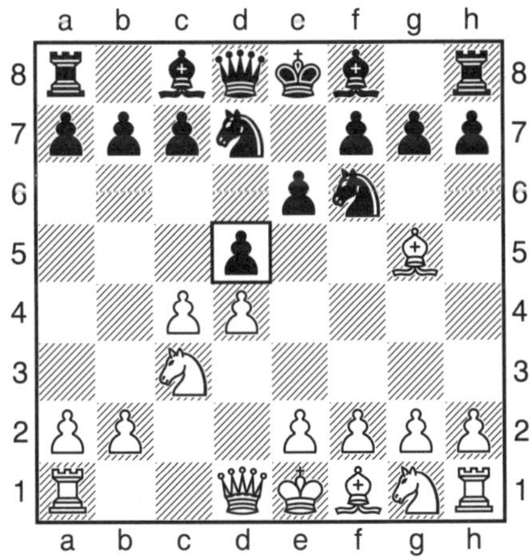

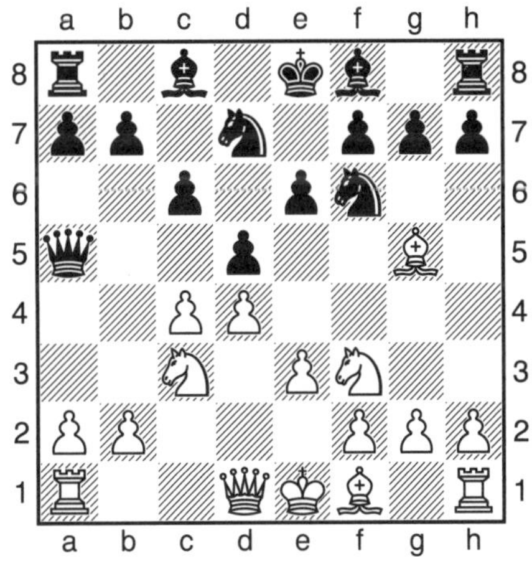

4) Weiß am Zug

Kann Weiß einen Bauern gewinnen? Nicht mit 5 cxd5 exd5 6 ♘xd5?? ♘xd5! 7 ♗xd8 ♗b4+, wonach Schwarz eine Figur gewinnt! Das ist eine der ältesten Fallen im Schach und ein Beispiel dafür, dass man Fesselungen manchmal ignorieren kann.

5) Weiß am Zug

7 ♘d2 entschärft die Drohung ...♘e4, aber dann greift 7...dxc4 den Läufer g5 an. Nach 8 ♗xf6 ♘xf6 9 ♘xc4 ♕c7 hat Weiß mehr Raum, aber Schwarz das Läuferpaar. 7 cxd5 ♘xd5 8 ♕d2 führt zu schärferem Spiel.

BÄRENSTARKE ERÖFFNUNG 31 — Tartakower und moderne Varianten

Der wahre Meister ist nie in Eile

Nach **1 d4 d5 2 c4 e6 3 ♘c3 ♘f6 4 ♘f3** *(1a)* erreichen wir eine häufige Stellung, die auch über die Zugfolge 1 d4 ♘f6 2 c4 e6 3 ♘f3 d5 4 ♘c3 entstehen kann. Das kann nach **4...♗e7 5 ♗g5 0-0 6 e3 h6 7 ♗h4** zu den klassischen Varianten führen, aber Schwarz muss nicht mit 7...♘e4 vereinfachen (Bärenstarke Eröffnung 30). Der beliebteste Zug, **7...b6** *(1b)*, bereitet ...♗b7 vor und wartet geduldig auf die weiteren Entwicklungen. Das ist die Tartakower-Variante. Weiß kann das Zentrum mit 8 cxd5 ♘xd5 9 ♗xe7 ♕xe7 10 ♘xd5 exd5 *(2)* klären oder die raffinierte Variante 8 ♗e2 ♗b7 9 ♗xf6!? ♗xf6 10 cxd5 exd5 *(3)* wählen, wenn er denkt, dass der Läufer auf e6 besser steht.

Nach 4...♗e7 hat Weiß die zusätzliche Option 5 ♗f4 *(4)*. Schwarz kann auch mit der Wiener Variante, 4...dxc4 5 e4 ♗b4 *(5)*, abweichen, was einen scharfen Kampf anzettelt, in dem konkrete Drohungen das Spiel dominieren. Andere Möglichkeiten sind 4...c6 (siehe Seite 84) und 4...c5, das Semi-Tarrasch. Dann ist 5 cxd5 ♘xd5 6 e4 ♘xc3 7 bxc3 eine Stellung, die wir auf Seite 77 untersuchen.

Grundlegende Stellungen im Tartakower und in den modernen Varianten

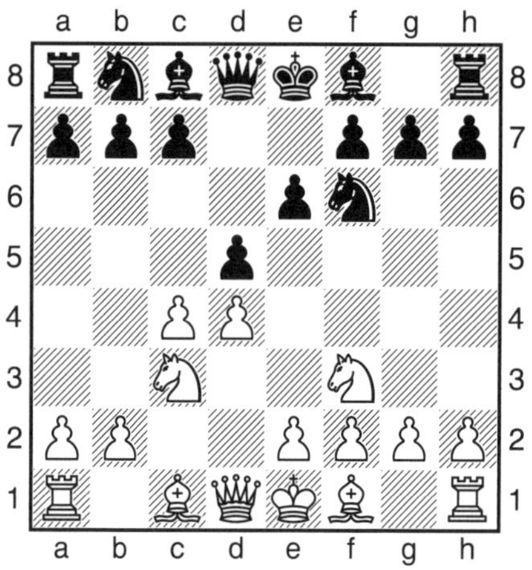

1a) Schwarz am Zug

Weiß kann immer noch zwischen ♗f4 und ♗g5 wählen, aber die Abtauschvarianten sind weniger gefährlich für Schwarz (siehe Seite 76 für den Grund). Unter anderem kann er Klassische Varianten oder ein frühes ...♗b4 versuchen.

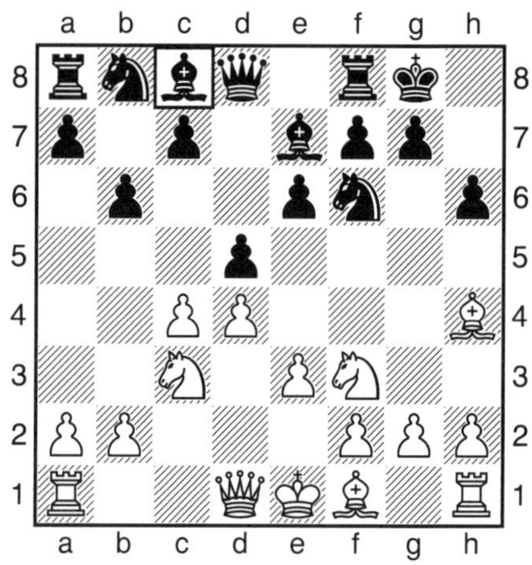

1b) Weiß am Zug

Die eine Figur, mit der Schwarz Probleme hat, ist sein Damenläufer, und ...b6 gibt ihm einen Platz. Weiß kann entweder direkt auf einen Vorteil im Zentrum spielen oder versuchen, den Läufer einzuschränken.

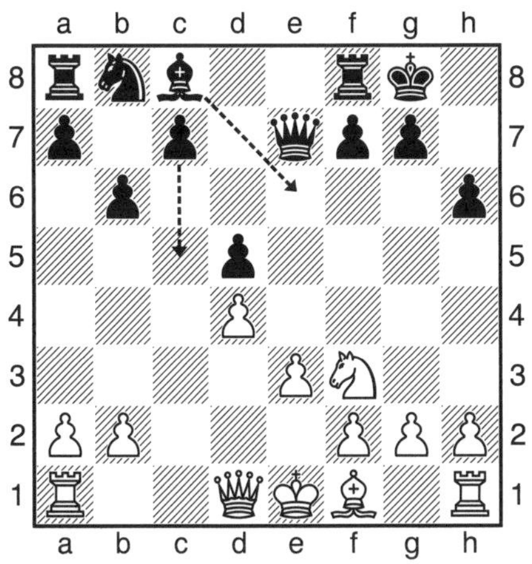

2) Weiß am Zug

Weiß kann seine halboffene c-Linie und die leicht geschwächten weißen Felder nutzen, um Druck gegen den schwarzen Damenflügel zu machen. Schwarz kann ...♗e6 und ...c5 spielen, um im Zentrum dagegenzuhalten.

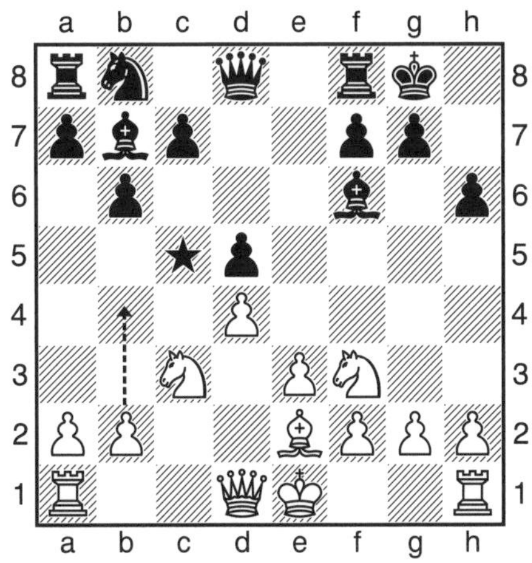

3) Weiß am Zug

Schwarz hat das Läuferpaar, aber keiner von beiden hat viel Platz. Weiß möchte verhindern, dass die Stellung sich zu sehr öffnet und spielt manchmal 11 b4, um den Vorstoß ...c5 zu erschweren.

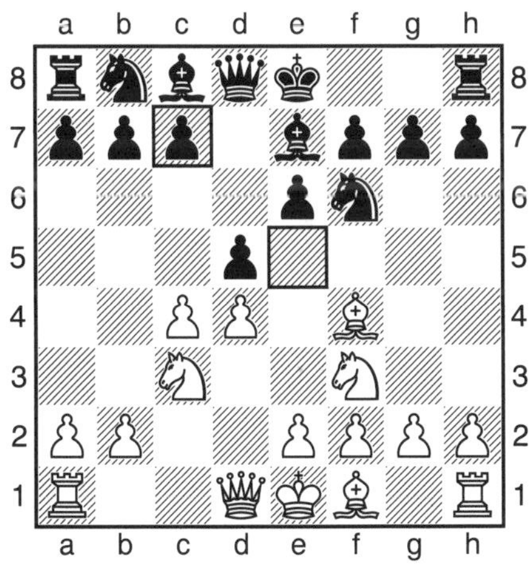

4) Schwarz am Zug

Ohne die Option ♗xf6 hat Weiß weniger Druck gegen d5. Aber er kontrolliert e5, und der Läufer auf f4 hilft nach ♖c1 und cxd5, den schwarzen Damenflügel anzugreifen. 5...0-0 6 e3 c5 7 dxc5 ♗xc5 8 ♕c2 ♘c6 9 a3 ist normal.

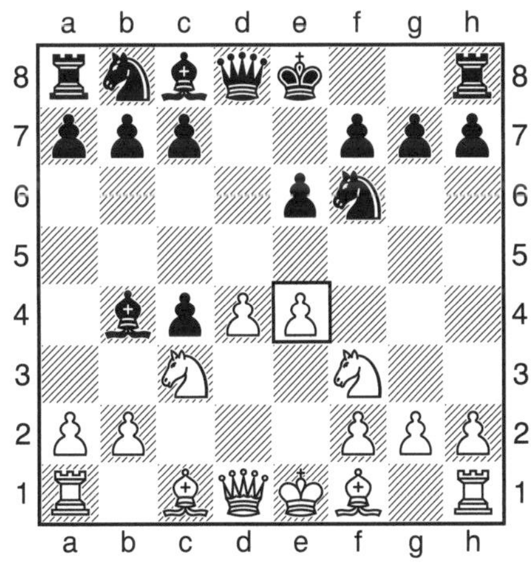

5) Weiß am Zug

6 ♗g5! verhindert ...♘xe4, aber nach 6...c5 7 ♗xc4 cxd4 8 ♘xd4 ♗xc3+ 9 bxc3 ♕a5! greift Schwarz den weißen Bauern auf c3 und den Läufer auf g5 an. Doch nach 10 ♗b5+! ist das Spiel alles andere als klar.

BÄRENSTARKE ERÖFFNUNG 32

Damengambit: Abtauschvariante

Um etwas zu bekommen, musst du etwas geben

1 d4 d5 2 c4 e6 3 ♘c3 ♘f6 4 cxd5 exd5 *(1a)* ist die Abtauschvariante des Damengambits. Warum gibt Weiß dem Läufer auf c8 freien Lauf, wenn das Grundproblem von 2...e6 darin besteht, dass diese Figur blockiert wird? Es zeigt sich, dass es der Läufer immer noch schwer hat, eine Heimat zu finden, und Weiß bekommt vielversprechende neue Angriffsmöglichkeiten. 5 ♘f3 erlaubt 5...c6 nebst ...♗f5 mit einfacher Entwicklung, also ist die Hauptvariante 5 ♗g5 ♗e7 6 e3 c6 7 ♗d3 0-0 8 ♕c2 (mit der Drohung 9 ♗xf6 und 10 ♗xh7+) 8...♘bd7 *(1b)*. Nun kann Weiß 9 ♘f3 ♖e8 10 0-0 ♘f8 *(2)* oder 9 ♘ge2 ♖e8 10 0-0 ♘f8 11 f3 *(3)* spielen. Er kann auch lang rochieren. Anstelle von 4...exd5 überlässt 4...♘xd5 dem Weißen das Zentrum, angefangen mit 5 e4 ♘xc3 6 bxc3 c5 7 ♘f3 *(4)*. Aber Schwarz bekommt eine solide Stellung, die schwer zu knacken ist. Möglich ist der Tausch auf d5 auch nach 3...♗e7 (um 4 ♗g5 zu vermeiden) 4 cxd5 (bezüglich 4 ♘f3 ♘f6 siehe Seite 74) 4...exd5 5 ♗f4. Ein geschickter Angriff beginnt mit 5...c6 6 e3 ♗f5 7 g4!? ♗g6 8 h4! *(5)*.

Grundlegende Stellungen in der Damengambit-Abtauschvariante

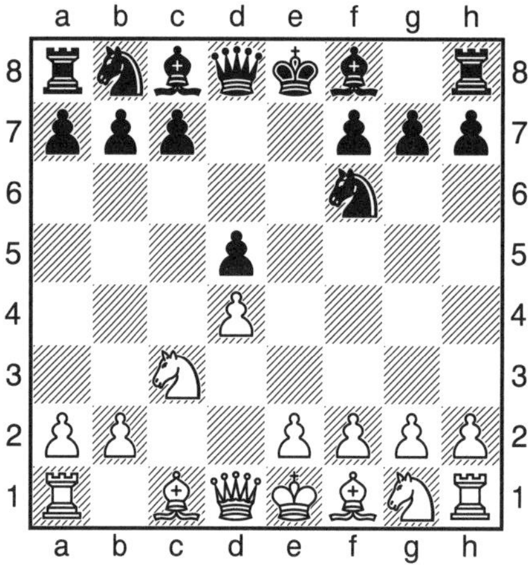

1a) Weiß am Zug

Die Hauptvariante ist 5 ♗g5 ♗e7 6 e3, wonach Schwarz nicht 6...♗f5? spielen kann wegen 7 ♕b3! mit Bauerngewinn. Aber nach 6...c6 stoppt 7 ♗d3 wieder ...♗f5. Also kann Schwarz diesen Läufer nicht gut aktiv entwickeln.

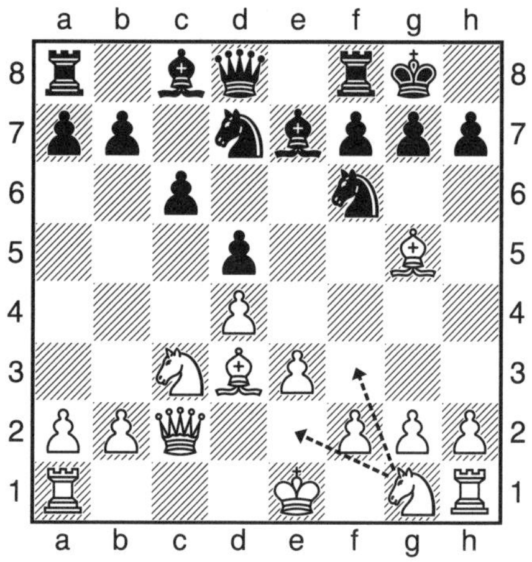

1b) Weiß am Zug

Schwarz wird die e-Linie mit ...♖e8 besetzen und seinen Springer nach f8 stellen, um den Königsflügel zu sichern. Weiß muss entscheiden, wohin er seinen Königsspringer stellt: Seine Wahl bestimmt, in welchem Bereich er angreifen sollte.

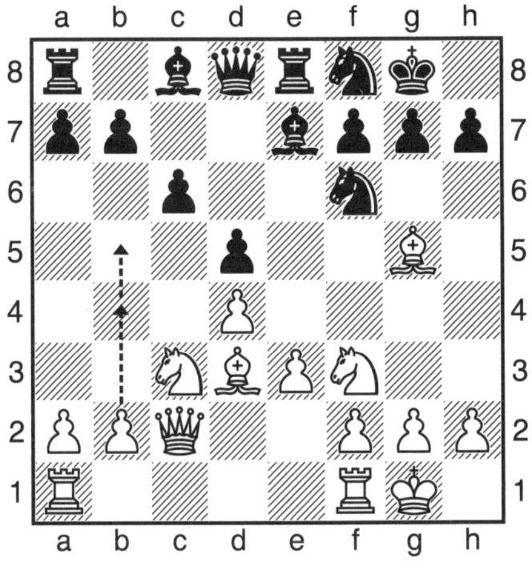

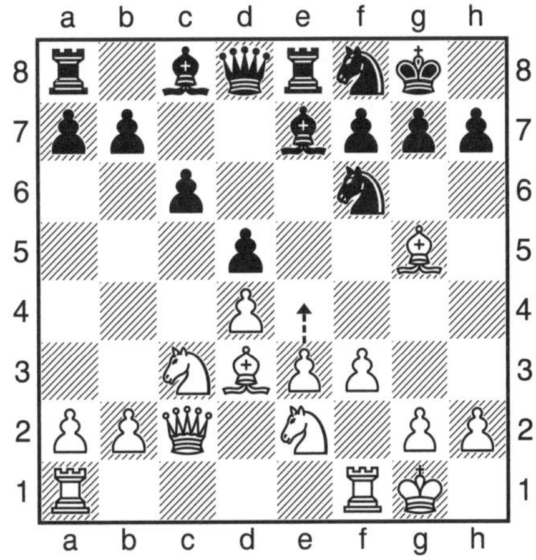

2) Weiß am Zug

Mit dem Springer auf f3 ist es schwer für Weiß, im Zentrum vorzugehen, also spielt er meist b4-b5, den sogenannten „Minoritätsangriff“. Schwarz kann diesen Vorstoß aufhalten, aber es dauert, bis er Gegenspiel am Königsflügel schaffen kann.

3) Schwarz am Zug

Mit dem Bauern auf f3 ist der Plan, im Zentrum mit e4 und eventuell e5 nebst f4-f5 vorzugehen. Schwarz wird irgendwann mit ...c5 kontern und/oder seine Figuren mit ...♗d6 gegen den weißen König richten.

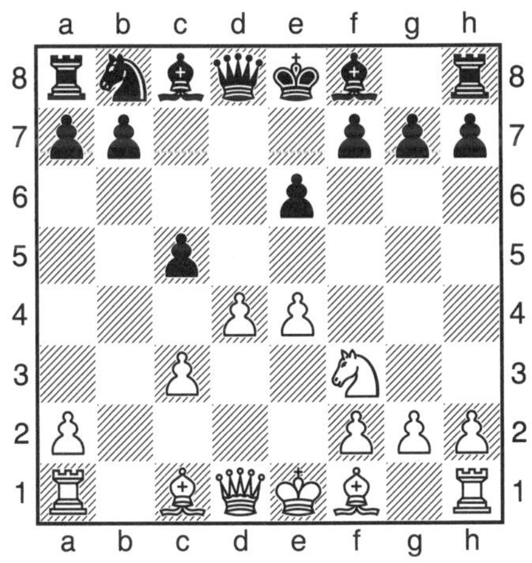

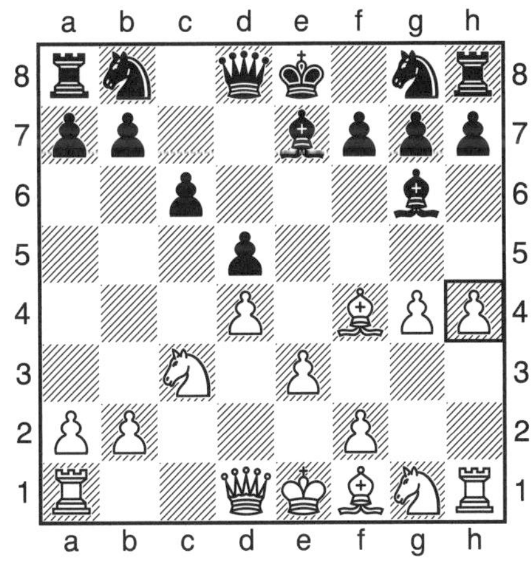

4) Schwarz am Zug

Weiß besitzt das Zentrum, also entwickelt sich Schwarz mit 7...cxd4 8 cxd4 ♗b4+ 9 ♗d2 ♗xd2+ 10 ♕xd2 0-0. Weiß setzt mit ♗c4, 0-0 und ♖ad1 fort, während Schwarz ...b6 und ...♗b7 mit solidem Spiel antwortet.

5) Schwarz am Zug

Weiß droht 9 h5 ♗e4 10 f3, um den schwarzen Läufer zu fangen, und 8...♗xh4? scheitert an 9 ♕b3! b6 10 ♖xh4! ♕xh4 11 ♘xd5! cxd5 12 ♗b5+. Das Damengambit führt nicht immer zu langsamem Spiel!

BÄRENSTARKE ERÖFFNUNG 33

Tarrasch-Verteidigung

Der isolierte Bauer – schwach oder stark?

1 d4 d5 2 c4 e6 3 ♘c3 c5 *(1a)* ist die Tarrasch-Verteidigung im Damengambit, ein radikaler Versuch, den weißen Druck im Zentrum abzuschütteln. Oft kann Weiß seinem Gegner einen Isolani verpassen, aber dafür bekommt Schwarz aktive Figuren. In der Hauptvariante, 4 cxd5 exd5 5 ♘f3 ♘c6 6 g3 ♘f6 7 ♗g2 ♗e7 8 0-0 0-0 *(1b)*, richtet Weiß seinen Läufer g2 gegen den Bauern d5. In dieser Variante vermeidet 6...c4 *(2)* den Isolani, aber nimmt auch den Druck vom weißen Zentrum. Aber gehen wir noch ein paar Züge zurück. Was passiert, wenn Weiß mit 5 dxc5 einen Bauern zu gewinnen versucht? Dann gibt das taktische 5...d4 6 ♘a4 b5! 7 cxb6 axb6 *(3)* Schwarz die Initiative. Einen Zug früher kann Schwarz das waghalsige Gambit 4...cxd4!? 5 ♕xd4 ♘c6 *(4)* versuchen.

Das bescheidene 4 e3 wird Symmetrisches Tarrasch genannt. Dann ist 4...♘f6 5 ♘f3 ♘c6 *(5)* eine Stellung, die auch aus dem Semi-Tarrasch (Seite 74) entstehen kann. Hier können beide Spieler mit einem isolierten Damenbauern verbleiben, z. B. 6 ♗d3 cxd4 7 exd4 dxc4 8 ♗xc4.

Grundlegende Stellungen in der Tarrasch-Verteidigung

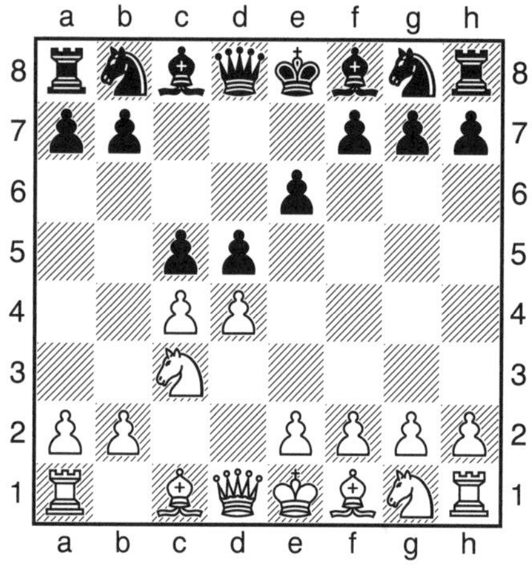

1a) Weiß am Zug
Schwarz möchte seine Figuren befreien und einen Teil des Zentrums behaupten, also geht er direkt gegen d4 vor. Weiß muss schnell reagieren, aber mit einer bald entwickelten zweiten Figur ist er bereit für den Kampf im Zentrum.

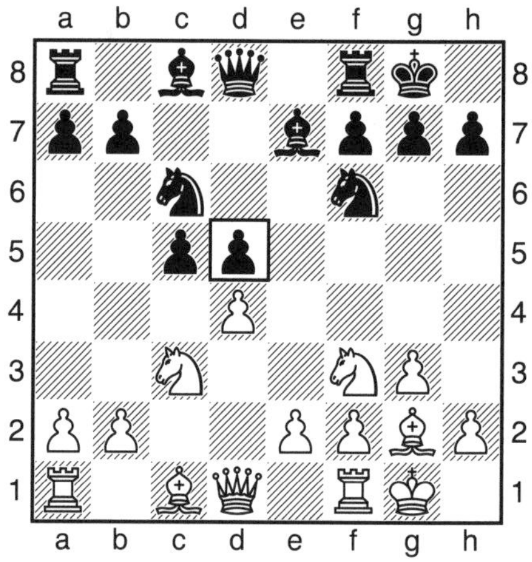

1b) Weiß am Zug
Die üblichen Züge 9 ♗g5 cxd4 10 ♘xd4 führen zu einem isolierten d-Bauern. Weiß kann ihn direkt angreifen oder ♘xc6 spielen und versuchen, den rückständigen Bauern c6 mit seinem Turm auf der c-Linie auszunutzen.

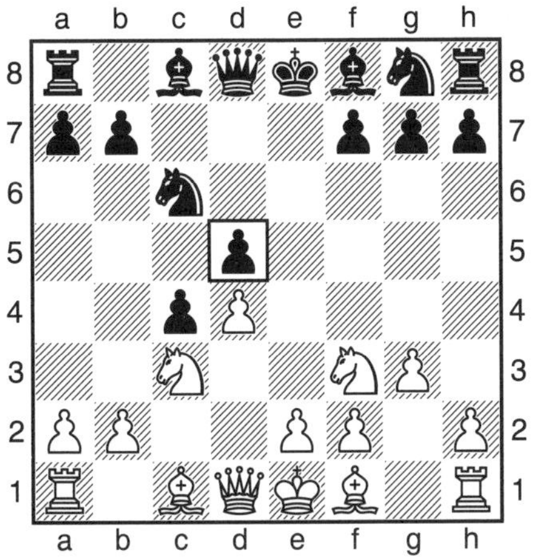

2) Weiß am Zug

Hier wird Weiß versuchen, den Punkt d5 anzugreifen, und Schwarz muss ihn verteidigen. Die Folge 7 ♗g2 ♗b4 8 0-0 ♘ge7 ist normal, und nun kann Weiß das Tempo mit der Zentrumssprengung 9 e4! erhöhen.

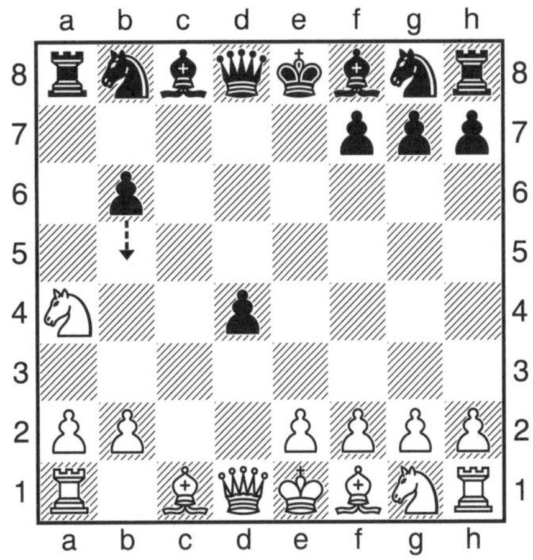

3) Weiß am Zug

Schwarz droht ...b5, um den gestrandeten Springer zu gewinnen. Oft entstehen wilde taktische Gefechte, z. B. 8 e3 ♗d7 9 b3 b5 10 ♘b2 ♗b4+ 11 ♗d2 und nun 11...dxe3! 12 ♗xb4 ♕h4!, womit Schwarz seine Figur zurückbekommt.

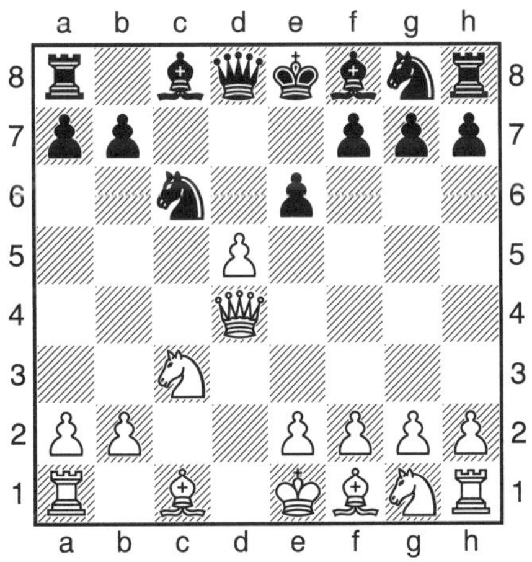

4) Weiß am Zug

Nach der Folge 6 ♕d1 exd5 7 ♕xd5 ♗d7 wird Schwarz mit ...♘f6 noch mehr Zeit gewinnen und ...♗c5, ...♕e7 und ...0-0-0 mit Angriffschancen folgen lassen. Aber Weiß hat keine Schwächen – ist das also einen Bauern wert?

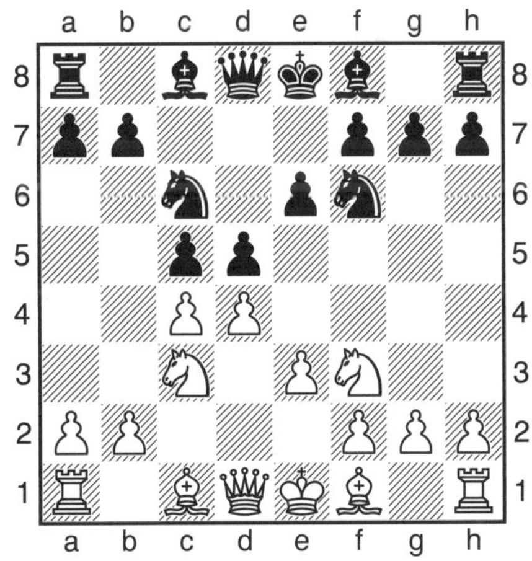

5) Weiß am Zug

Ein Weg, die Stellung aus dem Gleichgewicht zu bringen, ist 6 cxd5 exd5 7 ♗b5. Dann ist 7...♗d6 8 dxc5 ♗xc5 9 0-0 0-0 eine Standard-Isolani-Stellung, wie man sie in vielen anderen Eröffnungen sieht.

BÄRENSTARKE ERÖFFNUNG 34

Tschigorin und Albins Gegengambit

Manchmal ist Angriff die beste Verteidigung

Nach **1 d4 d5 2 c4** hat Schwarz mehrere ungewöhnliche und aggressive Ideen. Die beliebteste ist **2...♘c6** *(1a)*, die Tschigorin-Verteidigung, die auf schneller Entwicklung basiert. Eine Hauptvariante ist 3 ♘f3 ♗g4 4 cxd5 ♗xf3 5 dxc6 ♗xc6 6 ♘c3 e6 7 e4 ♗b4 *(2)*. Typisch ist auch 3 cxd5 ♕xd5 4 e3 e5 5 ♘c3 ♗b4 6 ♗d2 ♗xc3 7 bxc3 (7 ♗xc3!? ist eine andere Idee) 7...♘ge7 *(3)*, wonach Weiß das Läuferpaar hat. In beiden Fällen erfordert das große und potentiell bewegliche weiße Zentrum eine dynamische Reaktion von Schwarz. Nach 3 ♘c3 dxc4 4 ♘f3 muss Schwarz 4...♗g4? 5 d5 ♗xf3 6 exf3! ♘e5 7 ♗f4! ♘g6 8 ♗xc4! ♘xf4 9 ♗b5+ vermeiden.

Albins Gegengambit beginnt mit **2...e5** *(1b)*. Es opfert einen Bauern für Aktivität. Nach 3 dxe5 d4 sind viele Spieler auf eine amüsante Falle hereingefallen, die auf 4 e3?! ♗b4+ 5 ♗d2 *(4)* folgt. Die traditionelle Hauptvariante ist 4 ♘f3 ♘c6 5 g3 ♗g4 6 ♗g2 ♕d7 7 0-0 0-0-0 *(5)*, wonach beide Seiten direkt auf den feindlichen König losgehen.

Grundlegende Stellungen im Tschigorin und Albins Gegengambit

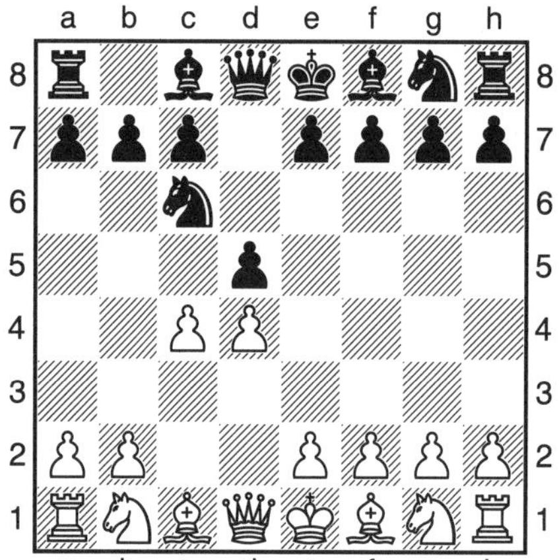

1a) Weiß am Zug

Schwarz entwickelt sich schnell und greift d4 an. Er unterstützt auch den Zentrumsvorstoß ...e5, aber der Befreiungszug ...c5, oft eine Schlüsselidee im Damengambit, ist ausgeschlossen. Weiß kann Raum gewinnen, aber er muss aufpassen.

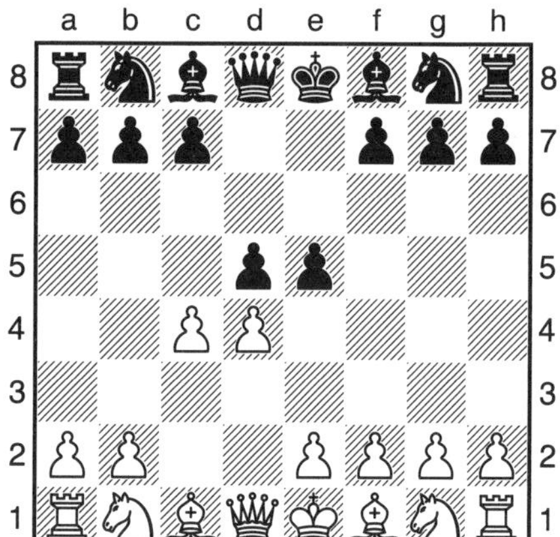

1b) Weiß am Zug

Der mutige schwarze Zentrumsvorstoß basiert auf dem Bauernopfer 3 dxe5 d4!, wonach sein vorgerückter Bauer die weiße Entwicklung hemmt, während der Bauer e5 oft angegriffen und zurückgewonnen werden kann.

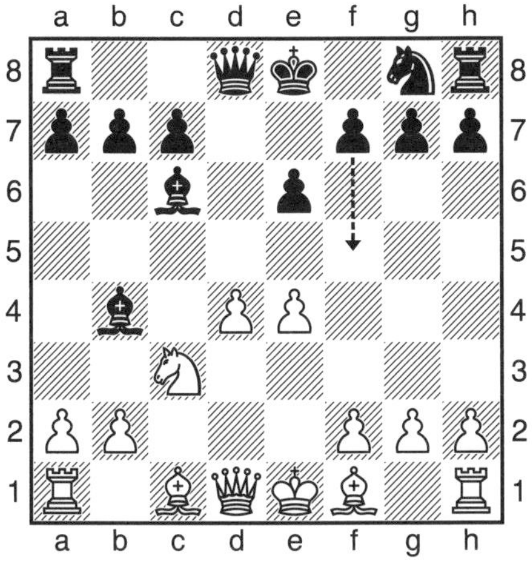

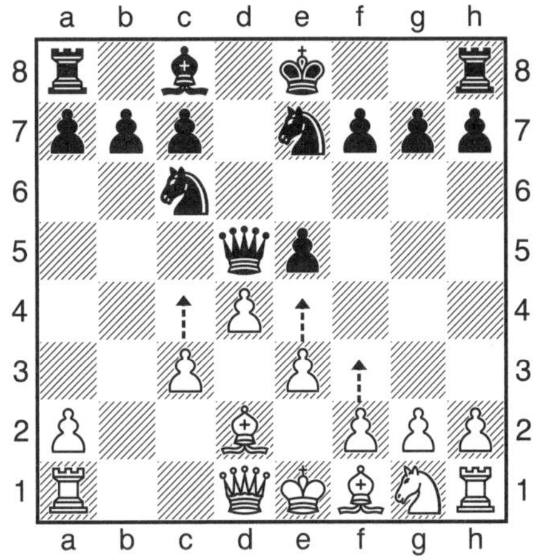

2) Weiß am Zug

Eine typische Hauptvariante. Weiß hat das ideale Zentrum und freie Entwicklung, aber Schwarz hat Druck gegen e4. Der Zug ...f5 ist eine thematische Idee, um die weißfeldrige lange Diagonale aufzubrechen.

3) Weiß am Zug

Die schnelle schwarze Figurenentwicklung sieht sehr eindrucksvoll aus, aber manchmal bekommt Weiß besseres Spiel, indem er mit c4 oder f3 und e4 im Zentrum vorgeht. Dann gewinnt sein Läuferpaar an Wirkung.

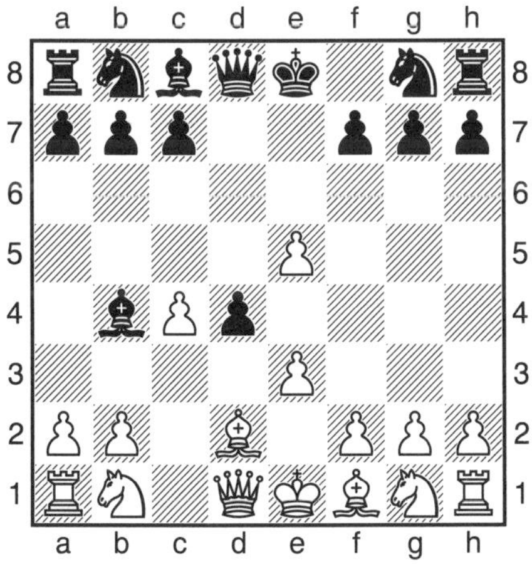

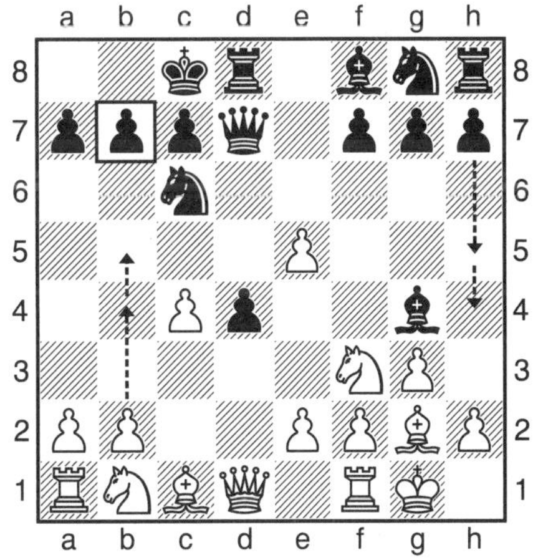

4) Schwarz am Zug

5...dxe3! ist stark: 6 ♗xb4?? (ein Patzer, aber 6 fxe3 behält schwache Bauern auf e5 und e3) 6...exf2+ 7 ♔e2 fxg1♘+! (eine ungewöhnliche Umwandlung). Nun scheitert 8 ♖xg1 an 8...♗g4+, und 8 ♔e1 ♕h4+ ist vernichtend.

5) Weiß am Zug

Die Kampflinien sind abgesteckt: Der Nachziehende kann mit ...♗h3 und ...h5-h4 angreifen, und Weiß mit b4-b5. Ein hübscher Trick ist 8 ♕b3 ♗h3? 9 e6! ♗xe6 10 ♘e5!, was den schwarzen Damenflügel angreift und schwächt.

BÄRENSTARKE ERÖFFNUNG 35

Slawisch

So solide, aber tatsächlich aggressiv!

Slawisch ist eine sehr solide Antwort auf das Damengambit. Schwarz beantwortet **1 d4 d5 2 c4** mit **2...c6** *(1a)*, was sehr ähnliche Gründe hat wie im Caro-Kann – es deckt den Bauern d5, ohne den Damenläufer zu blockieren. Eine weitere Idee ist, dass Schwarz bald ...dxc4 nebst ...b5 mit einem soliden Mehrbauern spielen könnte. Beachte, dass die Stellung nach dem weißen Bauerntausch mit 3 cxd5 cxd5 völlig symmetrisch ist (im Gegensatz zu den Varianten, die wir auf Seite 76 gesehen haben) und zum Remis tendiert, wenn keine Seite einen ernsten Fehler begeht oder extreme Anstrengungen unternimmt, die Sache aufzumischen – das kannst du als etwas Gutes oder etwas Schlechtes ansehen!

Die Hauptvariante läuft 3 ♘f3 ♘f6 4 ♘c3, wonach Schwarz vor einer Wahl steht. 4...e6 ist Halbslawisch (Seite 84), das seltsam aussehende 4...a6 *(4)* ist eine äußerst beliebte Nebenvariante, und 4...dxc4 (mit der Absicht ...b5) 5 a4 *(1b)* ist traditioneller. 3 ♘f3 ♘f6 4 e3 ♗f5 gibt Schwarz solide Entwicklung, während 3 ♘c3 ♘f6 4 e3 *(5)* ein anderer Plan ist, der versucht, die schwarze Idee ...dxc4 zu entkräften. Aber 3 ♘c3 gibt Schwarz auch Ideen wie 3...e5, ein aufregendes Gambit.

Grundlegende Stellungen in der Slawischen Verteidigung

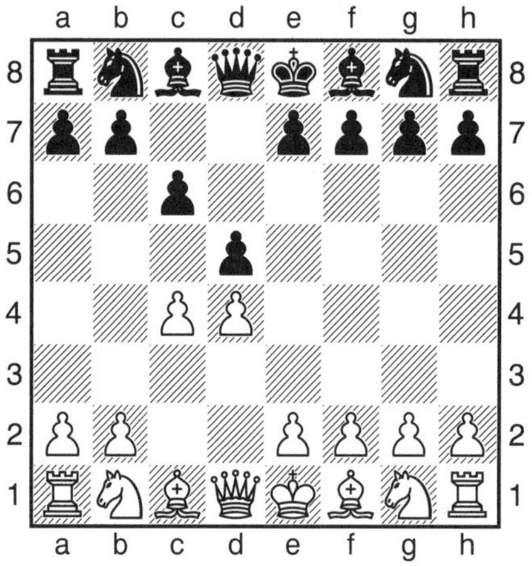

1a) Weiß am Zug

Obgleich grundlegend solide, kann der Slawe zu sehr scharfen Kämpfen führen. Wenn Weiß remislichen Ausgleich vermeiden will, muss er energisch spielen und Risiken in Kauf nehmen.

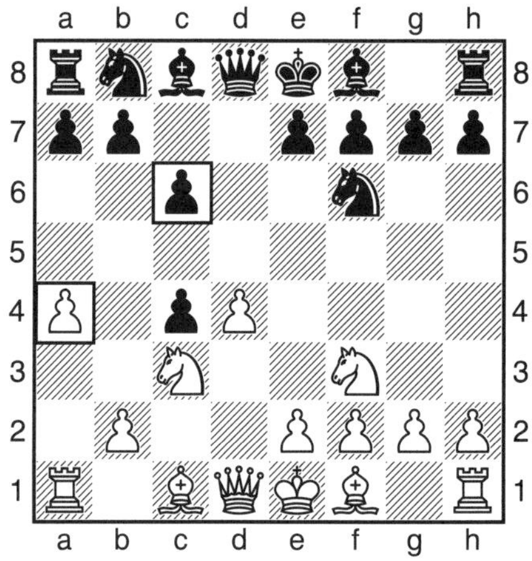

1b) Schwarz am Zug

Weiß sichert den Rückgewinn des Bauern, aber sein Zug a4 ist meist nicht nützlicher als das schwarze ...c6. 5...♗f5 überdeckt nun e4 – siehe die nächsten beiden Diagramme.

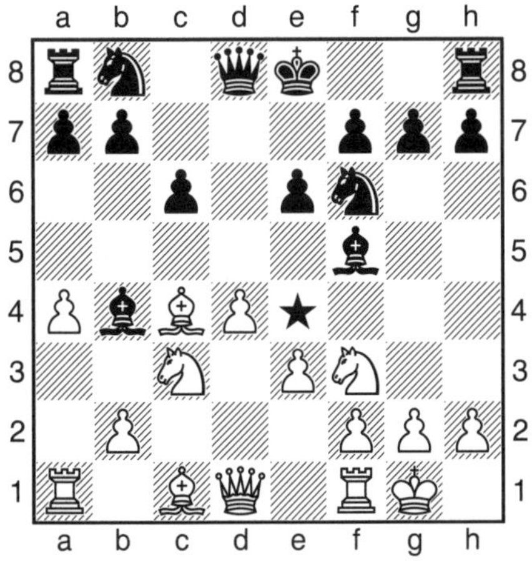

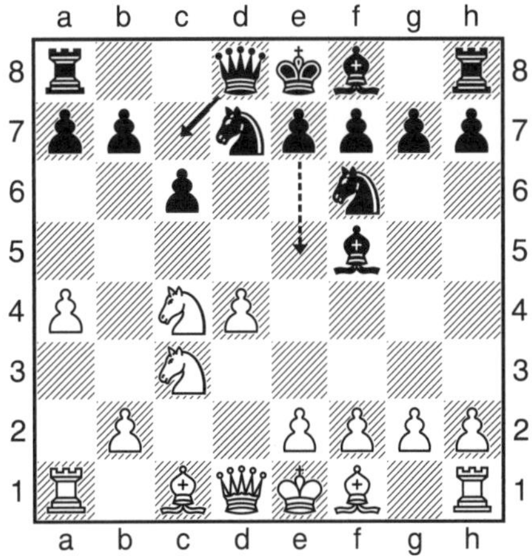

2) Schwarz am Zug

6 e3 e6 7 ♗xc4 ♗b4 8 0-0 bringt uns zu dieser Standardposition. Beachte den Kampf um die Kontrolle über e4. Nach 8...0-0 9 ♕e2 ♘bd7 10 e4 ♗g6 ist das weiße Zentrum unter Beschuss, und bald wird er gezwungen sein, e5 zu spielen.

3) Schwarz am Zug

Das ist die Stellung nach 6 ♘e5 ♘bd7 7 ♘xc4, einer ehrgeizigeren Spielweise mit der Absicht f3 und e4. Schwarz kann mit 7...♕c7 8 g3! e5! 9 dxe5 ♘xe5 10 ♗f4 ♘fd7 11 ♗g2 g5!? dagegenhalten, was zu kompliziertem Spiel führt.

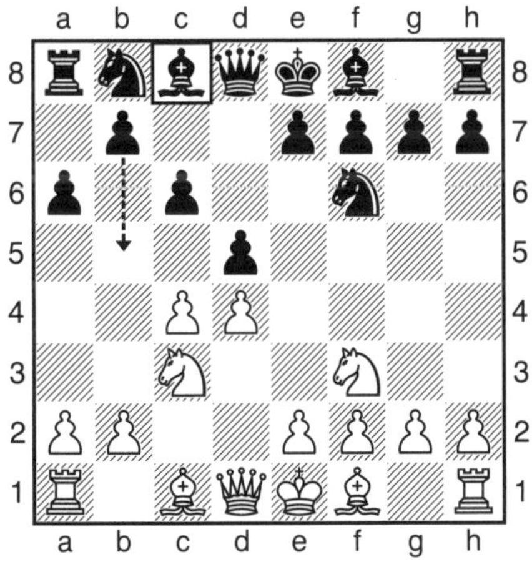

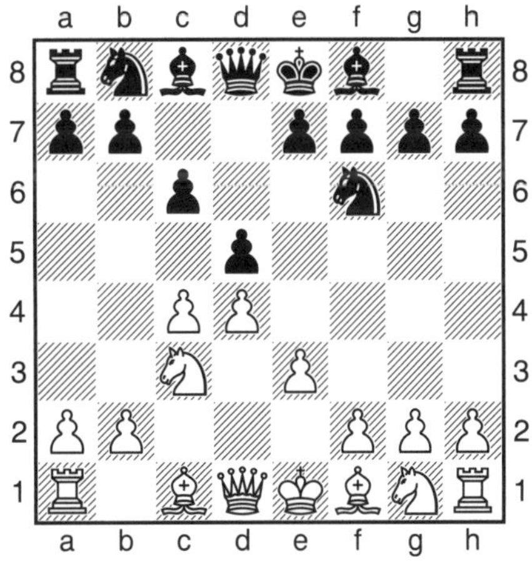

4) Weiß am Zug

Schwarz plant ...b5, um den Bauern c4 zu einer Entscheidung zu zwingen. 5 cxd5 cxd5 gibt dem Springer das Feld c6, und 5 e3 b5 6 b3 ♗g4 ist okay für Schwarz, also spielt Weiß meist 5 c5, wonach Schwarz die Idee ...e5 vorbereiten kann.

5) Schwarz am Zug

4...♗f5?! 5 cxd5 cxd5 6 ♕b3 zeigt die Schwäche von b7 auf, weshalb Schwarz etwas anderes versuchen sollte. 4...g6 ist eine langsame Form des Grünfeld, 4...e6 5 ♘f3 ist Halbslawisch, und 4...a6 ist auch hier möglich.

BÄRENSTARKE ERÖFFNUNG 36

Halbslawisch

Viel mehr als ein halber Slawe!

Als Halbslawisch wird die Stellung nach **1 d4 d5 2 c4 c6 3 ♘f3 ♘f6 4 ♘c3 e6** *(1a)* bezeichnet, die aus einer Reihe verschiedener Zugfolgen entstehen kann. Schwarz wählt die Zugfolge je nachdem, welche Nebenvariante er vermeiden will. Wenn ihm zum Beispiel 1 d4 d5 2 c4 c6 3 cxd5 nicht gefällt, kann er 1 d4 d5 2 c4 e6 3 ♘c3 c6 *(5)* spielen. Oder 1 d4 ♘f6 2 c4 e6, mit der Absicht 3 ♘f3 d5 4 ♘c3 c6, bzw. Nimzoindisch, wenn Weiß 3 ♘c3 spielt. Also ist Halbslawisch eher als Teil eines Repertoires statt als vollständige Verteidigung anzusehen.

Aber was für eine Eröffnung ist es! Obwohl es passiv erscheint (sind ...e6 und ...c6 wirklich Gegenangriffszüge?), ist Halbslawisch eines der ehrgeizigsten und kompliziertesten Eröffnungssysteme, sowie die Szenerie für einige der größten Schachkämpfe aller Zeiten. Warum? Jetzt ist ...dxc4 definitiv eine Drohung, und 5 a4 ist fad, wenn Schwarz noch nicht ...dxc4 gespielt hat, doch sowohl 5 ♗g5 *(4)* als auch 5 e3 ♘bd7 6 ♗d3 dxc4 7 ♗xc4 b5 8 ♗d3 *(1b)* erlauben Schwarz, enorme Komplikationen und ein sehr zweischneidiges Mittelspiel zu schaffen.

Grundlegende Stellungen in der Halbslawischen Verteidigung

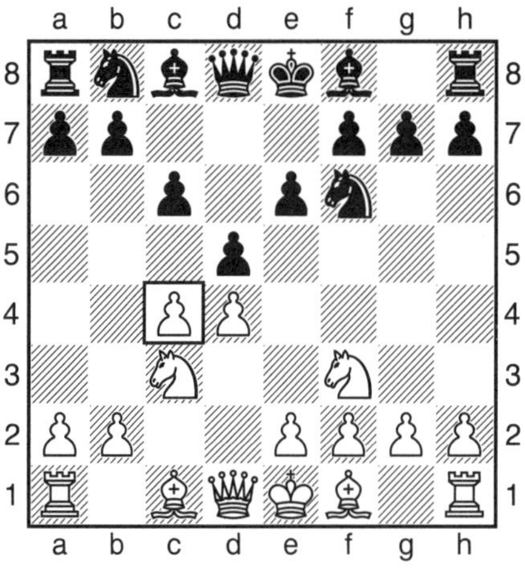

1a) Weiß am Zug

5 e3 deckt c4 direkt, während 5 ♗g5 eine taktische Verteidigung ist, um 5...dxc4 mit 6 e4 und der Drohung 7 e5 zu beantworten. 5 cxd5 exd5 erlaubt Schwarz eine einfache Entwicklung mit ...♗f5.

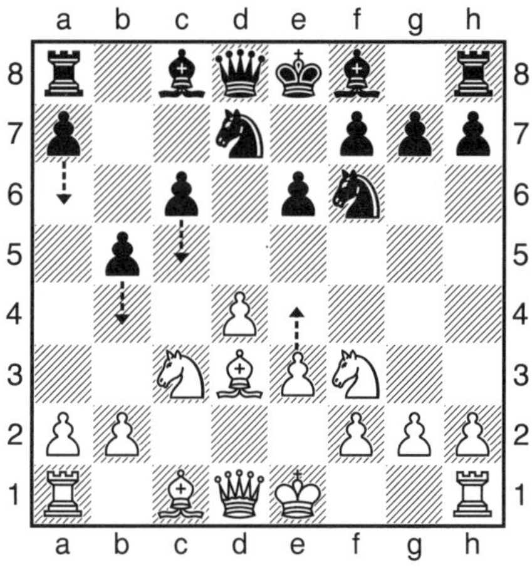

1b) Schwarz am Zug

Das ist als Meraner Variante bekannt. Der Nachziehende ist am Damenflügel aktiv, daher muss Weiß im Zentrum Raum gutmachen. Das führt zu Feuerwerken – siehe die nächsten beiden Diagramme.

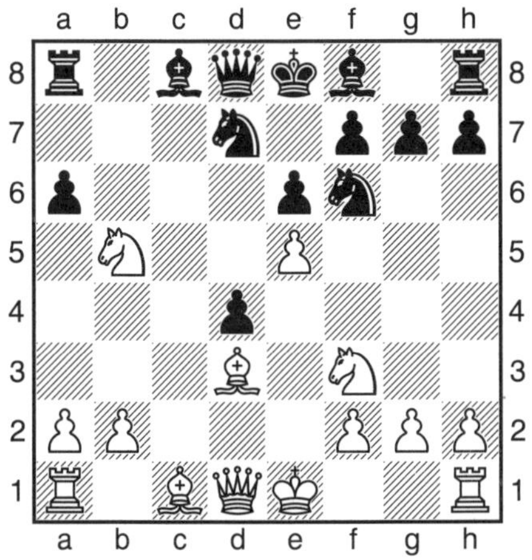

2) Schwarz am Zug

Das Brett steht unter Feuer! Dies ist die Lage nach 8...a6 9 e4 c5 10 e5 cxd4 11 ♘xb5. Gefahren lauern auf beiden Seiten. Zum Beispiel garantiert 11...axb5 12 exf6 gxf6 13 0-0 ♕b6 beiden Königen keine Sicherheit.

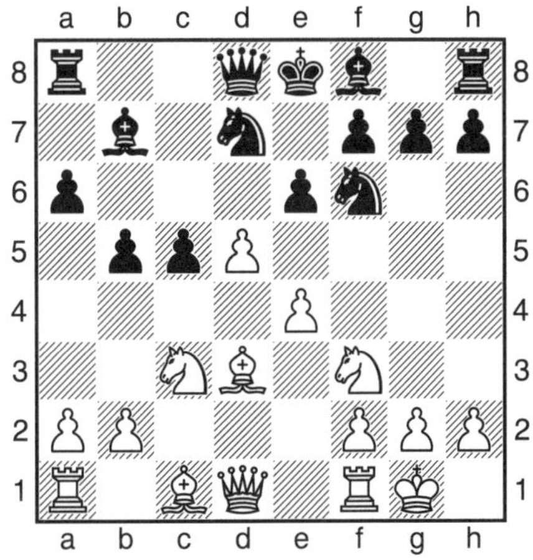

3) Schwarz am Zug

Nach 8...♗b7 9 0-0 a6 10 e4 c5 11 d5 ist das Spiel strategisch komplex. Schwarz wagt nicht, die e-Linie zu öffnen und seinen König zu entblößen, aber 11...♕c7 12 dxe6 fxe6 13 ♗c2 führt zu einem scharfen Kampf auf dem ganzen Brett.

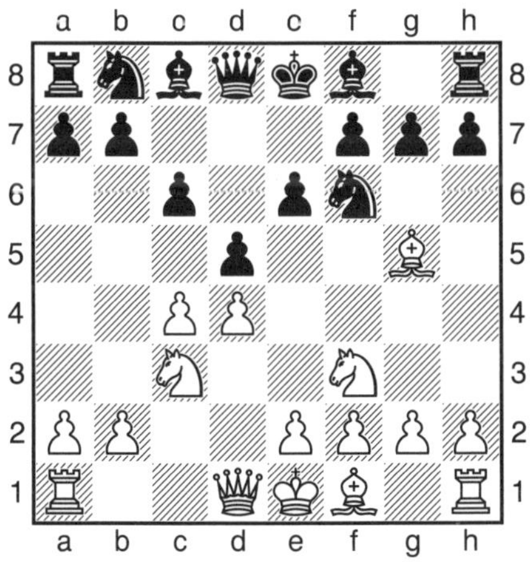

4) Schwarz am Zug

Das führt zum schärfsten Spiel. 5...dxc4 6 e4 b5 7 e5 h6 8 ♗h4 g5 9 ♘xg5 hxg5 10 ♗xg5 ist ein chaotisches Durcheinander, während 5...h6 6 ♗h4!? (6 ♗xf6 ist simpler) 6...dxc4 7 e4 g5 8 ♗g3 b5 eine aufregende Gambitvariante ist.

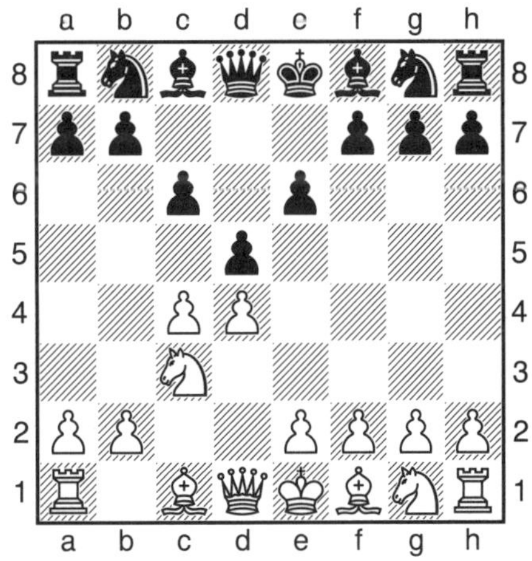

5) Weiß am Zug

Beide Seiten können das normale Halbslawisch vermeiden. 4 e4 dxe4 5 ♘xe4 ♗b4+ 6 ♗d2!? ist ein scharfes Gambit, während 4 ♘f3 dxc4 5 e3 b5 6 a4 ♗b4 zu kompliziertem Spiel führt. Und 4 e3 f5!? ist eine Art Stonewall-Holländisch.

BÄRENSTARKE ERÖFFNUNG 37

Londoner System, Colle und Trompowsky

Den weniger bekannten Wegen folgen

Nach **1 d4 d5** muss Weiß nicht mit 2 c4 Damengambit spielen. **2 ♘f3** *(1a)* ist eine solide Option, die auch nach 1 ♘f3 d5 2 d4 entstehen kann. Schwarz steht unter keinem Druck im Zentrum, also kann er ruhig Züge wie 2...c5, 2...♗f5 oder 2...c6 spielen. Doch am häufigsten ist das flexible **2...♘f6**. Dann wird **3 ♗f4** Londoner System genannt: Eine wichtige Variante läuft 3...e6 4 e3 c5 5 c3 (um 5...♕b6 mit 6 ♕b3 zu beantworten) 5...♘c6 6 ♘bd2 ♗d6 *(2)*. Das Colle-System ist **3 e3**, und nach 3...e6 4 ♗d3 c5 sind die Hauptvarianten 5 b3 ♘c6 6 0-0 ♗d6 7 ♗b2 0-0 und 5 c3 ♘c6 6 ♘bd2 ♗d6 7 0-0 0-0 *(3)*. Eine ungewöhnliche Stellung entsteht nach 3...♗f5 4 ♗d3 e6!? (4...♗g6 ist auch okay) 5 ♗xf5 exf5 *(4)*.

Eine andere Eröffnung ohne c4 ist **1 d4 ♘f6 2 ♗g5** *(1b)*, bekannt als Trompowsky-Angriff. Den Läufer mit 2...♘e4 anzugreifen, ist eine beliebte Antwort, wonach 3 ♗f4 c5 mit dem sicheren 4 f3 oder dem trickreicheren 4 d5 *(5)* beantwortet werden kann. Das Spiel ist oft taktisch, und viele Strukturen sind möglich.

Grundlegende Stellungen im Londoner System, Colle und Trompowsky

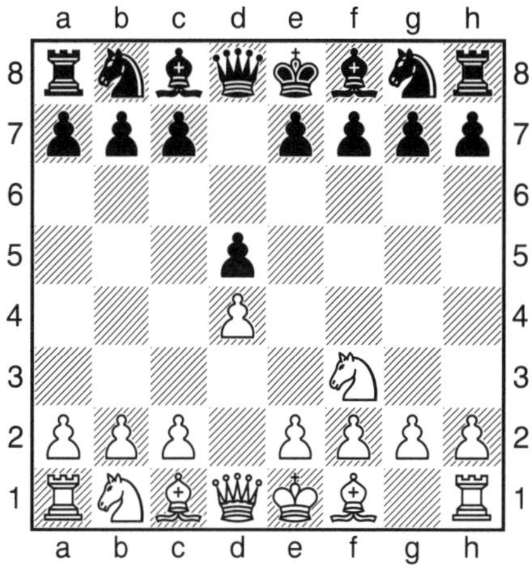

1a) Schwarz am Zug
Weiß verstärkt seine Kontrolle über d4 und e5. Sofern er nicht gleich den scharfen Zug c4 zieht, ist der Hauptnachteil, dass er den Bauern d5 nicht angreift, weshalb Schwarz sich frei entwickeln kann.

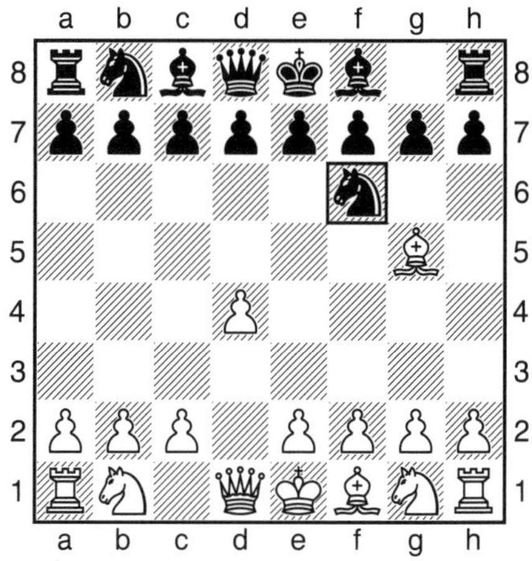

1b) Schwarz am Zug
Weiß plant ♗xf6, um die schwarzen Bauern zu verdoppeln, und beantwortet 2...e6 mit 3 e4 h6 4 ♗xf6. Dann gewinnt Schwarz das Läuferpaar, aber Weiß hat mehr Raum, ein ideales Zentrum und sehr aktive Springer.

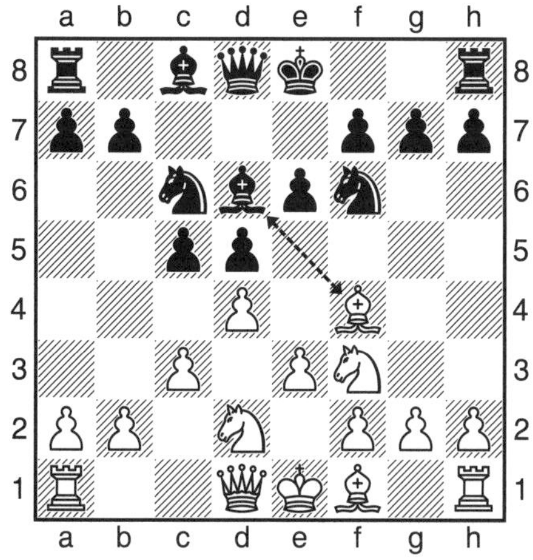

2) Weiß am Zug

Hier kann Weiß mit 7 ♗xd6 abtauschen, aber das hilft Schwarz, bald zu seinem Befreiungszug ...e5 zu kommen. 7 ♗g3 hofft auf 7...♗xg3 8 hxg3 mit einer halboffenen h-Linie. Stattdessen ist 7...0-0 8 ♗d3 ♕e7 sicherer.

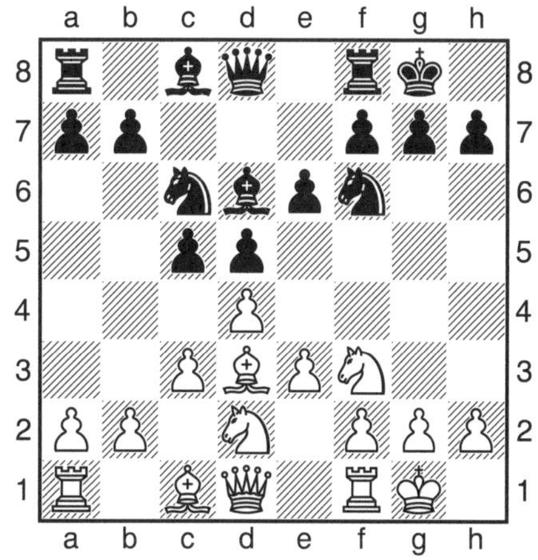

3) Weiß am Zug

Weiß spielt oft 8 dxc5 ♗xc5 9 e4, wonach Schwarz die klassische Falle mit ♗xh7+ vermeiden muss. Zum Beispiel 9...♗d7?! 10 e5 ♘e8 11 ♘b3 ♗b6? 12 ♗xh7+! ♔xh7 13 ♘g5+ mit heftigem Angriff.

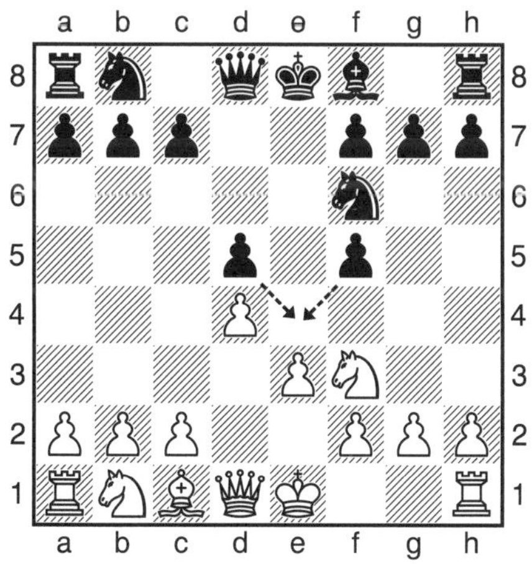

4) Weiß am Zug

Die schwarzen Bauern sind verdoppelt, aber er bekommt die halboffene e-Linie und hat e4 fest in der Hand. Der weiße Läufer ist schwer zu entwickeln. 6 ♕d3 droht zwar sowohl ♕xf5 als auch ♕b5+, aber dann ist 6...♕c8! recht sicher.

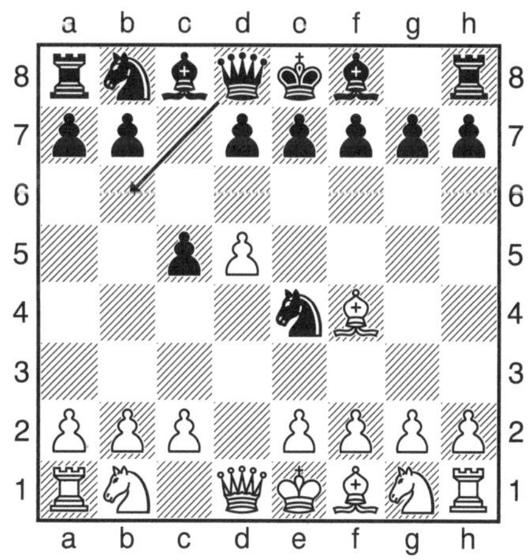

5) Schwarz am Zug

Weiß hat mehr Raum, aber Schwarz hat das trickreiche 4...♕b6, mit der Idee 5 b3?? ♕f6! oder 5 ♕c1?! c4 6 e3 ♕a5+ 7 c3 ♕xd5. Hier ist 5 ♘d2 ♕xb2 6 ♘xe4 ♕b4+ 7 ♕d2 ♕xe4 8 e3 ein unklares Gambit, während 5 ♗c1 sicher ist.

Bärenstarke Eröffnung 38

Holländische Verteidigung

Was der Sizilianer sieht, wenn er in den Spiegel schaut?

Wenn er **1 d4** mit **1...f5** *(1a)* beantwortet, verwirft Schwarz alle Ideen, auf einfachen Ausgleich zu spielen, indem er die Stellung symmetrisch hält. Doch da er das Zentrumsfeld e4 kontrolliert, stellt er auch sicher, dass Weiß nicht so leicht ein starkes Bauernzentrum bekommen kann, indem er den Bauern dorthin vorzieht. Aufmerksame Leser werden bemerkt haben, dass Holländisch eine Art Spiegelbild der Sizilianischen Verteidigung ist. Aber auch wenn diese Eröffnungen einige gemeinsame Ideen haben, ist das Spiel sehr verschieden. Im Holländer rochiert Schwarz meist kurz und greift oft auch auf diesem Flügel an. Im Sizilianer kann Weiß leicht d4 spielen, aber hier ist es schwieriger für ihn, e4 zu spielen, da er weniger Kontrolle über dieses Feld hat.

Wenn Meister mit dem Holländer konfrontiert sind, spielen sie normalerweise 2 g3 ♘f6 3 ♗g2 *(1b)*, gefolgt von flexibler Entwicklung. Schwarz kann versuchen, diesen Aufbau zu stürmen, aber ein Spiel im Zentrum ist oft sicherer und besser. Weiß hat zahlreiche andere Ideen, darunter Gambits wie 2 e4 *(4)* oder 2 g4, und Figurenspiel mit Zügen wie 2 ♗g5 *(5)* oder 2 ♘c3.

Grundlegende Stellungen in der Holländischen Verteidigung

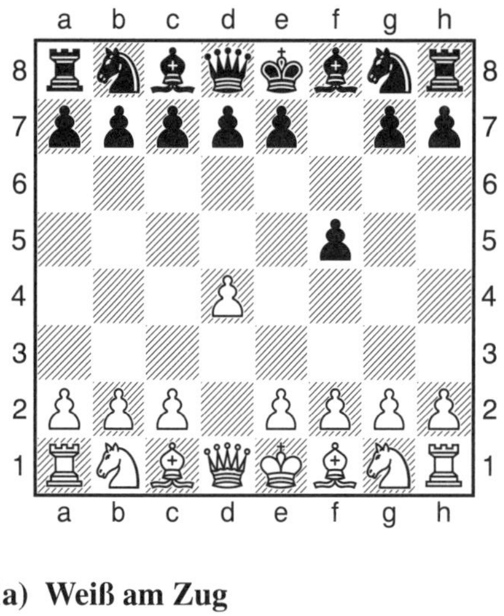

1a) Weiß am Zug

In den nächsten Zügen muss Schwarz vorsichtig spielen, da sein König offener als in den meisten Eröffnungen steht. Auf 2 g4 fxg4 3 h3 ist eine sichere Antwort 3...g3, was die Linien geschlossen hält.

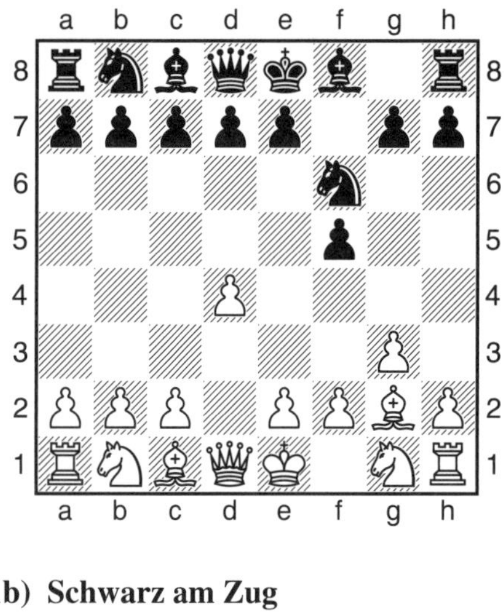

1b) Schwarz am Zug

Die wichtigsten Systeme für Schwarz sind nun ...g6 und ...♗g7 (Leningrader), ...e6 und ...d5 (Stonewall), oder ...e6 und ...d6 (Klassisch). Weiß wird ♘h3 oder ♘f3 spielen und rochieren.

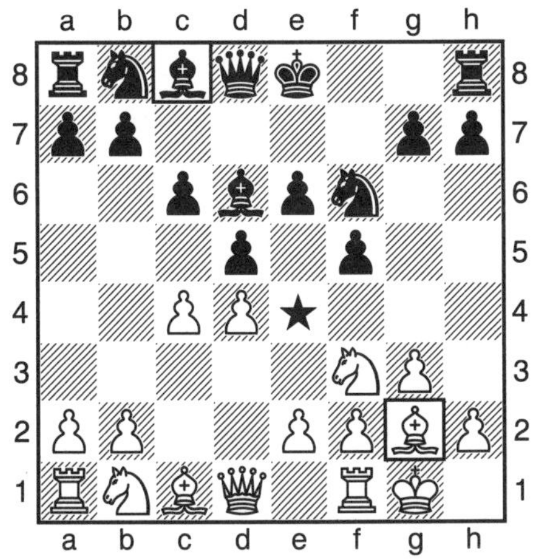

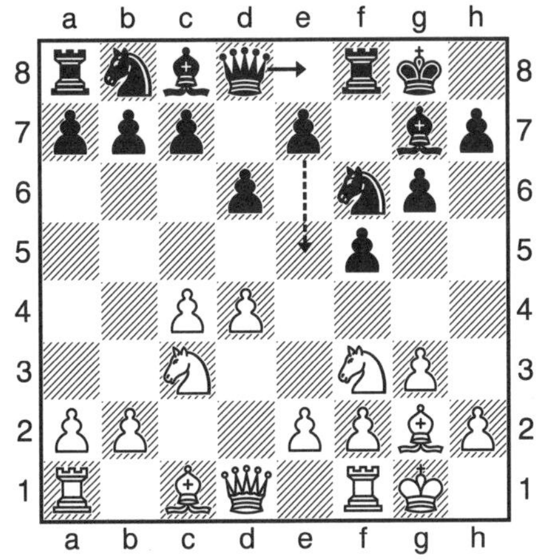

2) Weiß am Zug

Dieser „Stonewall“ entsteht nach 3...e6 4 c4 c6 5 ♘f3 d5 6 0-0 ♗d6. Weiß kann mit 7 ♗f4 oder 7 b3 und ♗a3 die Läufer tauschen, aber der „schlechte“ schwarze Läufer kann auf a6, b7 oder sogar h5 (über d7 und e8) sehr wirksam sein.

3) Schwarz am Zug

3...g6 4 ♘f3 ♗g7 5 0-0 0-0 6 c4 d6 7 ♘c3 erreicht diesen Leningrader Aufbau. 7...♕e8 bereitet ...e5 vor. 8 ♖e1 beabsichtigt e4, aber 8...♕f7 zeigt die schwarzen Zähne: Die Dame greift c4 an und baut potentiellen Druck gegen f2 auf.

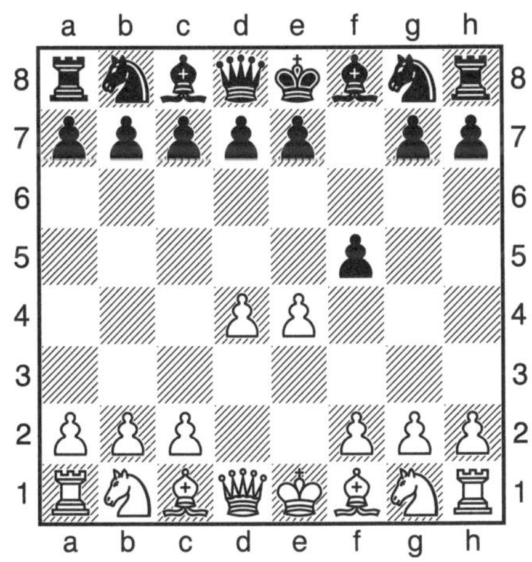

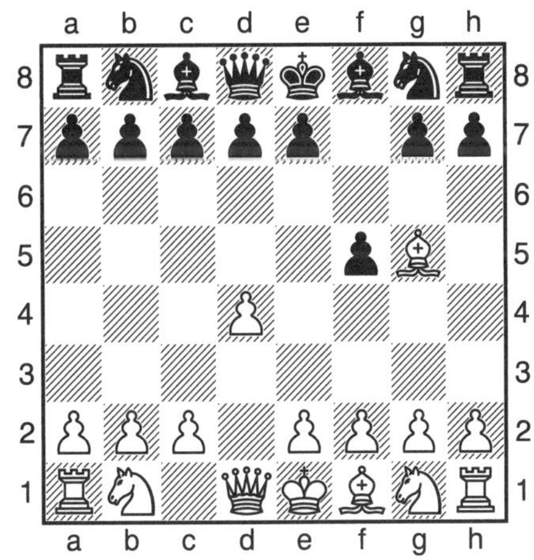

4) Schwarz am Zug

Das ist das Staunton-Gambit. Nach 2...fxe4 3 ♘c3 ♘f6 (nicht 3...d5? 4 ♕h5+) gibt 4 f3 d5! dem Weißen wenig (4...exf3?! 5 ♘xf3 ist gefährlich), während 4 ♗g5 ♘c6! 5 d5 ♘e5 6 ♕d4 ♘f7 völlig okay für Schwarz ist.

5) Schwarz am Zug

Die Hauptidee des Weißen ist, dass 2...♘f6 3 ♗xf6 die schwarzen Bauern unangenehm verdoppelt. Nach 2...g6 3 ♘d2 plant Weiß e4, und 2...h6 ist riskant, z. B. 3 ♗h4 g5 (mit Läuferfang?) 4 e4! mit der Drohung ♕h5#.

Bärenstarke Eröffnung 39 — Modernes Benoni und Wolga-Benkö-Gambit

Schwarz kämpft sofort um die Initiative!

Diese beiden Eröffnungen beginnen mit **1 d4 ♘f6 2 c4 c5**, was ohne Verzögerung das weiße Zentrum angreift. Ein Bauerntausch würde Schwarz eine Bauernmehrheit im Zentrum geben, also antwortet Weiß fast immer **3 d5** und pocht auf seinen Raumvorteil. Das Moderne Benoni ist **3...e6 4 ♘c3 exd5 5 cxd5 d6** *(1a)*, wonach Schwarz ...g6 und ...♗g7 plant. Nach 6 e4 g6 ist die traditionelle Hauptvariante 7 ♘f3 ♗g7 8 ♗e2 0-0 9 0-0. Schwarz würde gern ...b5 spielen, und Weiß möchte e5 durchsetzen, aber nach 9...a6 10 a4 ♗g4 11 ♗f4 ♗xf3 12 ♗xf3 ♕e7 nebst ...♘bd7 sind beide Pläne erst einmal vereitelt. Anstelle von 8 ♗e2 ist 8 h3 (was ...♗g4 verhindert) 8...0-0 9 ♗d3 ein moderner Aufbau, wonach Schwarz mit 9...b5!? *(2)* kontern kann. Auch Weiß hat radikalere Spielweisen, insbesondere 7 f4 ♗g7 8 ♗b5+ *(3)*.

Das Wolga-Benkö-Gambit, **3...b5!?** *(1b)*, ist ein mutiges Bauernopfer. Die häufigste Variante ist 4 cxb5 a6 5 bxa6 g6 6 ♘c3 ♗xa6 *(4)*. Ein gutes Beispiel für das, was Schwarz zu tun versucht, ist 7 e4 ♗xf1 8 ♔xf1 d6 9 ♘f3 ♗g7 10 g3 0-0 11 ♔g2 ♘bd7 12 ♖e1 ♕a5 13 ♖e2 ♖fb8 *(5)*.

Grundlegende Stellungen im Modernen Benoni und Wolga-Benkö-Gambit

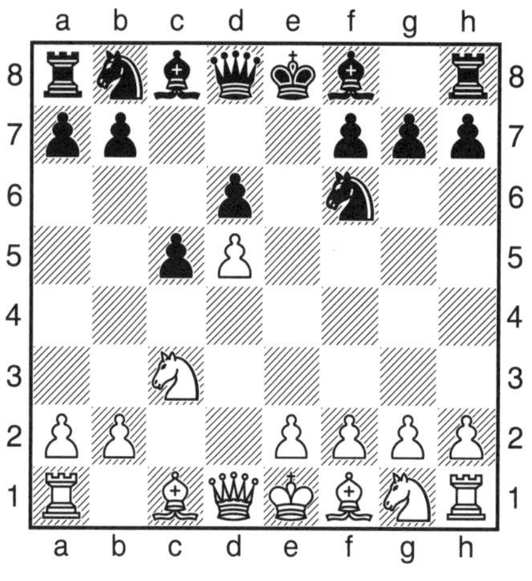

1a) Weiß am Zug

Die unsymmetrische Struktur steckt die Pläne für beide Seiten ab: Weiß zieht seine Bauern im Zentrum vor, während Schwarz am Damenflügel kontert. Das Spiel ist sehr taktisch.

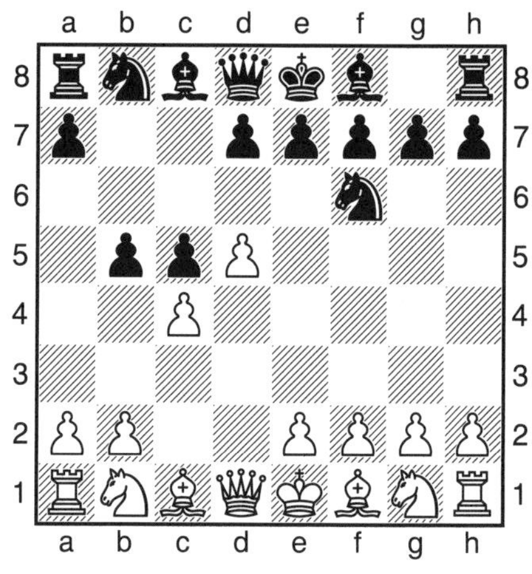

1b) Weiß am Zug

Dieses Gambit ist anders als die, die wir bereits gesehen haben. Wenn Weiß den Bauern annimmt, bekommt Schwarz etwas schnellere Entwicklung, ein Spiel ohne Schwächen und langfristigen Druck.

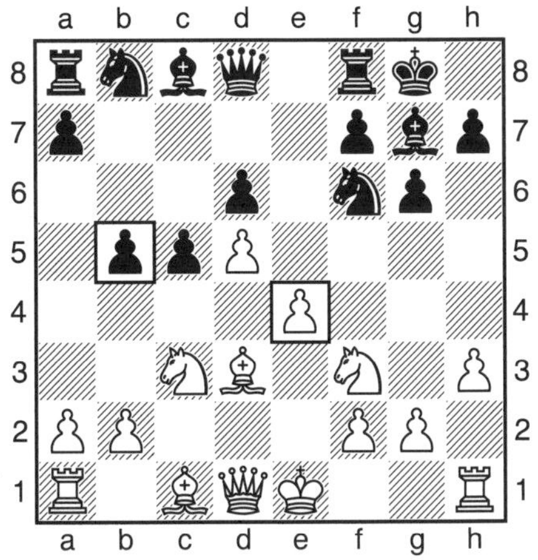

2) Weiß am Zug

Schwarz hat das erwünschte ...b5 gespielt, basierend auf einem taktischen Trick: 10 ♗xb5 (10 ♘xb5 ♖e8 zielt auf e4) 10...♘xe4! 11 ♘xe4 ♕a5+, und Schwarz bekommt seine Figur zurück (wegen 12 ♘c3? ♗xc3+ 13 bxc3 ♕xb5), mit unklarem Spiel.

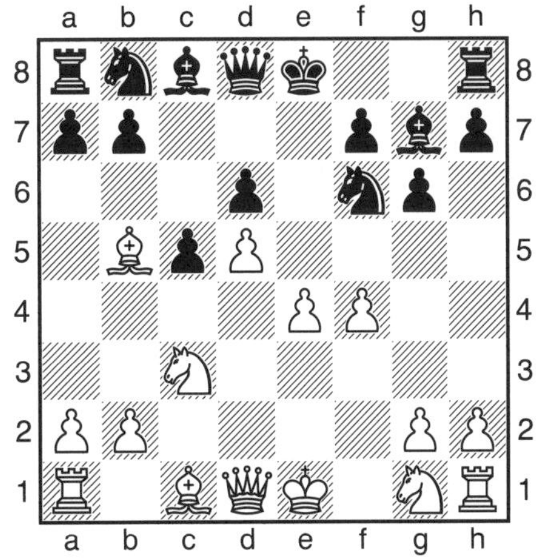

3) Schwarz am Zug

Da sowohl 8...♗d7?! als auch 8...♘bd7 Weiß das erwünschte 9 e5 erlauben, spielt Schwarz meist den Rückzug 8...♘fd7, mit der Absicht ...a6 und ...b5. Weiß kann das mit 9 a4 stoppen, wonach beide Seiten neue Pläne aufstellen müssen.

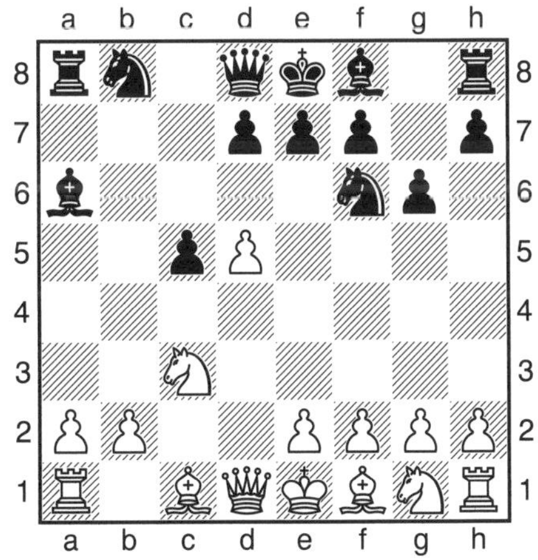

4) Weiß am Zug

Die schwarze Idee ist nicht, mattzusetzen oder den Bauern zurückzugewinnen, sondern mit seinem Läufer g7 und auf der halboffenen a- und b-Linie gegen den weißen Damenflügel zu drücken. Außerdem kommt Weiß nicht so leicht zur Rochade.

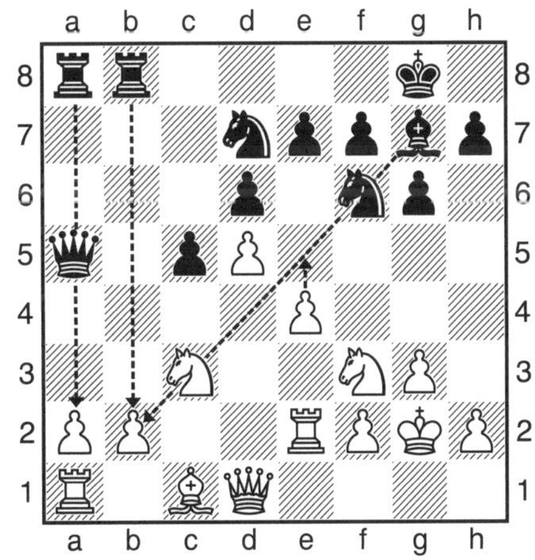

5) Weiß am Zug

Hier sehen wir eine Art Idealstellung für Schwarz, in der auch Weiß logisch gespielt und seinen Mehrbauern gehalten hat. Der Springer f6 kann durch ...♘e8-c7 oder ...♘g4-e5 in den Kampf eingreifen.

BÄRENSTARKE ERÖFFNUNG **40**

Königsindisch: Einleitung

Kampf im Schützengraben – mit vielen Explosionen!

Königsindisch ist eine Eröffnung für echte Kämpfer. Es verschwendet kaum einen Gedanken daran, „auf Ausgleich“ zu spielen. Schwarz versucht, die Dinge aus dem Gleichgewicht zu bringen und direkt aus der Eröffnung heraus um die Initiative zu kämpfen. Das Zentrum wird oft durch gegenüberstehende Bauernketten blockiert, und Schwarz startet einen heftigen Königsangriff, während Weiß versucht, auf der anderen Brettseite durchzubrechen. Doch auch viele andere Spielmuster können entstehen.

Königsindisch ist ebenso ein Aufbau wie eine genaue Zugfolge. Schwarz spielt ...♘f6, ...g6 und ...♗g7, und normalerweise ...d6 und ...0-0. Er erlaubt Weiß, sowohl d4 als auch e4 zu spielen, aber achtet darauf, dass er zuerst c4 und ♘c3 zieht, bevor er zum Vorstoß e4 kommt. Eine Standardzugfolge ist **1 d4 ♘f6 2 c4 g6 3 ♘c3 ♗g7** *(1a)*, und nach 4 e4 d6 (siehe Diagramme 2-5) hat Weiß ein massives Bauernzentrum, aber Schwarz hofft, dass es auch als Zielscheibe dienen wird. Ein Weg, es anzugreifen, ist ...c5 (ein Benoni-Motiv), aber ...e5 ist normaler. Wenn Weiß schließlich d5 zieht, ist der natürliche schwarze Plan ein Sturm am Königsflügel, beginnend mit ...f5.

Grundlegende Stellungen in der Königsindischen Verteidigung

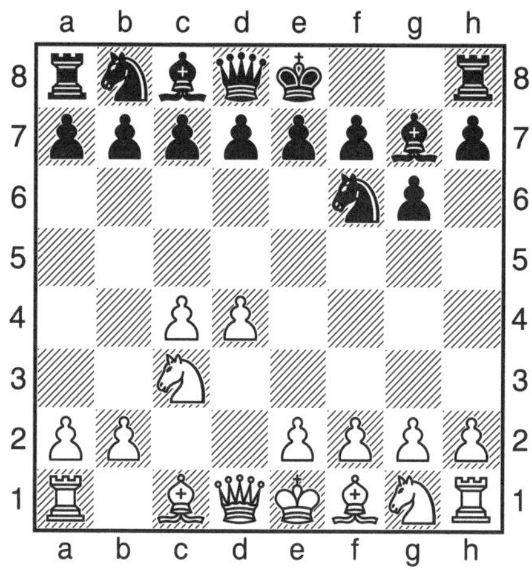

1a) Weiß am Zug

Weiß kann das Zentrum besetzen und sich nach Belieben entwickeln. Schwarz wird bald mit ...e5 oder ...c5 gegenhalten und darauf pochen, dass die weißen Bauernzüge Zeit verloren haben.

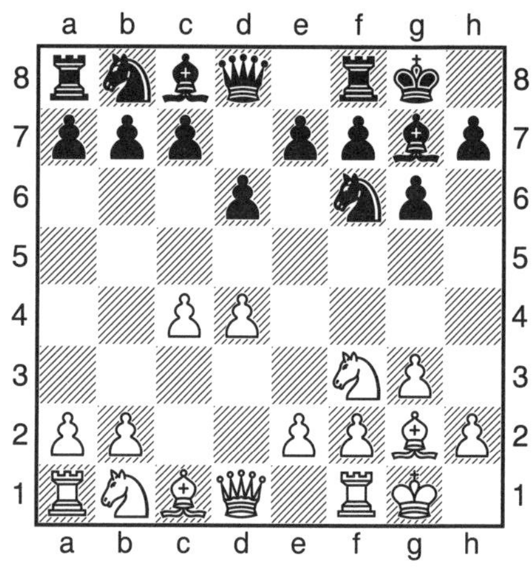

1b) Schwarz am Zug

In dieser Version des Königsinders besetzt Weiß das Zentrum nicht so schnell. Nach 6...♘bd7 7 ♘c3 e5 hat Schwarz Ideen, selbst mit ...e4 vorzupreschen.

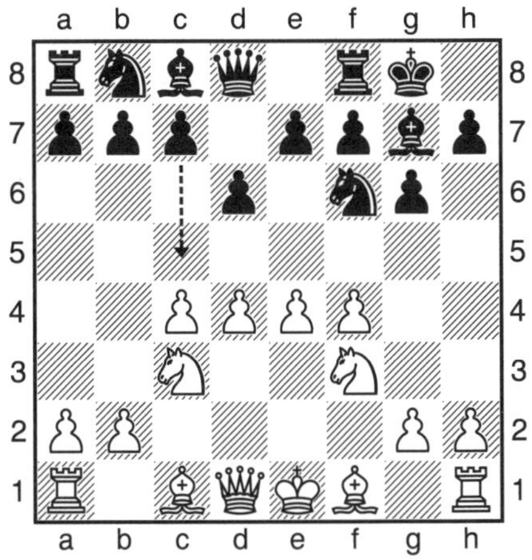

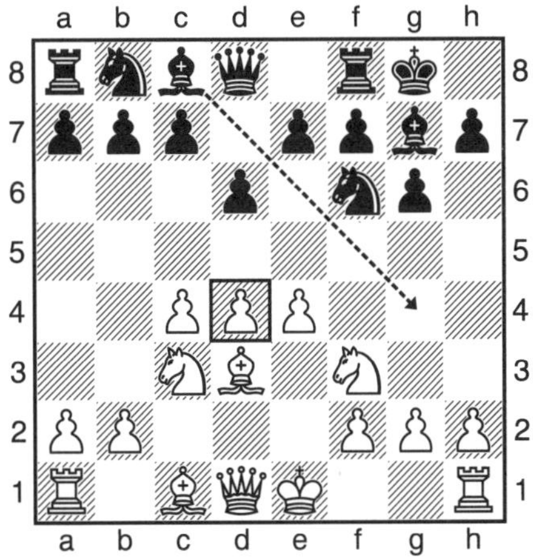

2) Schwarz am Zug

Im Vierbauernangriff nimmt Weiß mit 5 f4 0-0 6 ♘f3 das ganze Zentrum in die Hand. Schwarz kann mit 6...c5 dagegenhalten und 7 dxc5 mit 7...♕a5 beantworten (z. B. 8 cxd6? ♘xe4), während 7 d5 e6 einem Benoni ähnelt.

3) Schwarz am Zug

Weiß hat unvorsichtig 5 ♗d3 0-0 6 ♘f3?! gespielt (6 ♘ge2 ist besser). 6...♗g4! zeigt, dass Weiß das Feld d4 vernachlässigt hat, und 7 h3 ♗xf3 8 ♕xf3 ♘c6 9 ♗e3 ♘d7 10 ♘e2?? ♘de5! nutzt dies aus.

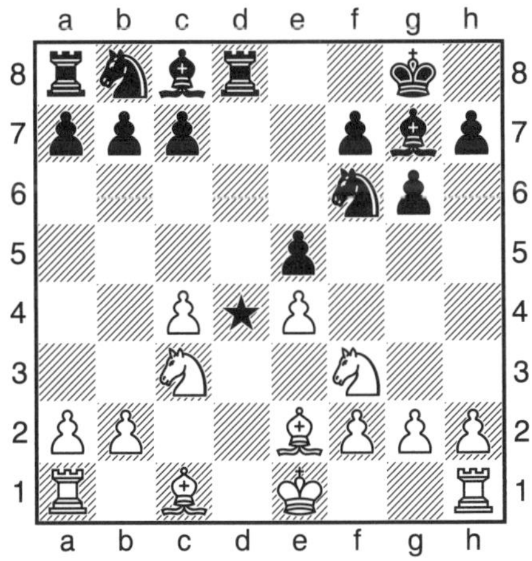

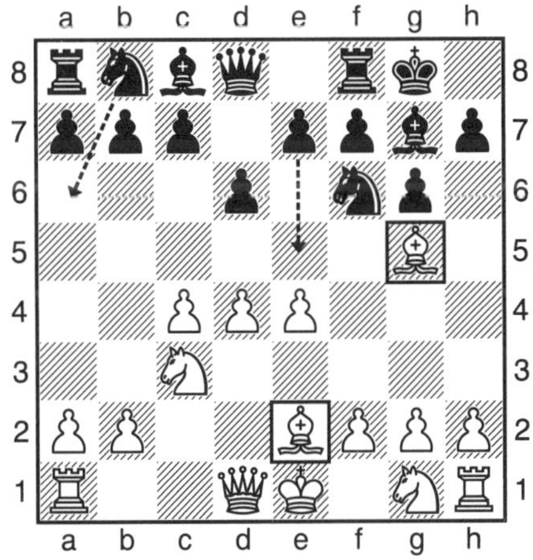

4) Weiß am Zug

Die Abtauschvariante, 5 ♘f3 0-0 6 ♗e2 e5 7 dxe5 dxe5 8 ♕xd8 ♖xd8, ist ein Versuch, dem Königsinder den Spaß zu verderben. Aber sogar hier kann Schwarz hoffen, das schwache Feld d4 auszunutzen.

5) Schwarz am Zug

5 ♗e2 0-0 6 ♗g5 ist eine flexible Idee, die eine Falle aufstellt: 6...e5?? 7 dxe5 dxe5 8 ♕xd8 ♖xd8 9 ♗xf6 ♗xf6 10 ♘d5 kostet den Nachziehenden Material. Er tut besser daran, 6...♘a6 vor ...e5 zu spielen, und 6...c5 ist ebenfalls okay.

BÄRENSTARKE ERÖFFNUNG 41

Königsindisch: Hauptvarianten

Die unwiderstehliche Kraft trifft das unbewegliche Objekt

Nach **1 d4 ♘f6 2 c4 g6 3 ♘c3 ♗g7 4 e4 d6** *(1a)* muss Weiß entscheiden, wie er seine Figuren entwickelt. Dafür scheint es viele Wege zu geben, während die schwarzen Optionen scheinbar begrenzter sind. Doch Weiß muss ein bisschen aufpassen, denn das Feld d4 kann leicht schwach werden, und er sollte vermeiden, dass seine Figuren sich gegenseitig blockieren. Die beliebtesten und harmonischsten sind das Sämisch- und das Klassische System. Im Sämisch spielt Weiß 5 f3 0-0 6 ♗e3 *(5)* und wählt seine nächsten paar Züge je nach der schwarzen Antwort (♕d2, ♘ge2 und ♗d3 sind häufig anzutreffen). Das Klassische System entsteht nach 5 ♘f3 0-0 6 ♗e2. Exotische Züge wie 6...♘c6 und 6...♗g4 erreichen gegen diesen soliden Aufbau wenig, und 6...c5 7 0-0 cxd4 8 ♘xd4 gibt Weiß einen angenehmen Maroczy. Also ist 6...e5 *(1b)* die traditionelle Antwort, wonach die Frage ist, wie die Spannung im Zentrum gelöst wird: Weiß kann abtauschen (7 dxe5 – siehe Seite 93), vorziehen (7 d5) oder es Schwarz überlassen, ob er auf d4 tauscht. Nach 7 0-0 ist das Gängigste, die Sache mit 7...♘c6 8 d5 ♘e7 *(3)* zu klären.

Grundlegende Stellungen in den Königsindischen Hauptvarianten

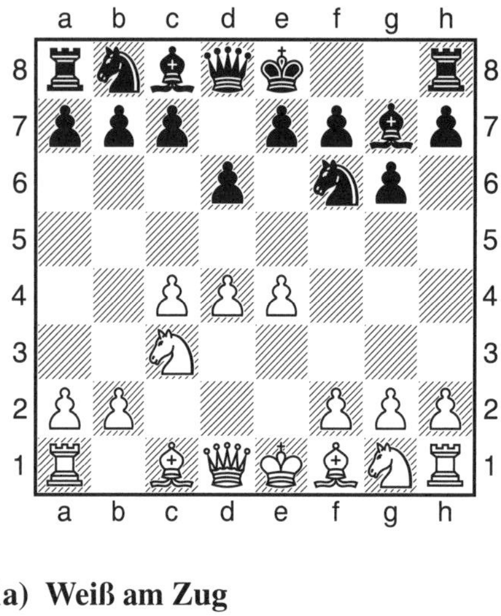

1a) Weiß am Zug

Weiß sollte sich flexibel entwickeln und eine gute Antwort auf alle schwarzen Pläne, vor allem den Vorstoß ...e5, parat haben. Die Punkte d4 und später e4 können leicht unter Beschuss geraten.

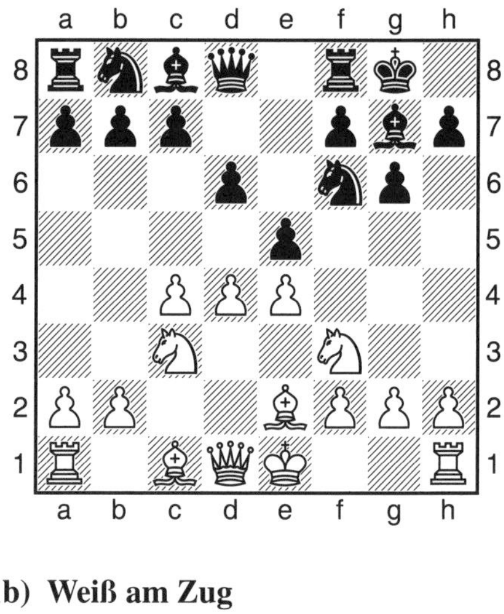

1b) Weiß am Zug

7 d5 sichert sich Raumvorteil, aber gibt dem schwarzen Springer das Feld c5. 7 0-0 hält die Spannung, und nach 7...exd4 8 ♘xd4 hat Schwarz wenig echtes Gegenspiel.

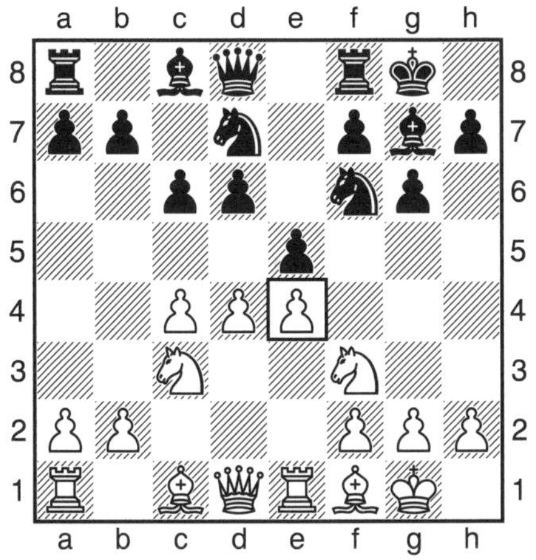

2) Schwarz am Zug

Hier ist 7 0-0 ♘bd7 8 ♖e1 c6 9 ♗f1 gespielt worden. Beide Seiten machen vernünftige Züge, egal wie die Zentrumsspannung gelöst wird. Beachte die weiße Kontrolle über e4.

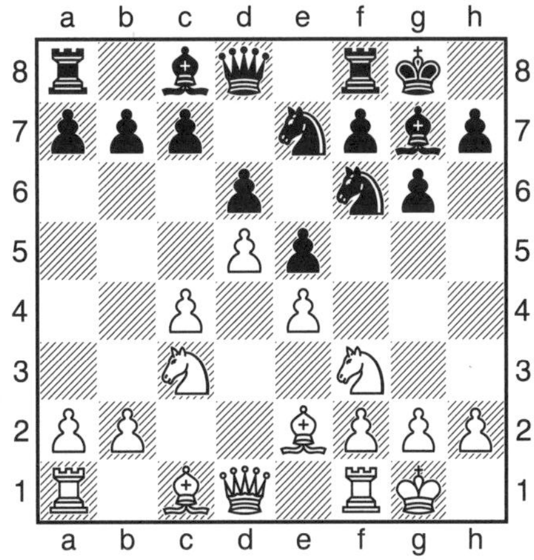

3) Weiß am Zug

Weiß wird am Damenflügel angreifen, während Schwarz auf den weißen König losgeht. 9 b4 ♘h5 ist eine Möglichkeit, aber oft versucht Weiß, sich mit 9 ♘e1 ♘d7 10 ♘d3 *(4)* umzugruppieren.

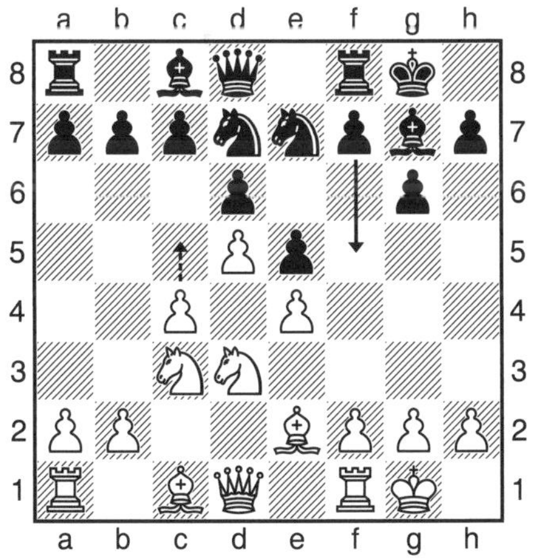

4) Schwarz am Zug

Weiß bereitet den Vorstoß c5 vor, und 10...f5 11 ♗d2 ♘f6 (11...f4?! 12 ♗g4!) 12 f3 gibt Schwarz ein Problem. 12...f4 13 g4! bremst seinen Angriff aus, aber mit 12...♔h8 kann er sich mehr Pläne offen halten, wie ...♘eg8 & ...♗h6, oder ...h5 & ...f4.

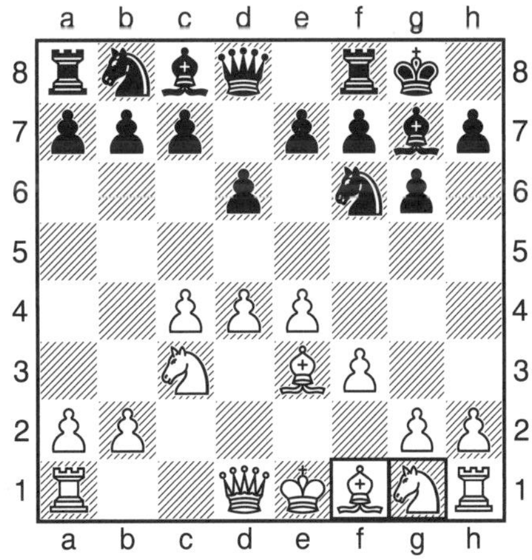

5) Schwarz am Zug

Weiß hat e4 mit seinem f-Bauern gedeckt, ohne Manöver wie ♘f3-e1. 6...♘c6 7 ♗d3?! (7 ♘ge2 blockiert den Läufer, aber ist besser) 7...e5 8 ♘ge2? ♘g4! zeigt einen Nachteil. Andere Spielweisen sind 6...e5 7 d5 oder das Bauernopfer 6...c5!?.

BÄRENSTARKE ERÖFFNUNG 42

Grünfeld-Verteidigung: Einleitung

Für Spieler, die gern Bauernzentren attackieren

Obwohl es mit dem Königsinder eng verwandt ist, ist das Grünfeld ein ganz anderes Tier. Wie im Königsinder beginnt Schwarz mit ...♘f6 und ...g6. Aber dann, gerade bevor Weiß e4 ziehen kann, spielt Schwarz ...d5. Die Standardzugfolge ist **1 d4 ♘f6 2 c4 g6 3 ♘c3 d5** *(1a)*. Es mag so aussehen, als sollte dies den Weißen davon abhalten, ein „ideales" Bauernzentrum aufzubauen, nur dass Weiß nach 4 cxd5 ♘xd5 5 e4 genau das geschafft hat und außerdem mehr Zentrumsbauern besitzt. Tatsächlich ist der schwarze Plan, die weißen Bauern nach vorne zu locken und anzugreifen, wie nach 5...♘xc3 (dieser Abtausch ist der Grund, warum Schwarz wartet, bis Weiß seinen Springer entwickelt, bevor er ...d5 spielt) 6 bxc3 ♗g7 7 ♘f3 c5. Alle schwarzen Figuren können beim Angriff gegen d4 mithelfen, wofür ...♗g4, ...♕a5 und ...♘c6 nützliche Ideen sind.

Der kritische Unterschied zum Königsinder ist, dass das Zentrum selten blockiert wird und es zu einem sofortigen Zusammenstoß der beiden Armeen kommt. Doch das heißt manchmal, dass es Abtauschaktionen und frühe Abwicklungen ins Endspiel gibt.

Grundlegende Stellungen in der Grünfeld-Verteidigung

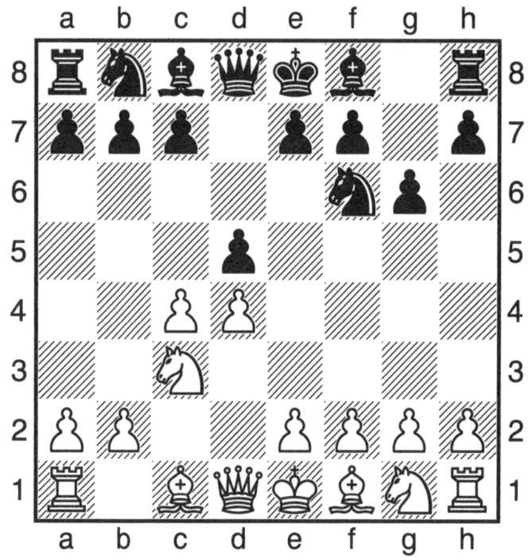

1a) Weiß am Zug

4 cxd5 betrachten wir im nächsten Abschnitt. Weiß kann den Bauern d5 auch mit 4 ♗g5 unterminieren (seinen Verteidiger angreifen) oder ihn mit 4 ♘f3 ♗g7 5 ♕b3 *(4)* angreifen.

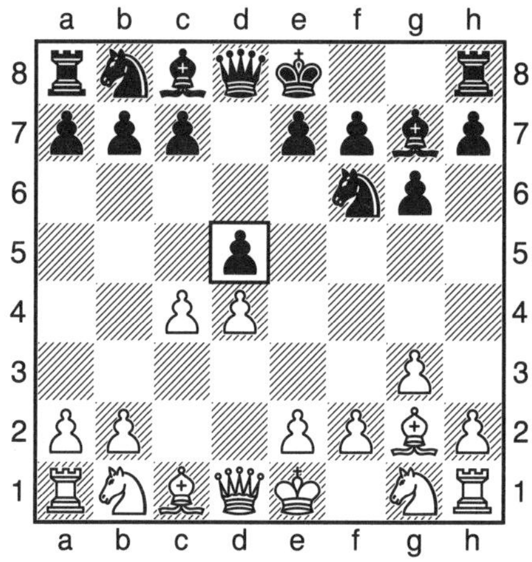

1b) Weiß am Zug

Eine andere Art von Grünfeld. Weiß hat 3 g3 ♗g7 4 ♗g2 gespielt, aber Schwarz hat trotzdem 4...d5 geantwortet. Nach 5 cxd5 ♘xd5 6 e4 ♘b4 droht Schwarz, den Bauern d4 zu gewinnen.

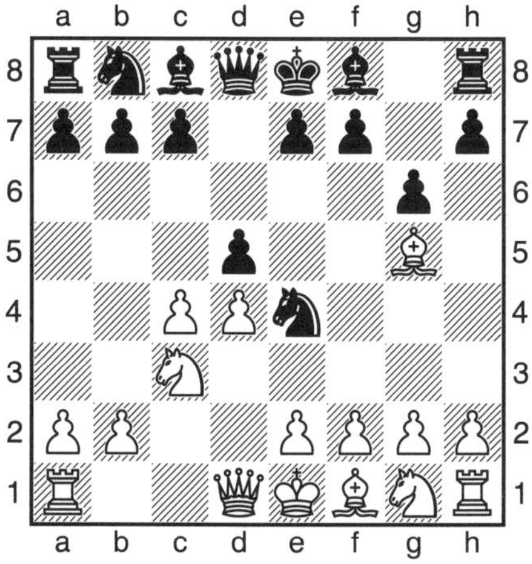

2) Weiß am Zug

Die Position nach 4 ♗g5 ♘e4!. Im Grünfeld sollte Schwarz immer nach den aggressivsten Ideen suchen und nie passiv spielen. 5 ♗f4 ♘xc3 6 bxc3 ♗g7 7 e3 c5! setzt in diesem Sinne fort.

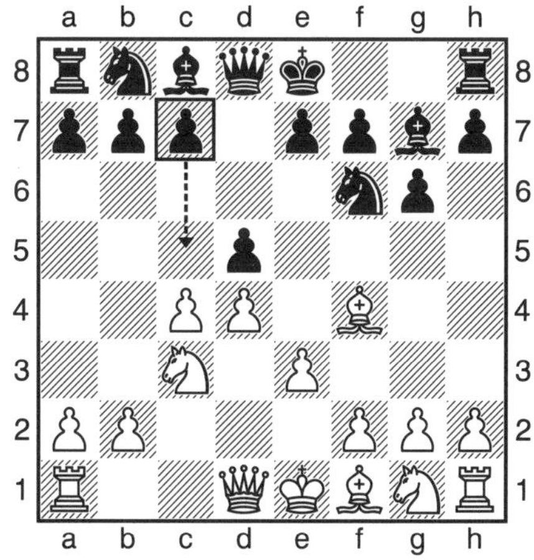

3) Schwarz am Zug

Hier haben wir 4 ♗f4 ♗g7 5 e3. Nun ist 5...c5!? 6 dxc5 ♕a5! eine typische Methode. 7 ♖c1 kann mit 7...♘e4!? 8 cxd5 ♘xc3 9 ♕d2! oder 7...dxc4 8 ♗xc4 0-0 9 ♘e2 beantwortet werden, in beiden Fällen mit scharfem Spiel.

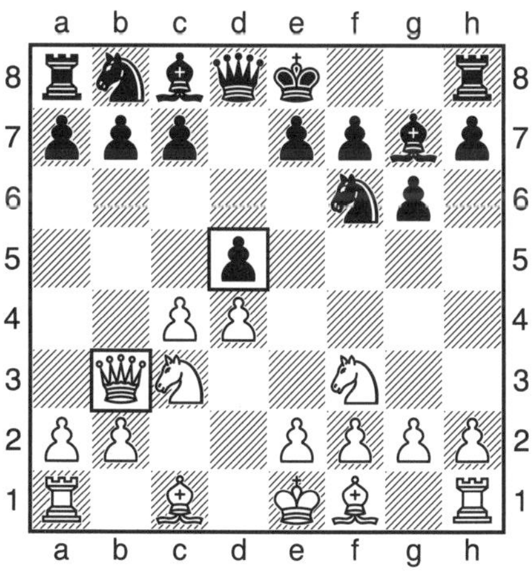

4) Schwarz am Zug

Das Russische System. Die einzige aktive Option für Schwarz ist 5...dxc4 6 ♕xc4 0-0 7 e4, wonach Weiß ein perfektes Bauernzentrum, aber eine exponierte Dame hat. Schwarz muss mit all seiner Kraft dagegenhalten: Eine Möglichkeit ist 7...a6 *(5)*.

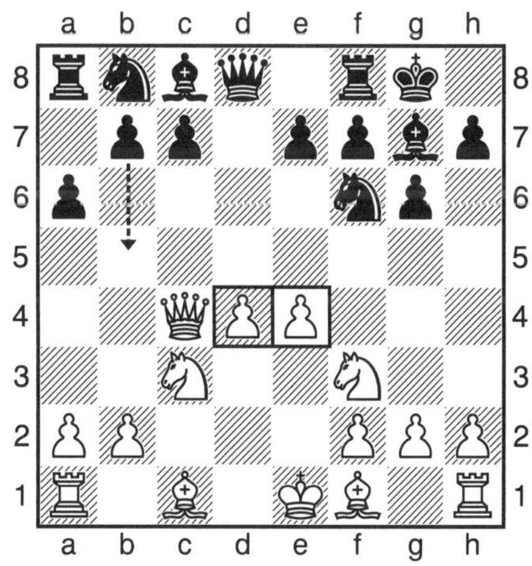

5) Weiß am Zug

Die listige Pointe dieses Zugs ist, dass Weiß ...b5 nicht verhindern kann: Nach 8 a4? b5! 9 axb5? axb5 verliert Weiß Turm oder Dame. Aber 8 e5 b5 9 ♕b3 ♘fd7 10 e6 fxe6 11 ♗e3 stellt Schwarz vor mehr Fragen.

BÄRENSTARKE ERÖFFNUNG 43 Grünfeld: Abtauschvariante

Das Angebot des Raumvorteils annehmen

Weiß nimmt die Einladung an, ein großes Bauernzentrum aufzubauen, und fordert Schwarz zum Konterangriff heraus. Nach **1 d4 ♘f6 2 c4 g6 3 ♘c3 d5 4 cxd5 ♘xd5 5 e4 ♘xc3 6 bxc3 ♗g7** *(1a)* sind die weißen Bauern zweifellos anfällig (insbesondere der auf c3). Sie können auch als kraftvoller Rammbock dienen: Im Mittelspiel bieten sie Deckung für einen Königsangriff, und im Endspiel können sie Schwarz überrennen und einen gewinnträchtigen Freibauern bilden. Schwarz muss äußerst wachsam sein und jedes Stückchen Gegenspiel und jede taktische Chance nutzen, die seine Figuren schaffen können. Früher spielte Weiß automatisch 7 ♗c4 c5 8 ♘e2 *(1b)*, um die Fesselung durch ...♗g4 zu vermeiden. Auch der Vorstoß des weißen f-Bauern kann eine starke Angriffsidee sein. Die Varianten nach 8...♘c6 9 ♗e3 0-0 10 0-0 *(2)* sind scharf und kritisch, aber Schwarz profitiert oft davon, dass der Springer auf e2 keine Kontrolle über e5 hat. Daher hat 7 ♘f3 an Beliebtheit gewonnen. Nach 7...c5 *(3)* entfernt das seltsam aussehende 8 ♖b1 0-0 9 ♗e2 *(4)* einfach die Angriffsziele von der langen Diagonale und stellt Schwarz vor komplexe Probleme.

Grundlegende Stellungen in der Grünfeld-Abtauschvariante

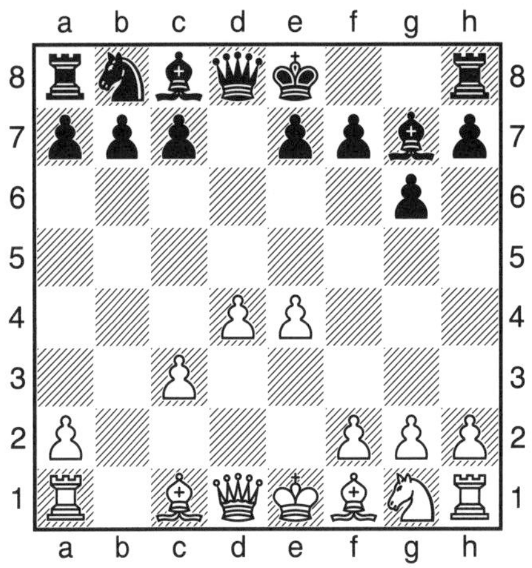

1a) Weiß am Zug

Der Anziehende wird sein Zentrum mit seinen Figuren stützen, um die Bauern stark und beweglich zu halten. Schwarz wird versuchen, das weiße Bauernzentrum aufzubrechen und zu schwächen.

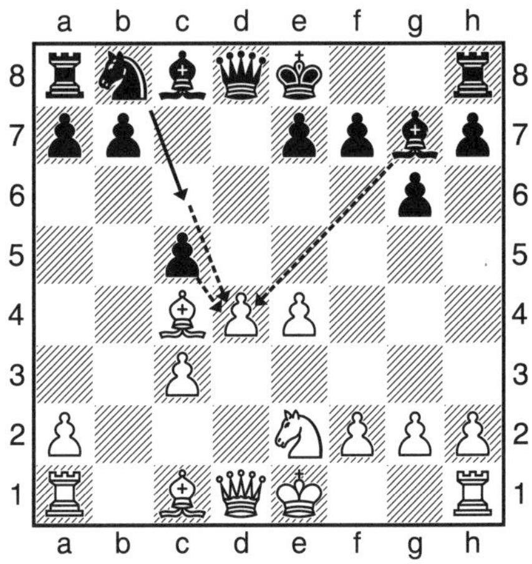

1b) Schwarz am Zug

Nach 8...♘c6 bringt 9 d5 wenig ein, denn 9...♘e5 gewinnt Zeit, indem es den Läufer angreift. 9 ♗e3 0-0 10 ♖c1, mit der Absicht h4-h5, ist eine interessante Angriffsidee.

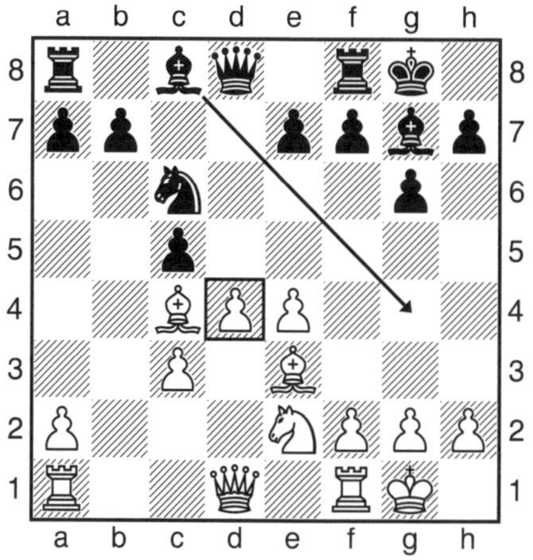

2) Schwarz am Zug

10...♗g4 11 f3 ♘a5 startet den Kampf sofort. 12 ♗xf7+ gewinnt einen nicht so wertvollen Bauern. Nach 12 ♗d3 cxd4 13 cxd4 ♗e6 ist die schwarze Kontrolle über c4 mit dem Bauernopfer 14 ♖c1 ♗xa2 oder dem Qualitätsopfer 14 d5!? ♗xa1 15 ♕xa1 zu brechen.

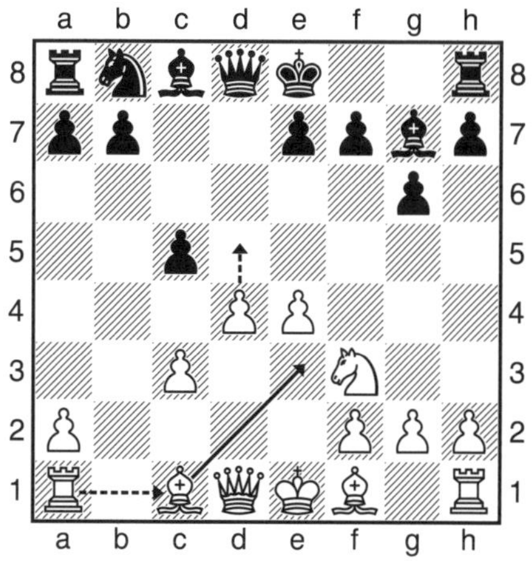

3) Weiß am Zug

Wenn der Springer das Feld e5 deckt, ist der weiße Vorstoß d5 eine echte Idee. Nach 8 ♗e3 ♕a5 9 ♕d2 ♘c6 10 ♖c1 (mit der Drohung d5!) sollte Schwarz mit 10...cxd4 11 cxd4 ♕xd2+ 12 ♔xd2 0-0 in ein komplexes Endspiel abwickeln.

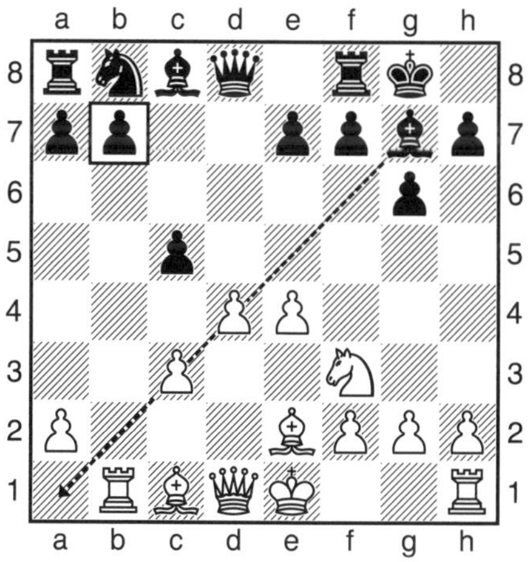

4) Schwarz am Zug

Der Druck gegen b7 vereitelt 9...♗g4. Nach 9...♘c6 10 d5! ist 10...♗xc3+ ein riskanter Bauernraub, und 10...♘e5 11 ♘xe5 ♗xe5 12 ♕d2 führt zu scharfem Spiel im Zentrum.

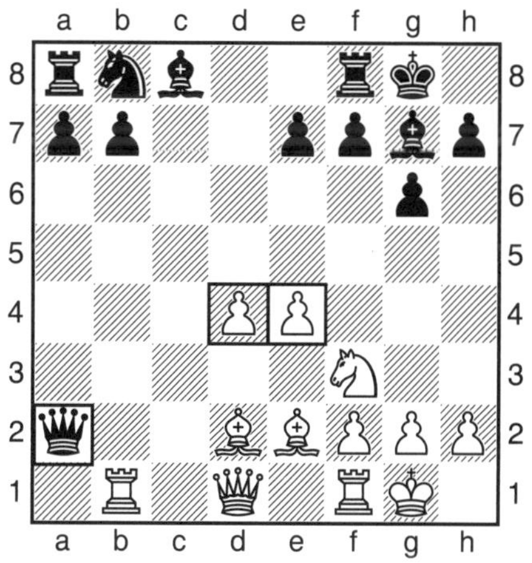

5) Schwarz am Zug

Die Züge 9...cxd4 10 cxd4 ♕a5+ 11 ♗d2 ♕xa2 12 0-0 führen zu dieser kritischen Stellung. Weiß hat ein ideales Bauernzentrum, und Schwarz hat Entwicklungsprobleme.

BÄRENSTARKE ERÖFFNUNG 44

Damenindisch und Bogoindisch

Das Zentrum mit Figuren kontrollieren

Nach **1 d4 ♘f6 2 c4 e6** kann Weiß die Nimzoindische Verteidigung (3 ♘c3 ♗b4 – siehe Seite 102) vermeiden, indem er **3 ♘f3** spielt. Schwarz hat zwei besondere Pläne, die beide zu einem Manövrierspiel führen. Erstens kann er das beliebte **3...b6** *(1a)* spielen, die Damenindische Verteidigung. Die Idee ist, mit ...♗b7 die Kontrolle über die lange Diagonale anzustreben, insbesondere die kritischen Felder d5 und e4. Die beliebteste weiße Antwort ist, seinen eigenen Läufer mit 4 g3 ♗b7 5 ♗g2 zu fianchettieren, worauf normalerweise 5...♗e7 6 0-0 0-0 7 ♘c3 *(2)* folgt. 4 ♘c3 kämpft sofort um e4 und d5. Dann führt 4...♗b4 auf Nimzoindisches Gebiet – wir untersuchen 5 ♗g5 auf Seite 104. Nach 4...♗b7 ist eine Idee 5 a3 *(3)*, was ...♗b4 verhindert und 6 d5 droht. Schwarz kann 5 ♗g5 mit dem soliden 5...♗e7 oder mit 5...h6!? beantworten. Schwarz kann mit **3...♗b4+** *(1b)* auch Bogoindisch spielen. Wenn Weiß das Schach mit 4 ♗d2 blockiert, deckt 4...♕e7 *(4)* den Läufer. Manchmal wählt Weiß 4 ♘bd2 *(5)*, was eine Figur entwickelt und 5 a3 vorbereitet.

Grundlegende Stellungen im Damenindisch und Bogoindisch

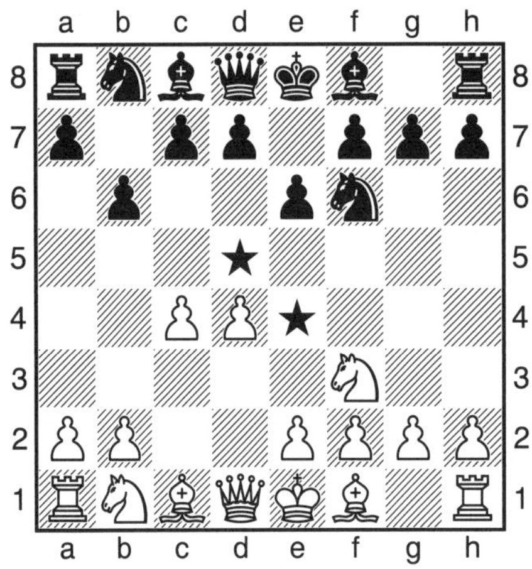

1a) Weiß am Zug
Schwarz kontrolliert das Zentrum mit seinen Figuren und beeilt sich nicht, mit den Bauern vorzurücken. In der Regel wird Weiß die Besetzung des Zentrums anstreben. 4 g3 ist ein beliebter Weg, auf der langen Diagonale dagegenzuhalten.

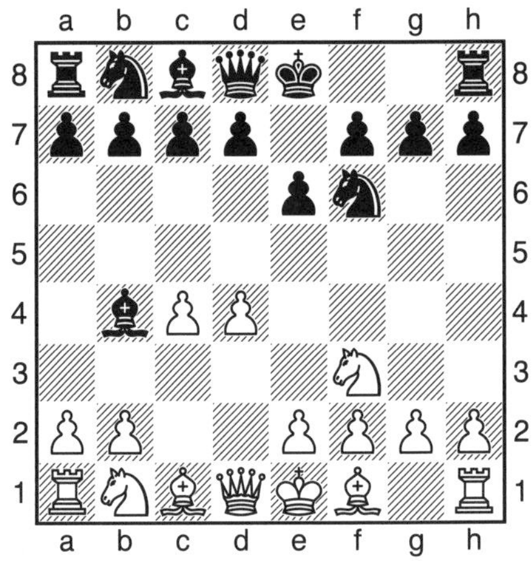

1b) Weiß am Zug
Schwarz spielt so schnell wie möglich den Läufer heraus, um zu rochieren. Wenn Weiß 4 ♘c3 zieht, ist er auf Nimzoindischem Gebiet (Seite 104), aber er kann auch eine Figur nach d2 stellen, um das Schach zu blockieren.

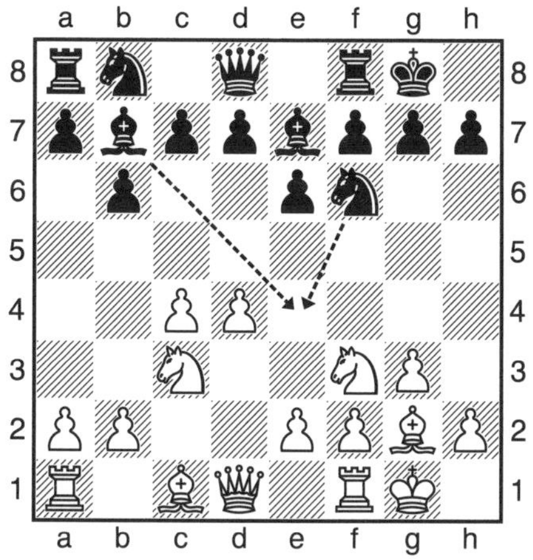

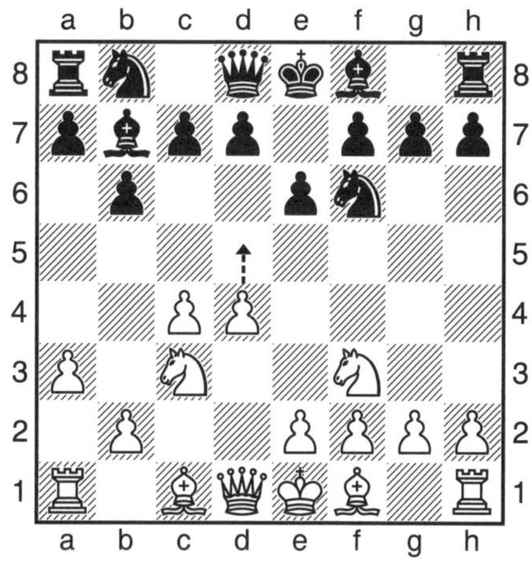

2) Schwarz am Zug

Weiß ist bereit, 8 d5 oder 8 ♕c2 mit der Idee e4 zu spielen. Schwarz kann diesen Plan ausbremsen, indem er 7...♘e4 zieht, wonach er bereit ist, Figuren zu tauschen und entweder ...f5 oder ...♗f6 zu spielen. Erwarte ein langsames Spiel.

3) Schwarz am Zug

Nach 5...♗e7? 6 d5! bekommt Weiß das Zentrum fest in den Griff und stellt den Läufer b7 schlecht. 5...d5! übernimmt einen Teil des Zentrums und kann zu ähnlichen Stellungen wie im Abgelehnten Damengambit führen.

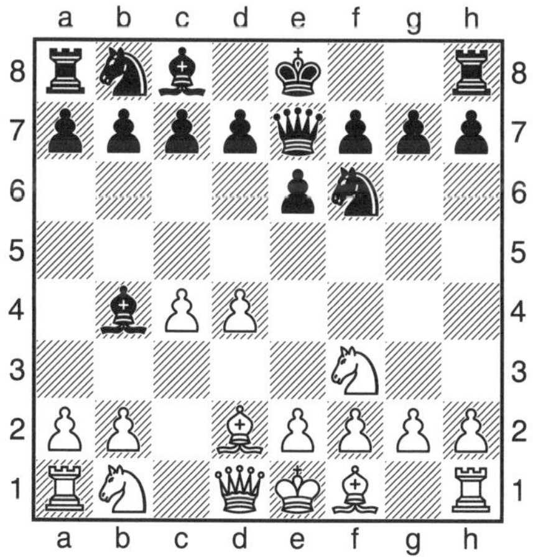

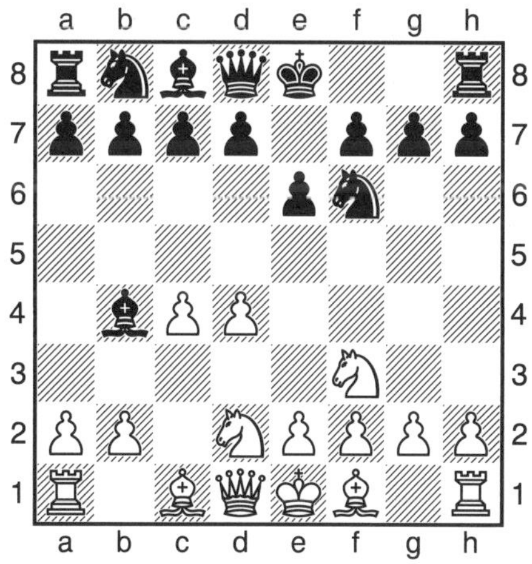

4) Weiß am Zug

Nun sollte Weiß 5 ♗xb4?! ♕xb4+ 6 ♕d2 ♘c6! 7 ♕xb4 ♘xb4 vermeiden. 8 ♔d1? erlaubt dann 8...♘e4!, aber das unbeholfene 8 ♘a3 verdammt den Springer zu einem traurigen Leben am Brettrand. 5 g3 ♘c6 6 ♘c3 ist normal.

5) Schwarz am Zug

Weiß plant als nächsten Zug a3, was den starken schwarzen Läufer entweder zurückdrängt oder ihn gegen den passiven Springer abtauscht. Nach 4...0-0 hat Schwarz Entwicklungsvorsprung und kann z. B. ...b6 und ...♗b7 spielen.

BÄRENSTARKE ERÖFFNUNG 45

Nimzoindisch: Einleitung

Nimzowitschs wunderbare Erfindung

1 d4 ♘f6 2 c4 e6 3 ♘c3 ♗b4 *(1a)* ist die Nimzoindische Verteidigung, vielleicht die komplexeste Schacheröffnung, was die Strategie angeht. Die ersten drei schwarzen Züge streben eine schnelle Entwicklung an (er ist bereit zu rochieren), sowie die Kontrolle der weißen Felder e4 und d5. Weiß entwickelt sich meist langsamer, aber oft bekommt er das Läuferpaar und Raumvorteil als Kompensation. Diese Ideen zeigen sich nach 4 a3 ♗xc3+ 5 bxc3 0-0 6 e3 c5 7 ♗d3 ♘c6 8 ♘e2 b6 9 e4 *(1b)*, ebenso wie nach 4 e3 c5 5 ♗d3 ♘c6 6 ♘f3 ♗xc3+ 7 bxc3 d6 8 e4 e5 *(2)*. Schwarz möchte die Stellung schließen, und Weiß kann versuchen, sie mit 9 d5 ♘e7 10 ♘h4 h6 11 f4 *(3)* aufzubrechen. Diese Varianten können sich dank seiner flinken Springer leicht zu schwarzem Vorteil wenden. Eine andere weiße Strategie besteht darin, seinen Springer nach e2 zu stellen, um den auf c3 zu decken, zum Beispiel 4 e3 c5 5 ♘e2 cxd4 6 exd4 d5 7 a3 *(4)*. Eine ähnliche Idee ist 4 e3 c5 5 ♗d3 d5 6 ♘e2 cxd4 7 exd4 *(5)*. Das vermeidet die Bauernverdopplung, aber der Springer e2 kann sich als ungeschickt postiert erweisen.

Grundlegende Stellungen im Nimzoinder

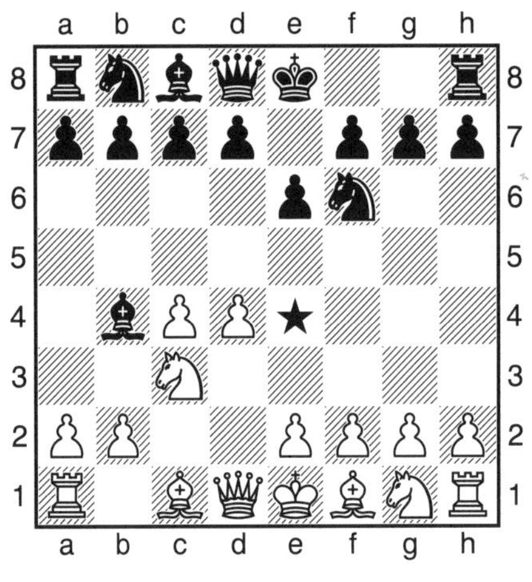

1a) Weiß am Zug

Weiß würde gern ein großes bewegliches Bauernzentrum aufbauen, indem er e4 und eventuell f4 spielt. Schwarz wird das zu stoppen versuchen, zuerst mit Figuren, aber wenn nötig auch mit Bauernzügen (...e5, ...d5 oder ...c5).

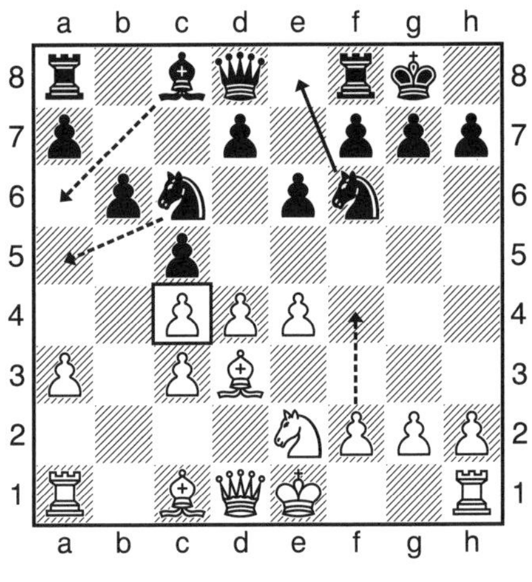

1b) Schwarz am Zug

Schwarz plant, c4 mit ...♗a6 und ...♘a5 anzugreifen, während Weiß versucht, mit f4, e5 und f5 zum schwarzen König durchzubrechen. Um das (und eine Fesselung durch ♗g5) zu verhindern, spielt Schwarz 9...♘e8 und ...f5 oder ...f6.

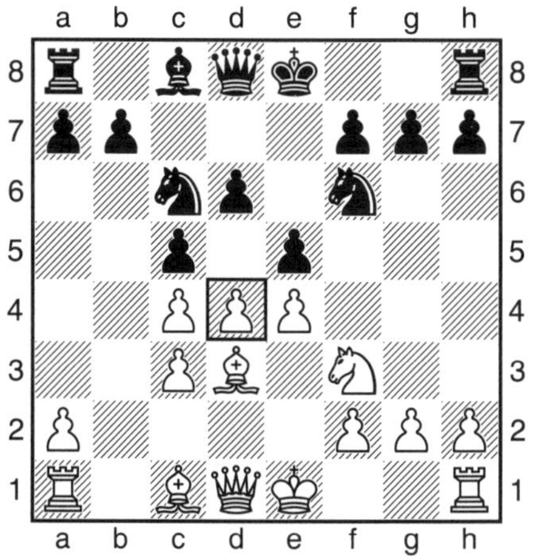

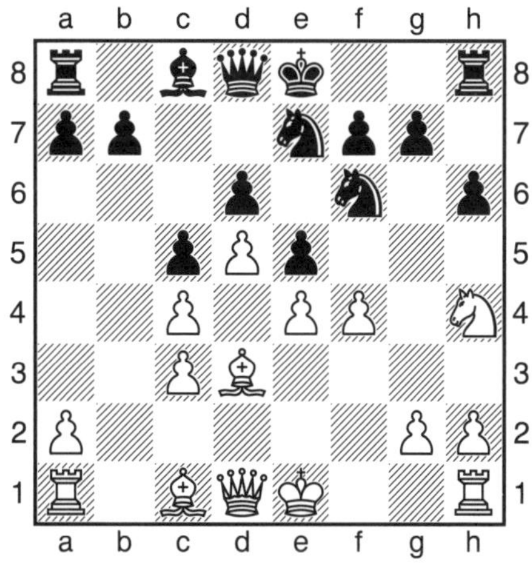

2) Weiß am Zug

Weiß muss sich entwickeln und das Spiel für seine Läufer öffnen. Schwarz möchte das Zentrum blockieren, da seine Springer in einer geschlossenen Stellung stark sind. 9 h3 h6 10 0-0 0-0 11 ♗e3 ist ein Weg, die Spannung im Zentrum zu halten.

3) Schwarz am Zug

Weiß versucht, die Stellung zu öffnen, basierend auf dem Trick 11...exf4?! (der korrekte Zug ist 11...♘g6!) 12 ♗xf4 g5?! 13 e5!, und egal wie Schwarz schlägt, erwachen die weißen Figuren zum Leben.

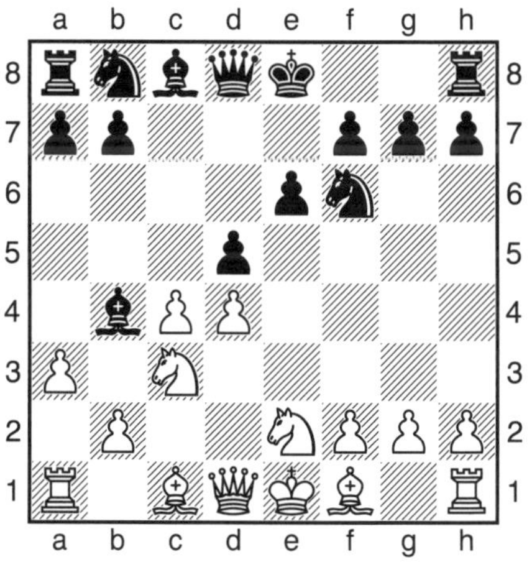

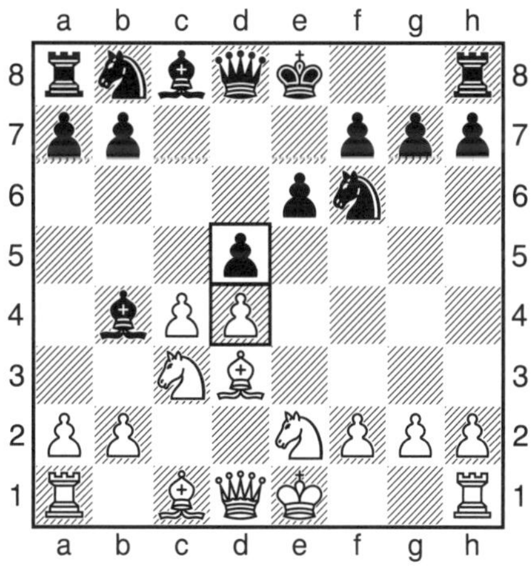

4) Schwarz am Zug

7...♗xc3+ 8 ♘xc3 kann die weißen Bauern nicht verdoppeln. Nach 7...♗e7!? bleibt der Springer e2 im Weg stehen. Das einfache 8 cxd5 ♘xd5 9 ♘xd5 ♕xd5 ist bequem für Schwarz, aber 8 ♘f4 ist ehrgeiziger.

5) Schwarz am Zug

Mit 7...dxc4 8 ♗xc4 oder 7...♘c6 8 cxd5 ♘xd5 9 0-0 0-0 gibt Schwarz dem Weißen einen Isolani. In beiden Fällen hat Weiß Angriffschancen, aber Schwarz kann den anfälligen Bauern d4 aufs Korn nehmen.

BÄRENSTARKE ERÖFFNUNG **46**

Nimzoindisch: Hauptvarianten

Die Eröffnung, die in jede beliebige Richtung verlaufen kann

Die beliebteste Variante im Nimzoinder ist **1 d4 ♘f6 2 c4 e6 3 ♘c3 ♗b4 4 ♕c2** *(1a)*. Weiß verhindert die Doppelbauern (durch ...♗xc3+). Nun ist 4...0-0 5 a3 ♗xc3+ 6 ♕xc3 b6 7 ♗g5 ♗b7 *(1b)* solide. Mit dem Läufer auf b7 zielt Schwarz auf die Schlüsselfelder d5 und e4 ab. Der weiße Zug ♗g5 bringt den Läufer vor seine Bauern (vergleiche 4 e3). Wenn Weiß gegen 4...0-0 ein taktisches Spiel anstrebt, kann er 5 e4 spielen, wonach 5...d5 6 e5 ♘e4 7 a3 ♗xc3+ 8 bxc3 c5 9 ♗d3 *(2)* zu wilden Komplikationen führt. Als Antwort auf 4 ♕c2 kann Schwarz auch 4...d5 spielen. Dann sieht 5 cxd5 exd5 6 ♗g5 h6 7 ♗h4 *(3)* wie ein einfaches Damengambit aus, aber es kann chaotisch werden. Ein anderer sehr beliebter Zug ist 4 e3, wonach eine traditionelle Hauptvariante mit 4...0-0 5 ♗d3 d5 6 ♘f3 c5 7 0-0 ♘c6 8 a3 ♗xc3 9 bxc3 *(4)* weitergeht. Dynamischer ist 4 ♘f3, wonach 4...c5 5 g3!? versucht, auf der langen Diagonale h1-a8 Druck zu machen, während 4...b6 5 ♗g5 ♗b7 6 e3 h6 7 ♗h4 g5 8 ♗g3 ♘e4 9 ♕c2 *(5)* zu äußerst zweischneidigem Spiel führt.

Grundlegende Stellungen in den Nimzoindischen Hauptvarianten

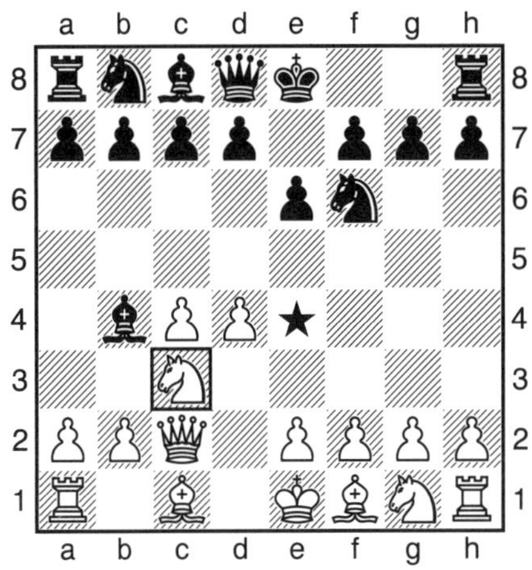

1a) Schwarz am Zug
Weiß deckt e4 und vermeidet Doppelbauern, aber er fällt in der Entwicklung zurück. Schwarz hat viele mögliche Antworten, darunter 4...d5, 4...c5 (was d4 angreift) und das flexible 4...0-0.

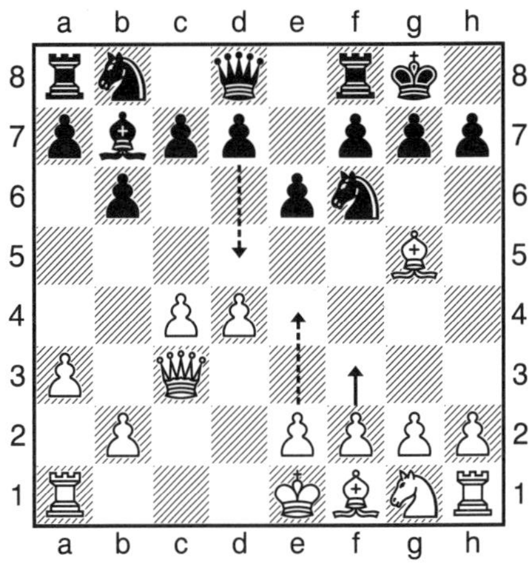

1b) Weiß am Zug
8 f3 beabsichtigt 9 e4, aber Schwarz kann das mit 8...h6 9 ♗h4 d5 stoppen. Nach 10 e3 ♘bd7 hat Weiß immer noch das Läuferpaar, aber Schwarz erfreut sich besserer Entwicklung. Beachte 11 cxd5 ♘xd5! mit Damentausch.

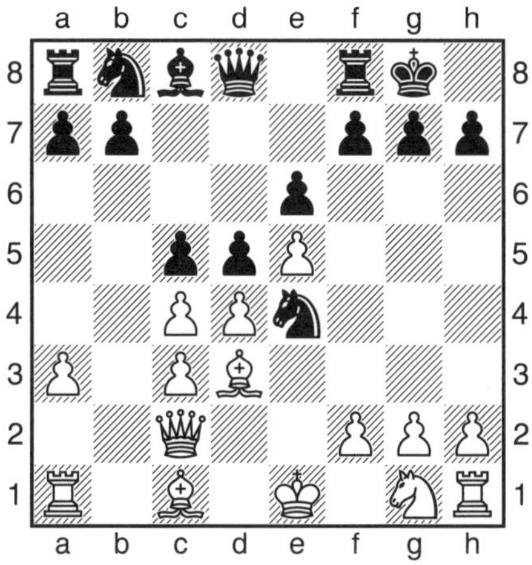

2) Schwarz am Zug

Ein taktisches Paradies. Der Gegenangriff mit 9...cxd4 10 cxd4 ♕a5+ provoziert das komplizierte 11 ♔f1!. Im Falle von 9...♕a5 setzen Varianten wie 10 ♘e2 cxd4 11 cxd5 exd5 12 f3! den Spaß fort.

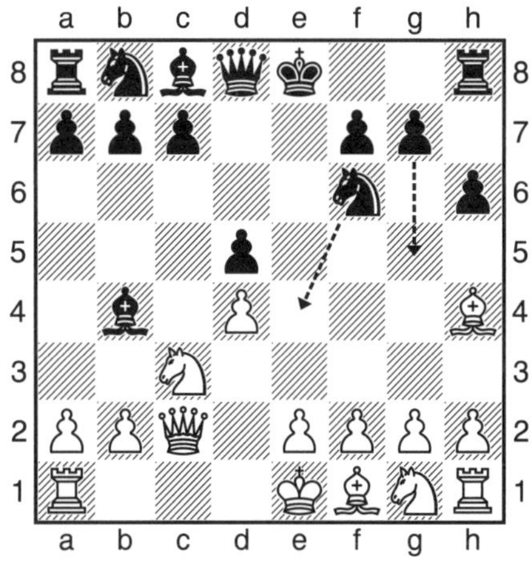

3) Schwarz am Zug

Schwarz kann ruhig spielen oder versuchen, die Sache mit 7...c5 8 dxc5 g5 9 ♗g3 ♘e4 10 e3 ♕a5 aufzureißen. Dann ist 11 ♘e2 ♗f5 12 ♗e5!? 0-0 13 ♘d4 eine verrückte Stellung mit einem Haufen taktischer Motive.

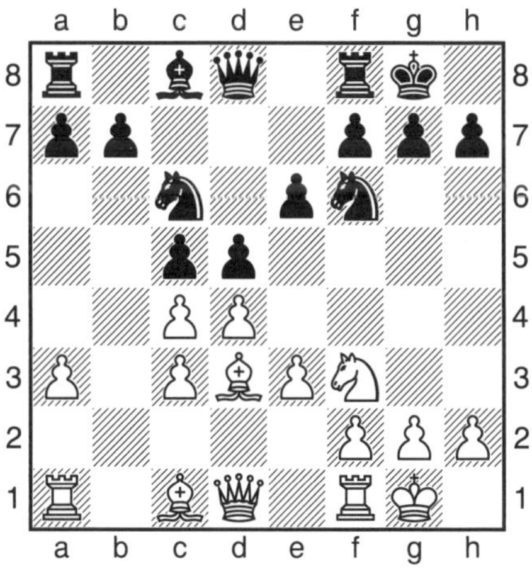

4) Schwarz am Zug

Wie immer ist das Läuferpaar ein Vorteil für Weiß, aber er wird Probleme haben, seinen Damenläufer herauszubekommen. Der Plan 9...dxc4 10 ♗xc4 ♕c7 bereitet ...e5 vor und gibt Schwarz faire Chancen.

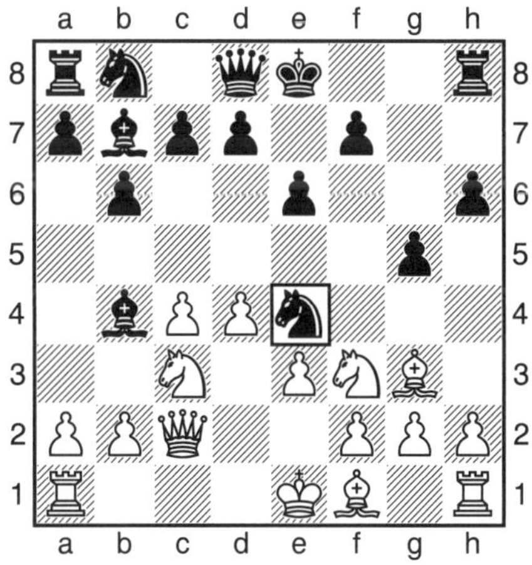

5) Schwarz am Zug

Die Fortsetzung 9...♗xc3+ 10 bxc3 d6 11 ♗d3 gibt dem Anziehenden eine schlechte Bauernstruktur, aber gute Zentrumskontrolle. Nach 11...♘xg3 12 fxg3!? oder 11...f5 12 d5 kann er auf Kosten von Struktur oder Material Linien öffnen.

BÄRENSTARKE ERÖFFNUNG 47

Sizilianisch mit vertauschten Farben

Weiß spielt Schwarz und Schwarz spielt Weiß

1 c4 ist die Englische Eröffnung. Weiß möchte das Zentrum kontrollieren, bevor er es besetzt, und oft hält er sich zurück, um später ein Konterspiel anzuzetteln. Eine beliebte Antwort ist **1...e5** *(1a)*, ein „umgekehrtes" Sizilianisch. Schwarz ist bereit, dem Weißen im Vergleich zum Sizilianer (1 e4 c5) einen zusätzlichen Zug zu geben, obwohl diese Eröffnung so beliebt ist. Meist bringen beide ihre Kräfte zunächst vorsichtig heraus. Diagramm 1b ist eine solide Hauptvariante: 2 ♘c3 ♘f6 3 ♘f3 ♘c6 4 g3 ♗b4 5 ♗g2 0-0 6 0-0. Die Sache wird lebhafter, wenn Schwarz mit 4...d5 5 cxd5 ♘xd5 6 ♗g2 *(2)* abweicht, einem umgekehrten Drachen. Die Variante 6...♘b6 7 0-0 ♗e7 8 d3 0-0 *(3)* gibt Weiß weniger Raum, aber bessere Entwicklung. Manchmal verzichtet Weiß auf das Fianchetto, zum Beispiel mit 4 e3 ♗b4 5 ♕c2 *(4)*. Es gibt viele andere Entwicklungsmöglichkeiten für beide Seiten, wie die häufig gespielte „Botwinnik-Struktur", die nach 2 ♘c3 ♘c6 3 g3 g6 4 ♗g2 ♗g7 5 e4 ♘ge7 6 ♘ge2 0-0 7 0-0 d6 *(5)* entsteht.

Grundlegende Stellungen im Sizilianisch mit vertauschten Farben

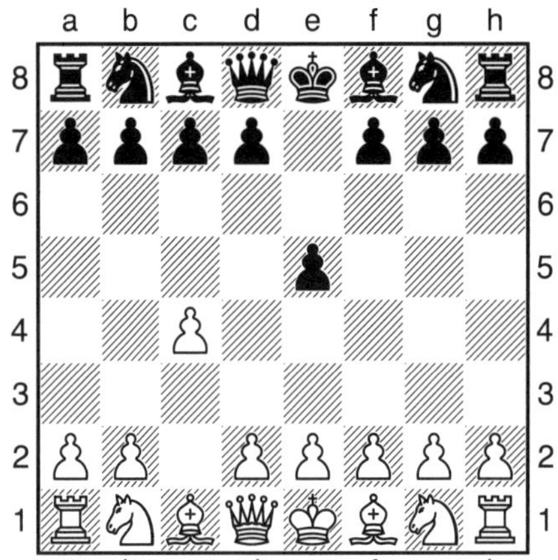

1a) Weiß am Zug

Schwarz spielt die „weiße" Seite des Sizilianers mit einem Zug weniger. Das sollte okay sein, aber er muss vermeiden, die aggressivsten weißen Systeme des Offenen Sizilianers zu kopieren. Mit einem Zug weniger werden sie nicht funktionieren!

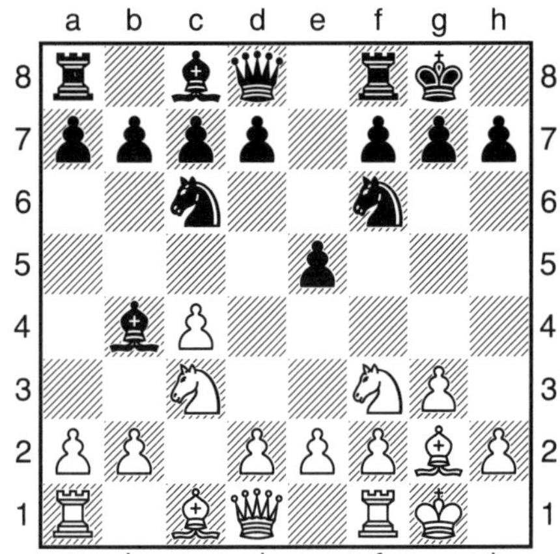

1b) Schwarz am Zug

Schwarz kann mit 6...e4 7 ♘g5 ♗xc3 8 bxc3 ♖e8 Raum gewinnen. Wenn Weiß 9 f3 spielt, um seinen Läufer g2 zu aktivieren, hat Schwarz entweder das simple 9...exf3 oder die Gambitidee 9...e3!?, was beides zu sehr offenem Spiel führt.

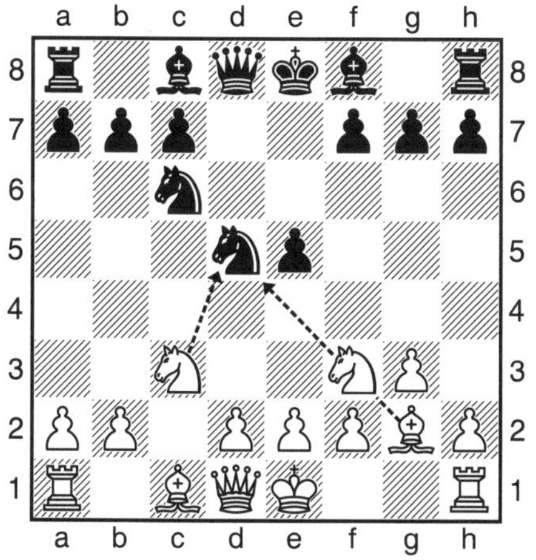

2) Schwarz am Zug

Dies ist eine Art „Umgekehrter Drachen“, mit vielen ähnlichen Themen. Aber Schwarz liegt einen Zug zurück und muss aufpassen. 6...♗e7? verliert einen Bauern nach 7 ♘xe5!, mit der Idee 7...♘xc3 8 ♗xc6+ bxc6 9 dxc3.

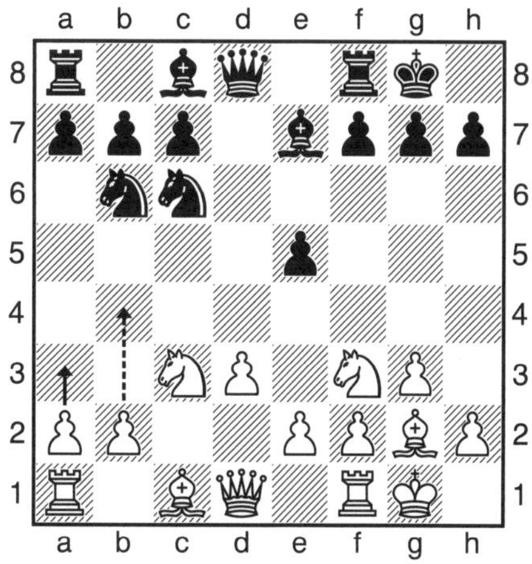

3) Weiß am Zug

Weiß kann ehrgeiziger sein, als Schwarz es in vielen Drachenvarianten ist, indem er sich mit 9 a3 ♗e6 10 b4 nebst ♗b2 am Damenflügel ausdehnt, wonach seine Läufer Druck aufs Zentrum ausüben.

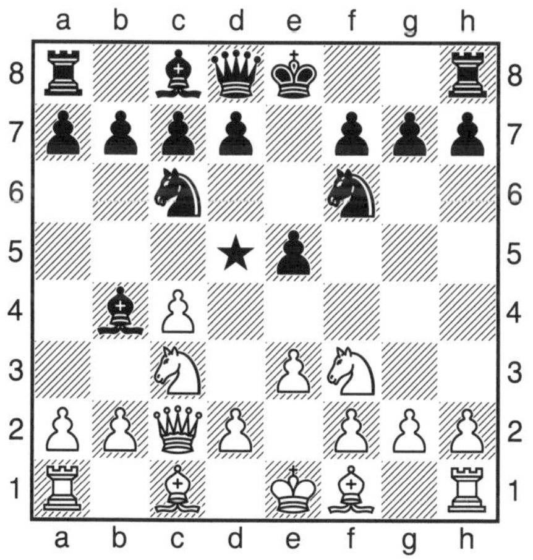

4) Schwarz am Zug

Hier stellt 5...0-0 6 ♘d5 einige Probleme auf, daher kann Schwarz mit 5...♗xc3 6 ♕xc3 ♕e7 nebst 7...d5 ums Zentrum kämpfen. Weiß ist immer noch ein paar Züge von der Rochade entfernt, weshalb Vorsicht angesagt ist.

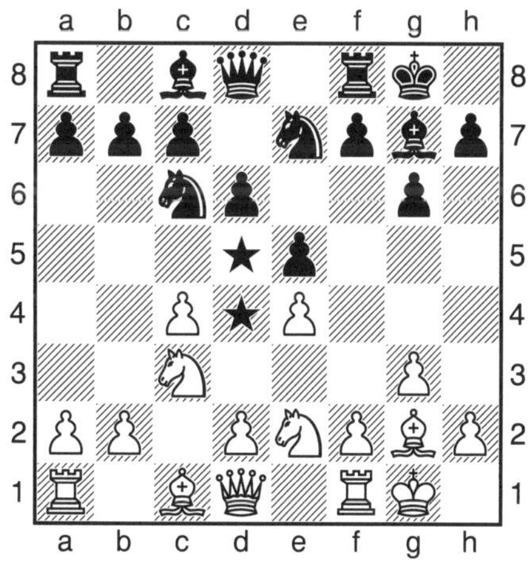

5) Weiß am Zug

Die weißen Bauern und Figuren haben das Feld d5 im Griff, und Schwarz hat einen potentiell starken Vorposten auf d4. Eine typische Fortsetzung ist 8 d3 ♗e6 9 ♘d5 f5 10 ♗e3 ♕d7. Weiß kann entweder den Vorstoß b4 oder f4 anstreben.

BÄRENSTARKE ERÖFFNUNG 48 Englisch: Symmetrische Variante

Alles was du tun kannst, kann ich besser

1 c4 c5 *(1a)* wird Symmetrisches Englisch genannt. Genau wie mit 1 d4 d5 oder 1 e4 e5 möchte Schwarz den Weißen unmittelbar konfrontieren, und Fortschritte lassen sich üblicherweise durch den Bauernvorstoß d4 (mit Weiß) oder d5 (mit Schwarz) machen. Aber es gibt eine Menge möglicher Aufbauten für beide Seiten, wobei manchmal alle oder fast alle Läufer fianchettiert werden! In einer traditionellen Variante, 1 c4 c5 2 ♘c3 ♘c6 3 ♘f3 ♘f6 4 g3 g6 5 ♗g2 ♗g7 6 0-0 0-0, stößt Weiß zuerst vor: 7 d4 *(1b)*. Der Zug d4 kann in dieser Variante auch früher kommen: 4 d4 cxd4 5 ♘xd4 e6 6 g3 *(2)*. Schwarz kann auch selbst auf ...d5 spielen, indem er 2 ♘c3 mit 2...♘f6 3 ♘f3 d5 4 cxd5 ♘xd5 beantwortet, wonach 5 g3 ♘c6 6 ♗g2 ♘c7 *(3)* möglich ist, oder die verrückt aussehende Variante 5 e4 ♘b4 6 ♗c4 ♘d3+ *(4)*. In der Variante 2 ♘f3 ♘f6 3 g3 b6 4 ♗g2 ♗b7 5 ♘c3 e6 6 0-0 ♗e7 *(5)* wird der schwarze Aufbau als Igel bezeichnet, denn wenn Weiß versucht, ihn anzugreifen, kann er leicht von den gegnerischen Stacheln gestochen werden!

Grundlegende Stellungen im Symmetrischen Englisch

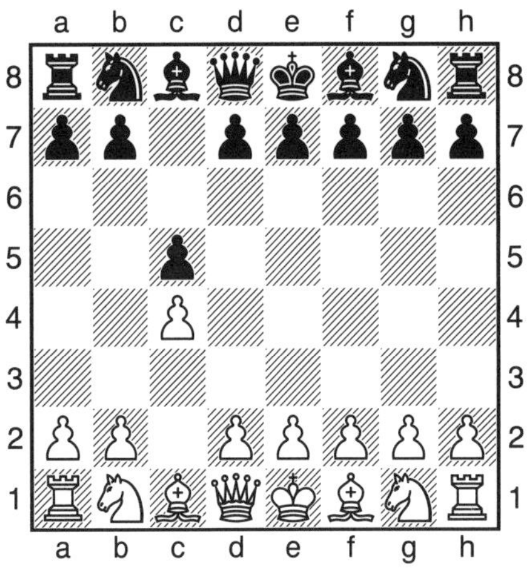

1a) Weiß am Zug

Um die Symmetrie zu brechen, kann entweder Weiß oder Schwarz seinen d-Bauern zwei Felder vorziehen. Die Frage ist: Wann kann man das gefahrlos tun, ohne einen starken Gegenangriff zu riskieren?

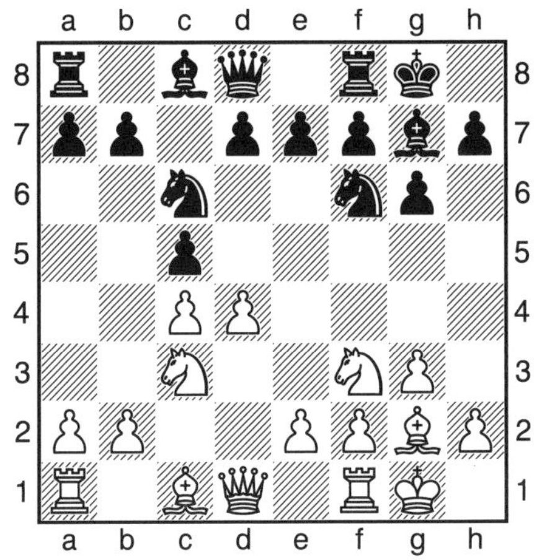

1b) Schwarz am Zug

Aus Angst vor 8 d5 gibt Schwarz das Zentrum mit 7...cxd4 8 ♘xd4 ♘xd4 9 ♕xd4 auf. Dann kontrolliert Weiß mehr Raum, aber nach 9...d6 versucht Schwarz, mit ...♗e6 oder ...a6 und ...b5 Spiel am Damenflügel zu bekommen.

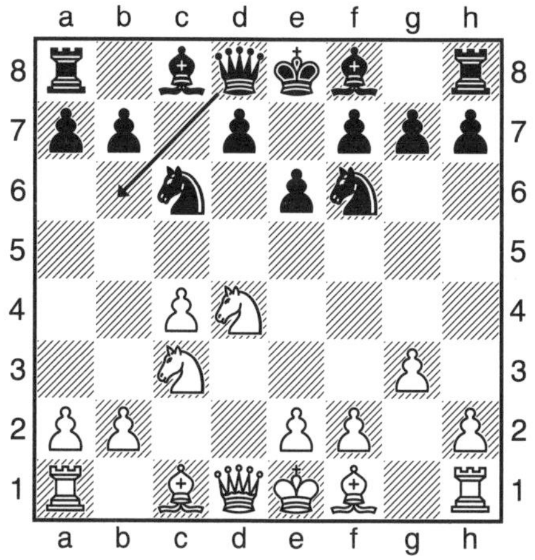

2) Schwarz am Zug

Weiß hat Raumvorteil, aber diesmal entwickelt sich Schwarz mit einer Reihe zwingender Züge: 6...♕b6 7 ♘b3 ♘e5 8 e4 ♗b4. Weiß verteidigt den Bauern e4 mit 9 ♕e2 und bereitet ♗e3 und f4 vor, um die schwarzen Figuren zurückzudrängen.

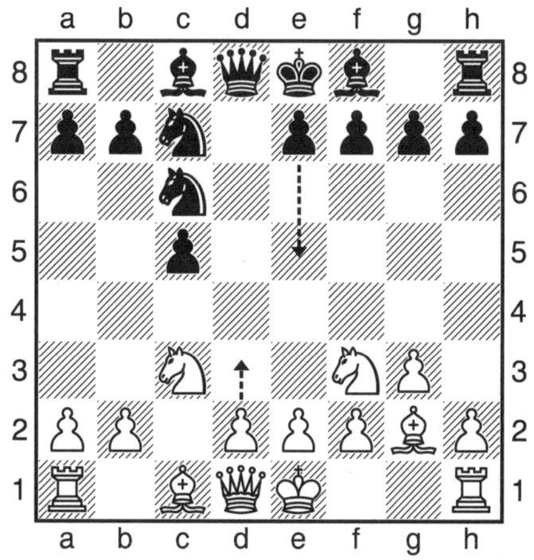

3) Weiß am Zug

Schwarz hat seinen Springer dreimal gezogen, während Weiß sich schnell entwickelt hat. Aber nun ist ...e5 mit starker Zentrumskontrolle nicht zu stoppen. Eine natürliche Folge ist 7 0-0 e5 8 d3 ♗e7.

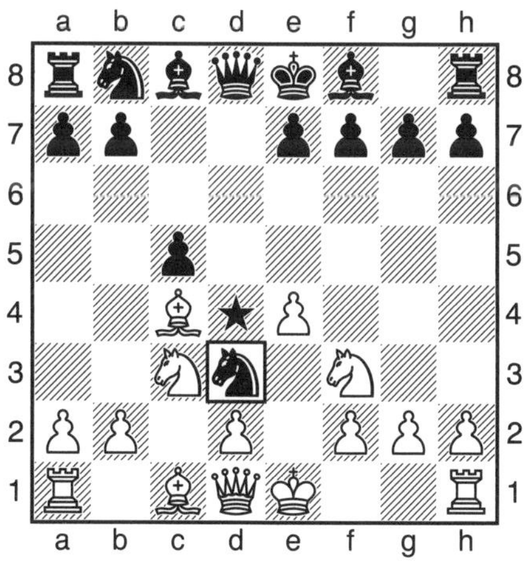

4) Weiß am Zug

Nach 7 ♔e2! ♘f4+! 8 ♔f1 droht Weiß 9 d4, also greift Schwarz zu einem sechsten Springerzug, 8...♘e6!, mit der Absicht ...♘c6 und Kontrolle über d4. Weiß hat Angriffschancen dank seiner schnelleren Entwicklung.

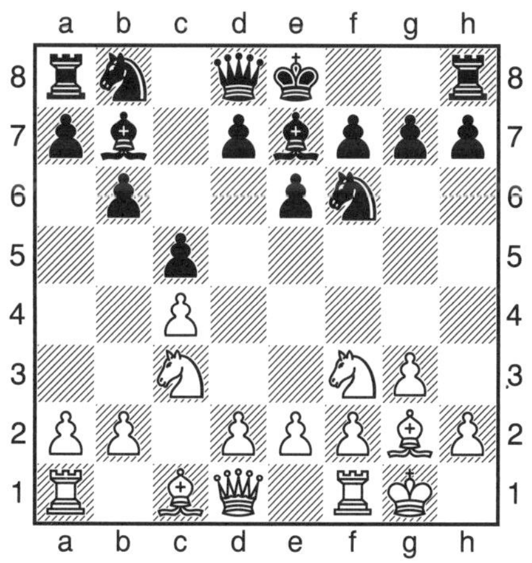

5) Weiß am Zug

Weiß kann mit 7 d4 cxd4 8 ♕xd4 Raum gewinnen, aber das scheinbar passive 8...d6 9 e4 ♘bd7 hat einen Tropfen Gift in sich. In manchen Varianten werden später ...♘c5 und ...d5! folgen. 7 ♖e1 plant e4 vor dem Zug d4.

Bärenstarke Eröffnung 49

Verschiedene Englische Varianten

Solange die Züge logisch sind, machst du nichts falsch

Da **1 c4** ein bescheidener Zug ist, muss Schwarz nicht sofort einen Doppelschritt mit einem Bauern machen. Eine nahe liegende Idee ist **1...♘f6**, was zu Nimzoindischen oder Königsindischen Strukturen führen kann. **2 ♘c3 e6 3 e4** *(1a)* vermeidet den Nimzoinder und wird Mikenas-Angriff genannt. Weiß kämpft um d5 – ein Ziel, das mit 3...d5 4 e5 d4 5 exf6 dxc3 6 bxc3 ♕xf6 7 d4 *(2)* anzufechten ist. Schwarz kann auch 3...c5 versuchen, um d4 zu kontrollieren, wonach Weiß oft mit 4 e5 ♘g8 5 ♘f3 ♘c6 6 d4 cxd4 7 ♘xd4 ♘xe5 8 ♘db5 *(3)* einen Bauern opfert. Wenn Schwarz einen Königsindischen Aufbau wählt, gibt es eine besondere Variante, die Botwinnik-System heißt: 2 ♘c3 g6 3 g3 ♗g7 4 ♗g2 0-0 5 e4 d6 6 ♘ge2 *(4)*. Die exzentrische Englische Verteidigung beginnt mit **1...e6 2 d4 b6** *(1b)*. Daraus entstehen sehr originelle Positionen, wie 3 e4 ♗b7 4 ♘c3 ♗b4 5 ♕c2 ♕h4! *(5)*. 1...c6 führt nach 2 d4 d5 zu Slawisch, nach 2 e4 d5 3 exd5 cxd5 4 d4 zu Caro-Kann, und im Fall von 2 ♘f3 d5 zum Réti (Seite 112).

Grundlegende Stellungen in den Englischen Varianten

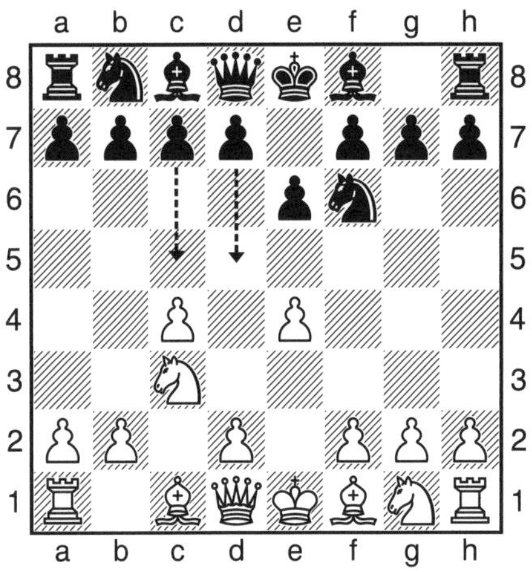

1a) Schwarz am Zug
Weiß besetzt e4 und kämpft um das Feld d5. Er vermeidet die Nimzoindische Verteidigung, denn 3...♗b4?! wird stark mit 4 e5! beantwortet. Schwarz hat zwei bessere Möglichkeiten gegen 3 e4: 3...d5 und 3...c5.

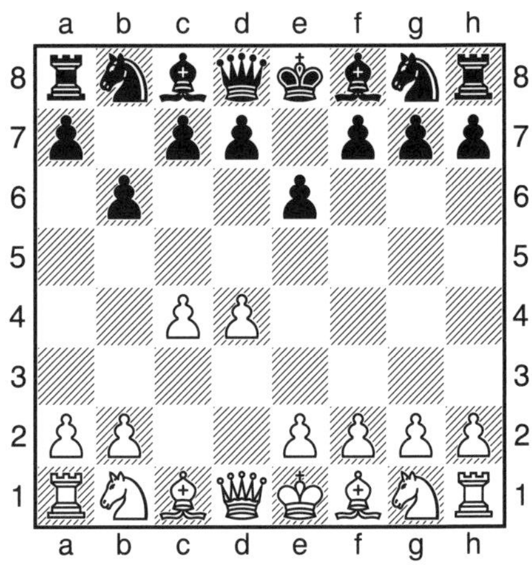

1b) Weiß am Zug
Schwarz hält seine Wege offen. Er könnte ...f5, ...c5 oder ...d5 spielen, seinen Läufer nach b4 oder e7 stellen und ...♘e7 oder ...♘f6 spielen. Der Hauptnachteil ist, dass Weiß den Löwenanteil des Zentrums bekommt.

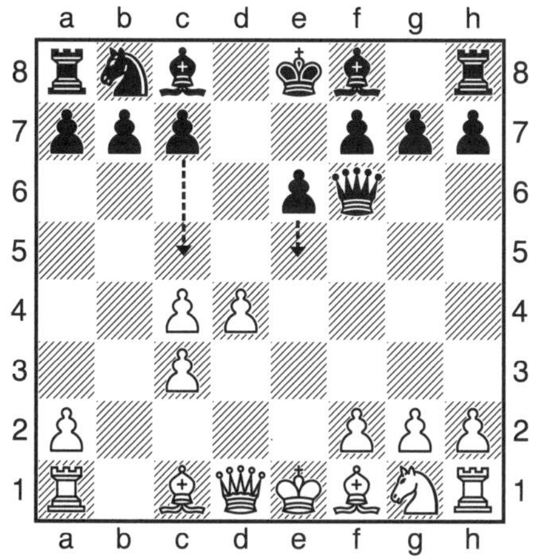

2) Schwarz am Zug

Schwarz hat zwei Wege, im Zentrum vorzugehen, aber Weiß antwortet energisch: 7...e5 8 ♘f3 exd4 9 ♗g5! oder 7...c5 8 ♘f3 h6 (um ♗g5 zu vermeiden!) 9 ♗d3 cxd4 10 cxd4 ♗b4+ 11 ♗d2 ♗xd2+ 12 ♕xd2 ♘c6.

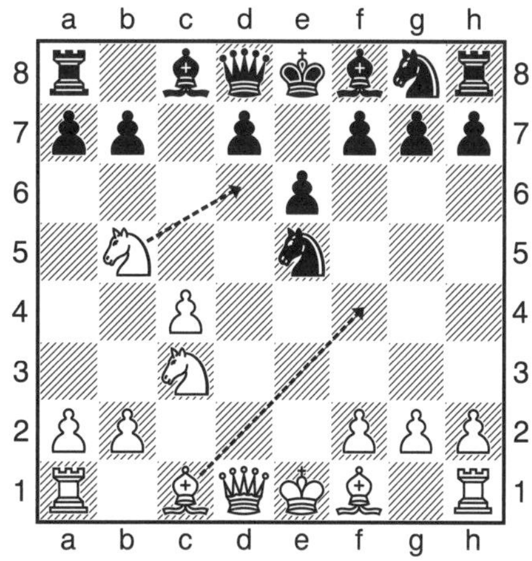

3) Schwarz am Zug

Weiß hat einen Bauern geopfert, um die schwarzen Felder des Gegners anzugreifen. Eine Hauptvariante ist 8...a6 9 ♘d6+ ♗xd6 10 ♕xd6 f6 11 ♗e3 ♘e7 12 ♗b6 ♘f5 13 ♕c5. Dann hat Weiß Druck, aber Schwarz einen Mehrbauern.

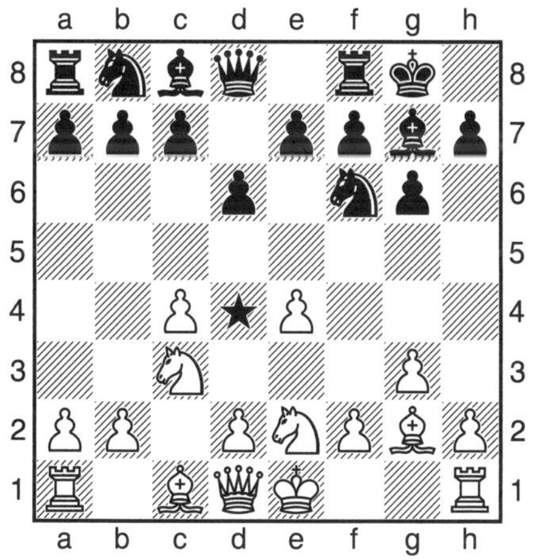

4) Schwarz am Zug

Das ähnelt einer Stellung auf Seite 107, aber Schwarz ist flexibel und braucht Weiß keine einfachen Ziele zu geben, z. B. 6...c5 7 0-0 ♘c6 8 d3 a6 nebst ...♖b8 und ...b5 oder 6...e5 7 0-0 c6 8 d3 a6, mit der Absicht ...b5.

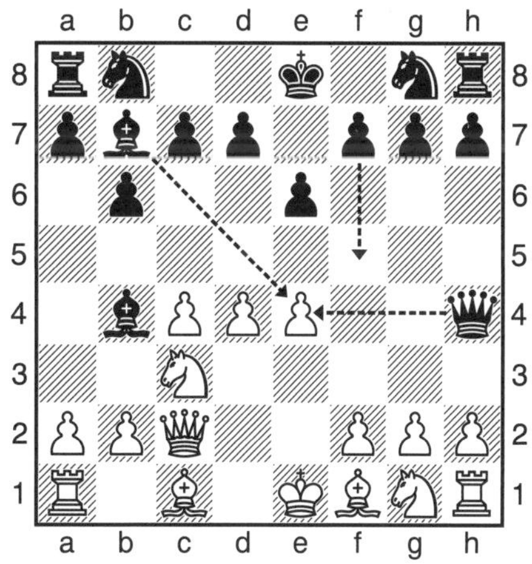

5) Weiß am Zug

Seltsamerweise kommen beide Läufer des Schwarzen und seine Dame vor den Springern heraus! Er greift e4 an, und 6 ♗d3 ♗xc3+ 7 bxc3 f5! setzt die schwarze Angriffsstrategie gegen die weißen Felder fort.

BÄRENSTARKE ERÖFFNUNG 50

Réti-Eröffnung

Hüte dich vor einem Angriff aus dem Hinterhalt

1 ♘f3 d5 2 c4 *(1a)* ist die Réti-Eröffnung. In den Hauptvarianten fianchettiert Weiß beide Läufer und nutzt ihre große Reichweite, um das schwarze Zentrum anzugreifen, z. B. 2...e6 3 b3 (3 g3 wird auch gespielt, während 3 d4 zum Abgelehnten Damengambit führt) 3...♘f6 4 ♗b2 ♗e7 5 g3 0-0 6 ♗g2 c5 7 0-0 ♘c6 8 e3 *(1b)*. 2...d4 kann nach 3 e3 ♘c6 4 exd4 ♘xd4 zu offenerem Spiel führen. Schwarz kann auch wie im Slawischen seinen Bauern mit 2...c6 verteidigen, wonach ein typischer Aufbau 3 g3 (3 d4 ist ein normaler Slawe) 3...♘f6 4 ♗g2 ♗f5 5 b3 ♘bd7 6 ♗b2 e6 7 0-0 ♗d6 8 d3 0-0 *(2)* ist. In der Réti-Eröffnung gibt es ein paar frühe Tricks. Zum Beispiel könnte Schwarz nach 2...e6 3 b3 dxc4 4 bxc4 *(3)* einzügig eine schöne Figur aus dem Zentrum erobern.

Was passiert, wenn Schwarz beschließt, den Bauern c4 zu nehmen? 2...dxc4 3 ♘a3 (3 e3 kann zum Angenommen Damengambit überleiten) 3...e5!? 4 ♘xe5 *(4)* bringt zwei Tricks mit sich. Auch nach 2...c6 3 g3 ♘f6 4 ♗g2 dxc4 5 ♕c2 b5 *(5)* steht ein scharfer Kampf bevor.

Grundlegende Stellungen in der Réti-Eröffnung

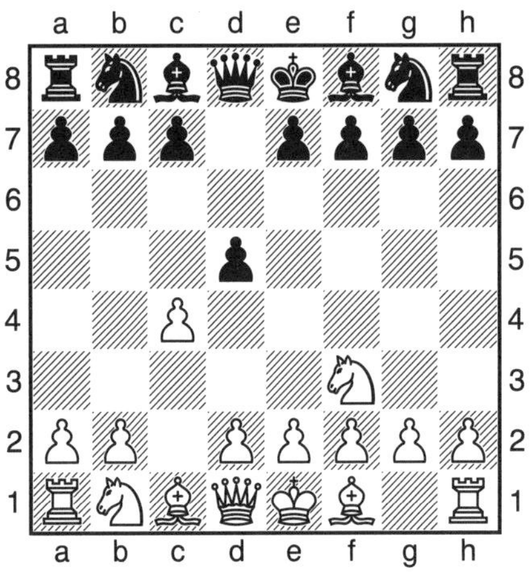

1a) Schwarz am Zug

In der Réti-Eröffnung baut sich Schwarz im Zentrum auf, und Weiß greift von den Flanken an, meist mit seinen Läufern auf g2 und b2. Das führt zu einem wunderbaren Zusammenstoß zweier Schachphilosophien.

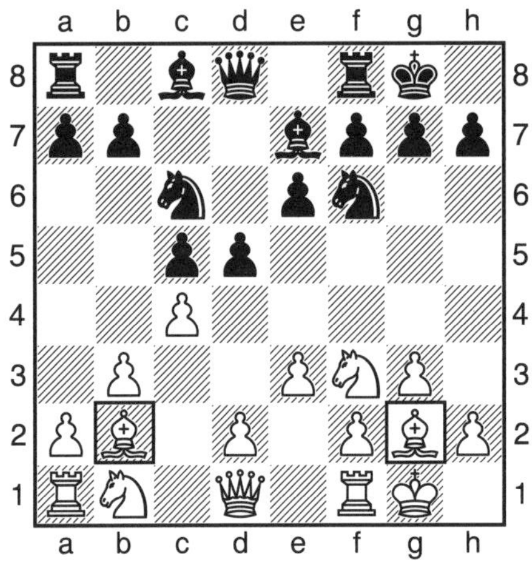

1b) Schwarz am Zug

Die weißen Läufer zielen auf die vier Zentrumsfelder ab. Schwarz kann sich mit 8...b6 und ...♗b7 entwickeln oder versuchen, Weiß mit 8...d4 9 exd4 cxd4 einzuengen. 10 ♖e1 verhindert dann ...e5, was den Läufer b2 kaltstellen würde.

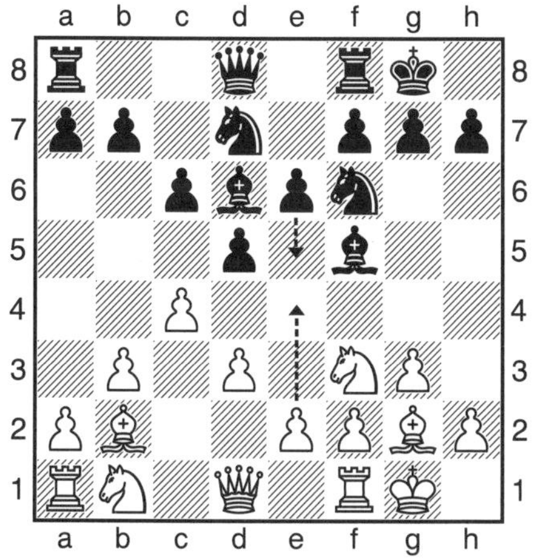

2) Weiß am Zug

Wiederum sehen wir den Kampf zwischen der schwarzen Zentrumsentwicklung und dem weitreichenden weißen Druck. Schwarz geht meist mit ...e5 im Zentrum vor, während Weiß mit ♘c3 oder ♘bd2 den Zug e4 vorbereiten kann.

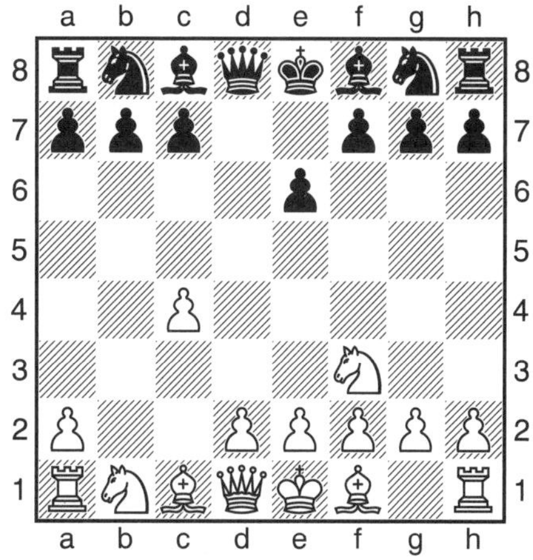

3) Schwarz am Zug

Ohne seinen d-Bauern scheint Schwarz passiv zu stehen, aber er kann mit 4...e5! im Zentrum vorstoßen, was darauf basiert, dass 5 ♘xe5?? nach 5...♕d4 eine Figur verliert. 5 ♘c3 ♘c6 führt zu normalerem Spiel.

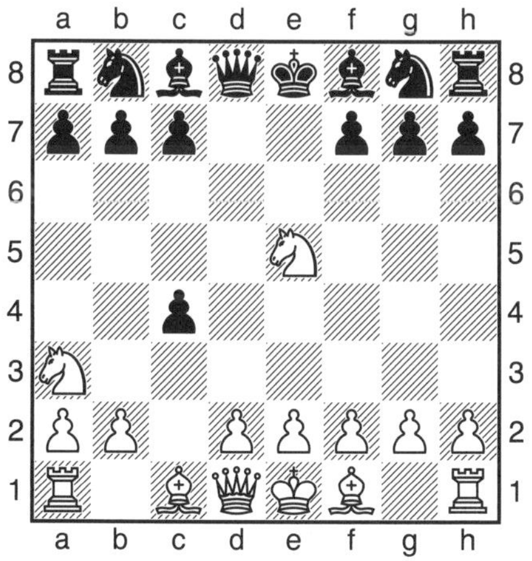

4) Schwarz am Zug

Auf den ersten Blick scheint Schwarz mit dem gleichen Trick wie eben zu gewinnen: 4...♗xa3 (mit der Idee 5 bxa3?? ♕d4), aber Weiß hat 5 ♕a4+! ♘d7 (5...b5 6 ♕xa3 ♕d5 ist ein anderer Versuch) 6 ♘xd7 ♗xd7 7 ♕xa3 mit gutem Spiel.

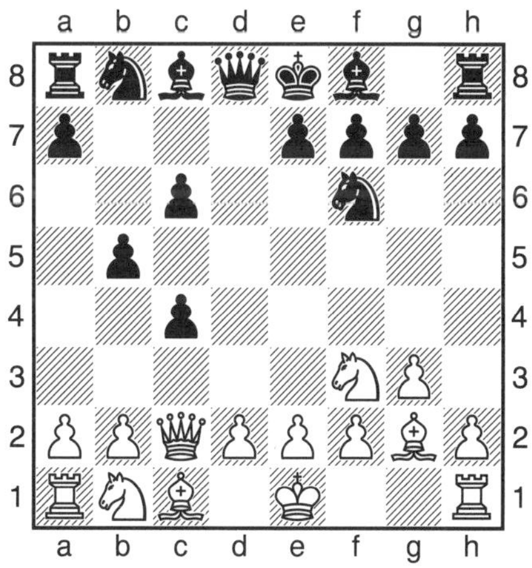

5) Weiß am Zug

6 b3! cxb3 7 axb3 ist ein interessantes Gambit. Weiß hat aktive Figuren und ein Angriffsziel auf c6. Aber Schwarz hat einen Bauern mehr und kann dessen Rückgewinn zulassen, während er in seiner Entwicklung aufholt.

Teste dein Eröffnungswissen

Die Zeit ist gekommen, dein Eröffnungswissen einem Test zu unterziehen! Auf den nächsten neun Seiten wirst du gefragt, Eröffnungen zu benennen, die Züge anzugeben, die eine Eröffnung ausmachen, Eröffnungsstellungen zu benennen und Aufgaben zu lösen, die häufige taktische Motive in der Eröffnung zeigen. Du wirst auch die Chance haben, ein Eröffnungsdetektiv zu sein und zu raten, aus welcher Eröffnung eine Stellung entstanden ist. Wenn du das Buch sorgfältig gelesen hast, sollten die ersten zwei Seiten ein Leichtes sein…

Benenne die Eröffnung

Was sind die Namen der folgenden Eröffnungen?

1) 1 e4 e5 2 ♘f3 ♘c6 3 ♗b5
2) 1 e4 c5
3) 1 d4 d5 2 c4
4) 1 e4 e6
5) 1 d4 f5
6) 1 e4 e5 2 ♗c4
7) 1 e4 e5 2 ♘f3 ♘f6
8) 1 d4 ♘f6 2 c4 g6 3 ♘c3 d5
9) 1 d4 ♘f6 2 c4 c5 3 d5 b5
10) 1 e4 e5 2 ♘f3 f5
11) 1 e4 e5 2 ♘f3 ♘c6 3 ♗c4 ♗c5 4 b4
12) 1 d4 d5 2 c4 e6 3 ♘c3 c5
13) 1 ♘f3 d5 2 c4
14) 1 d4 ♘f6 2 c4 g6 3 ♘c3 ♗g7
15) 1 d4 d5 2 c4 c6 3 ♘f3 ♘f6 4 ♘c3 e6

Gib die Züge an

Schreib die Züge auf, die diesen Eröffnungsnamen entsprechen:

1) Zweispringerspiel
2) Königsgambit
3) Englische Eröffnung
4) Skandinavische Verteidigung
5) Wiener Partie
6) Giuoco Piano
7) Morra-Gambit
8) Philidor-Verteidigung
9) Slawisch
10) Caro-Kann-Verteidigung
11) Aljechin-Verteidigung
12) Nimzoindische Verteidigung
13) Schottische Partie
14) Damenindische Verteidigung
15) Sizilianische Najdorf-Variante

IGEL

Benenne die Stellung

Welche Varianten werden in den Diagrammen gezeigt?

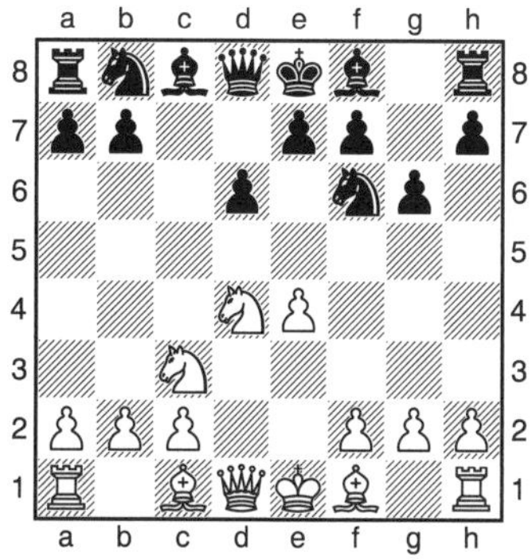

1) **Weiß am Zug**

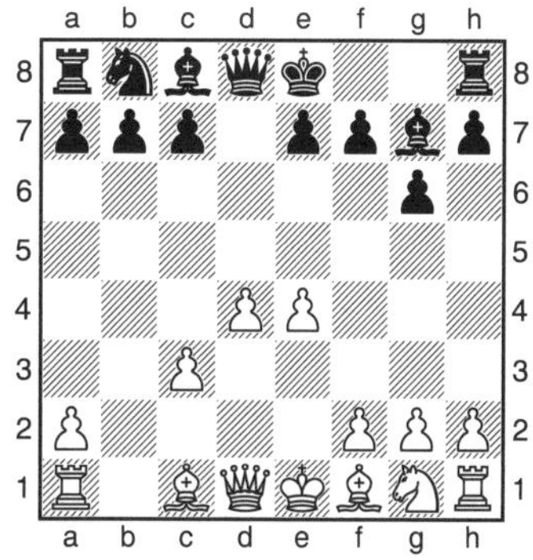

2) **Weiß am Zug**

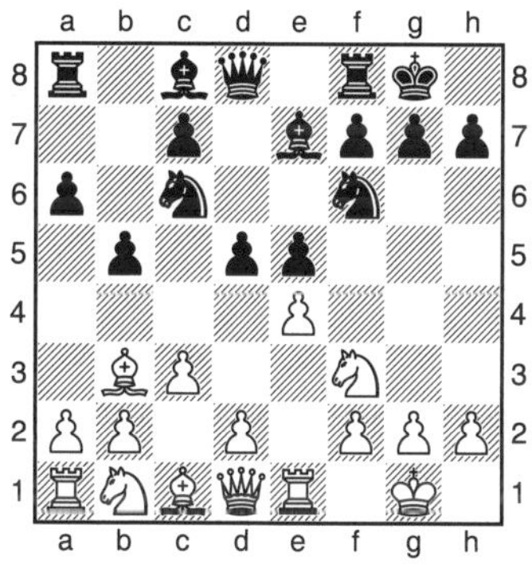

3) **Weiß am Zug**

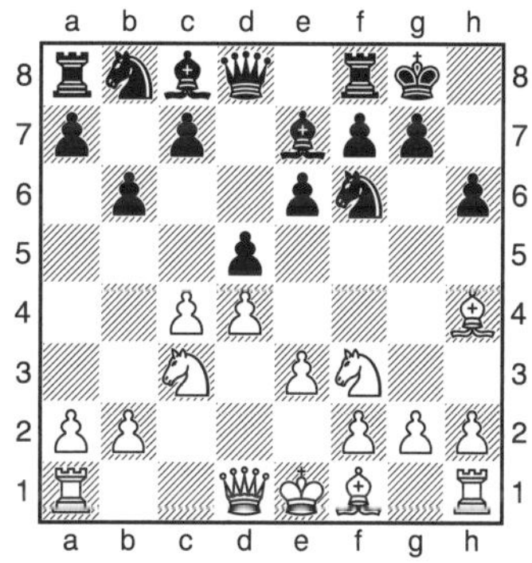

4) **Weiß am Zug**

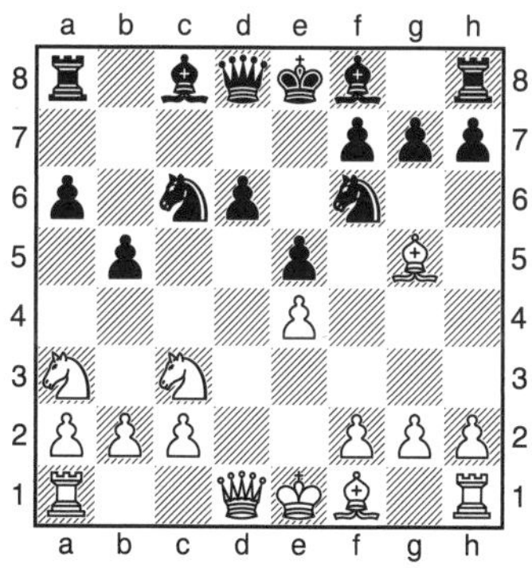

5) **Weiß am Zug**

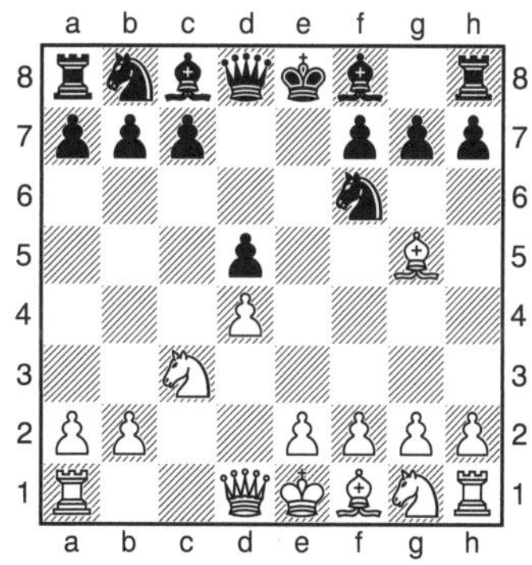

6) **Schwarz am Zug**

Teste deine Geschicklichkeit in der Eröffnung

In jedem der folgenden 36 Diagramme hast du zwei Aufgaben:

1) Finde den Gewinnzug für Weiß oder Schwarz. Beachte, dass du nicht unbedingt ein erzwungenes Schachmatt suchst – nur einen klaren Weg, um großen Vorteil zu erlangen.

2) Finde die Eröffnung heraus, die gespielt worden ist.

Wenn du das Buch sorgfältig gelesen hast, solltest du viele der Antworten finden können. Obwohl genau diese Positionen im Buch noch nicht vorgekommen sind, haben wir viele (aber nicht alle!) der Ideen schon erwähnt oder ähnliche taktische Fallen aufgezeigt. Und in den meisten Fällen sollte dir die Bauernstruktur einen starken Hinweis geben, welche Eröffnung gespielt worden ist.

Wenn du wirklich nicht weiterkommst, haben wir einen Tipp gegeben, in dem wir sagen, in welchem Abschnitt du nachschauen musst. Natürlich nimmt das einen Teil des Spaßes heraus, denn damit weißt du den Eröffnungsnamen! Die Aufgaben fangen einfach an und werden deutlich schwerer.

Auswertung der Punktzahlen

Die Lösungen beginnen auf Seite 123. Gib dir selbst 1 Punkt für jede richtig erratene Eröffnung *und* 1 Punkt für jeden gefundenen Gewinnzug. Du bekommst nur ½ Punkt, wenn du richtig geantwortet hast, nachdem du den Tipp nachgeschaut hast. Addiere dein Ergebnis zu der Zahl richtiger Antworten aus dem Abschnitt „Teste dein Eröffnungswissen“, um dein Gesamtergebnis aus möglichen 108 Punkten zu erhalten.

100-108	**Meisterniveau**
85-99	**Ausgezeichnetes Clubniveau**
70-84	**Sehr gute Eröffnungskenntnisse**
50-69	**Vielversprechende Eröffnungskenntnisse**
31-49	**Du wirst deine Clubkollegen überraschen!**
19-30	**Du hast eine Menge gelernt!**
0-18	**Oh je! Wie wär’s mit Damespielen?**

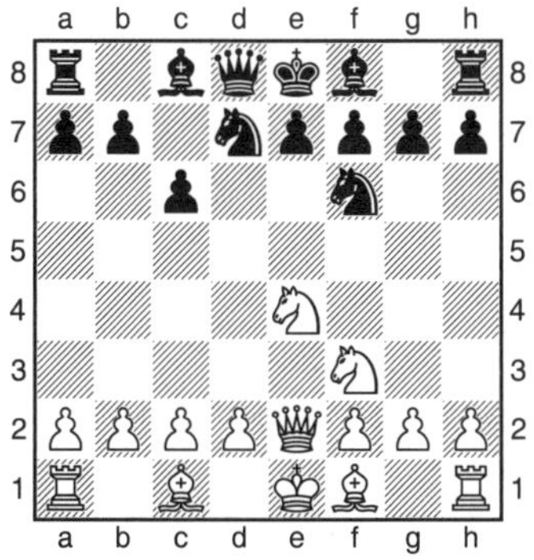

1) Weiß gewinnt
Tipp: Siehe Bärenstarke Eröffnung 17.

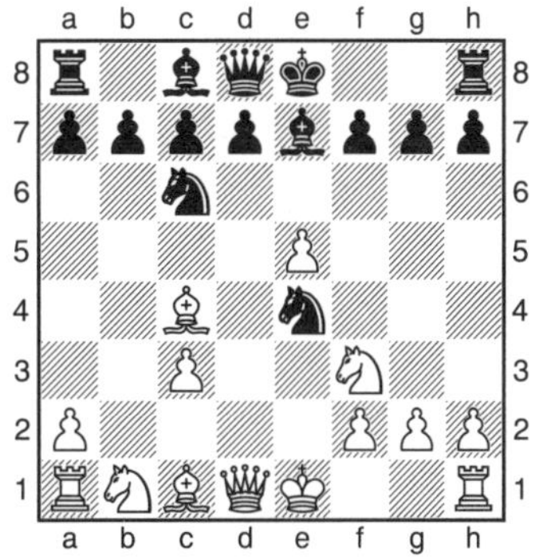

2) Weiß gewinnt
Tipp: Siehe Bärenstarke Eröffnung 2.

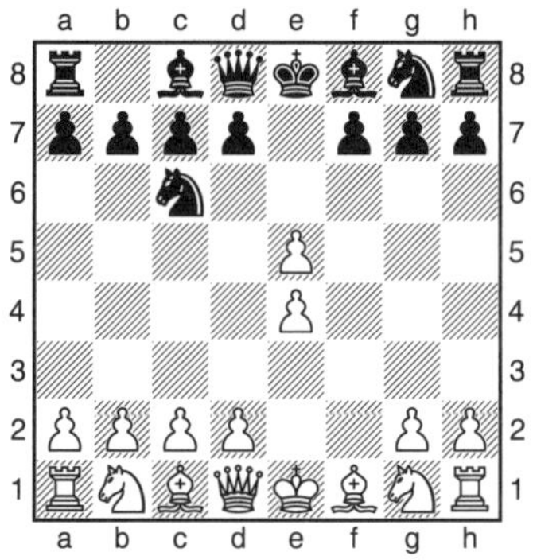

3) Schwarz gewinnt
Tipp: Siehe Bärenstarke Eröffnung 4.

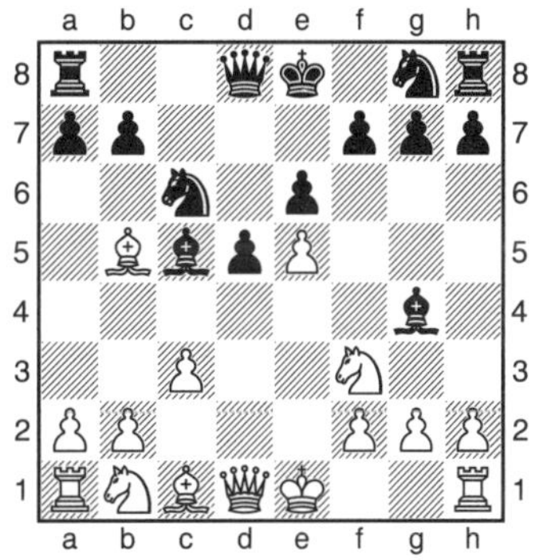

4) Weiß gewinnt
Tipp: Siehe Bärenstarke Eröffnung 17.

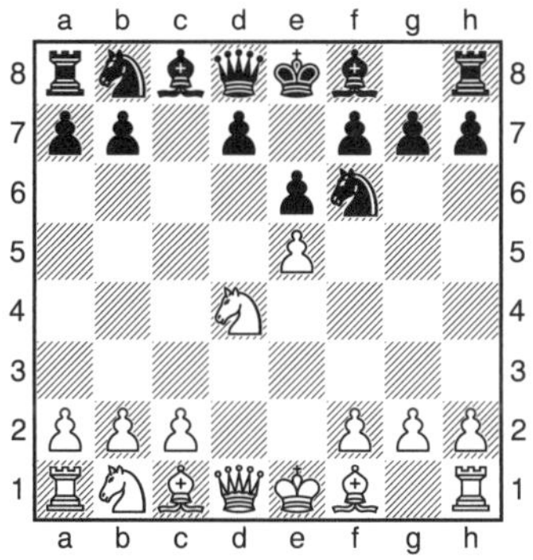

5) Schwarz gewinnt
Tipp: Siehe Bärenstarke Eröffnung 25.

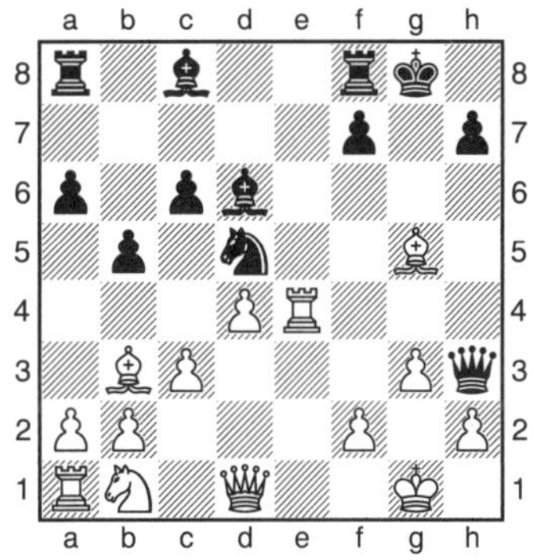

6) Schwarz gewinnt
Tipp: Siehe Bärenstarke Eröffnung 13.

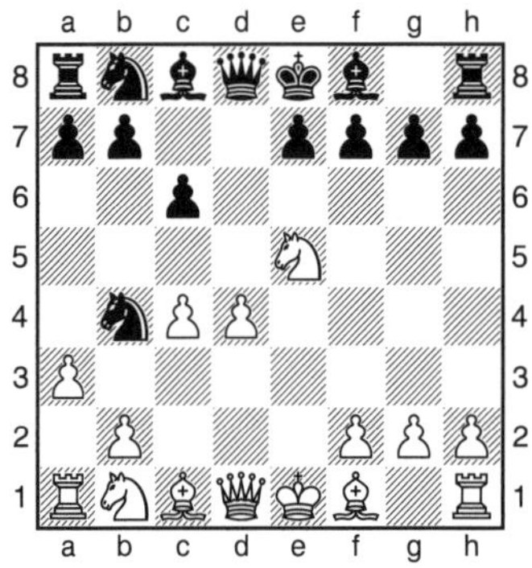

7) Schwarz gewinnt
Tipp: Siehe Bärenstarke Eröffnung 15.

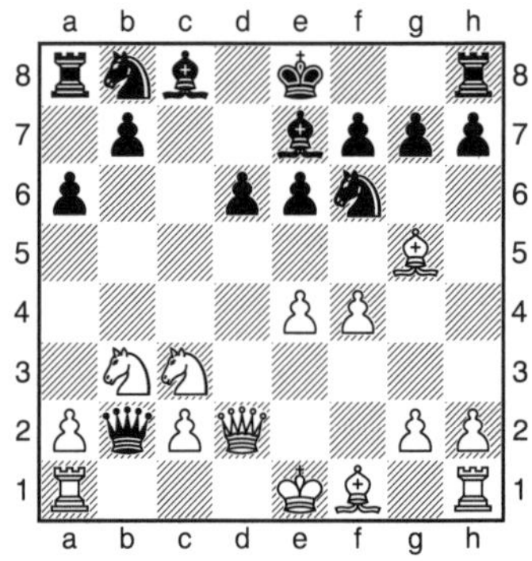

8) Weiß gewinnt
Tipp: Siehe Bärenstarke Eröffnung 27.

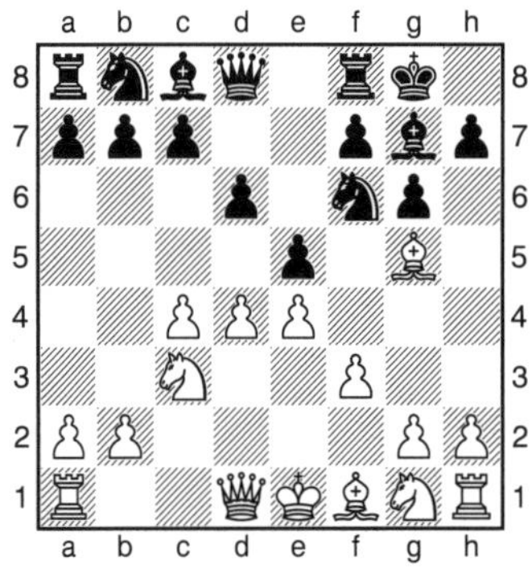

9) Weiß gewinnt
Tipp: Siehe Bärenstarke Eröffnung 40.

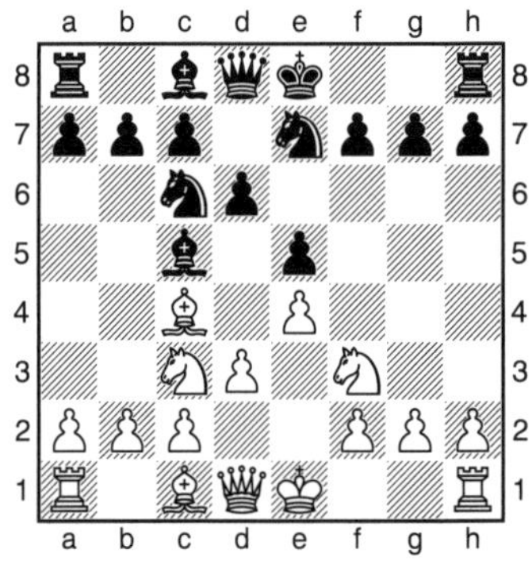

10) Weiß gewinnt
Tipp: Siehe Bärenstarke Eröffnung 1.

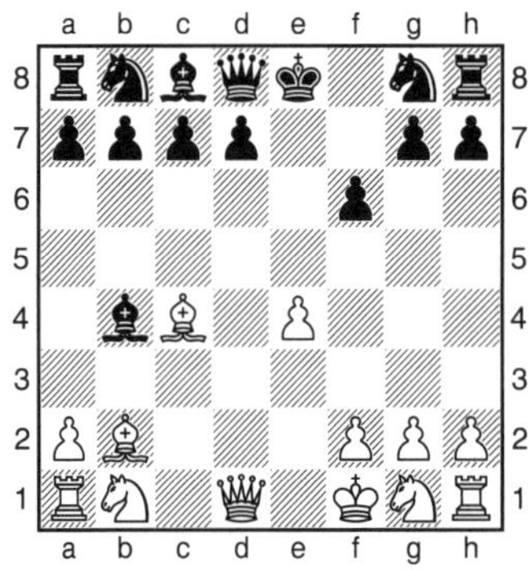

11) Weiß gewinnt
Tipp: Siehe Bärenstarke Eröffnung 5.

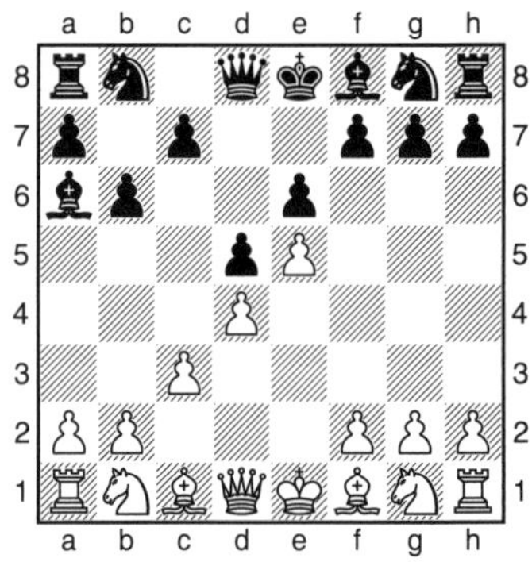

12) Weiß gewinnt
Tipp: Siehe Bärenstarke Eröffnung 18.

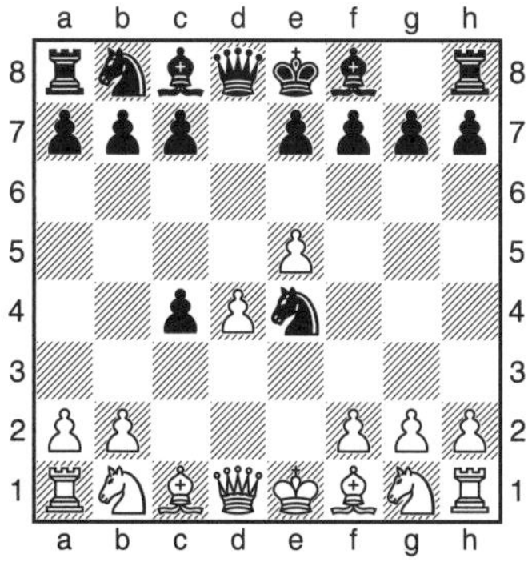

13) Weiß gewinnt
Tipp: Siehe Bärenstarke Eröffnung 29.

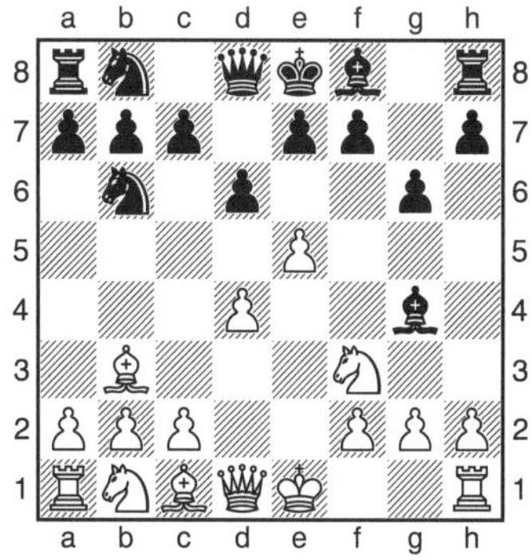

14) Weiß gewinnt
Tipp: Siehe Bärenstarke Eröffnung 15.

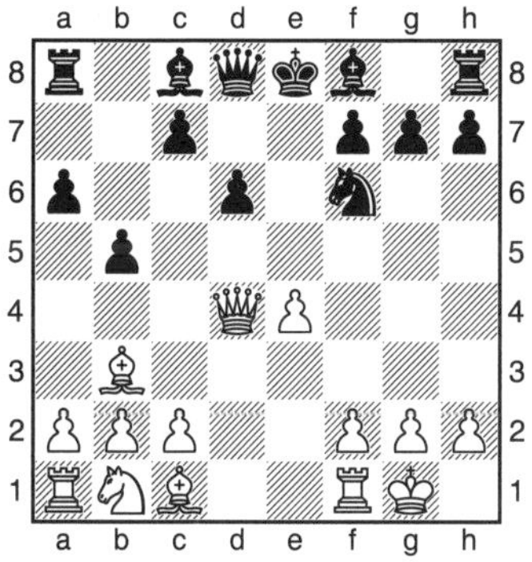

15) Schwarz gewinnt
Tipp: Siehe Bärenstarke Eröffnung 11.

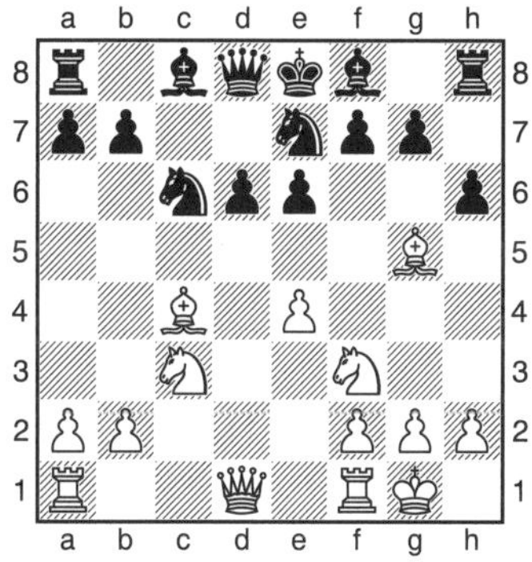

16) Weiß gewinnt
Tipp: Siehe Bärenstarke Eröffnung 23.

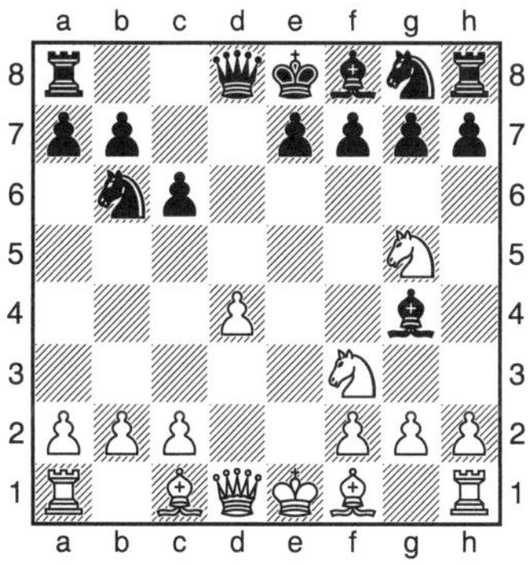

17) Weiß gewinnt
Tipp: Siehe Bärenstarke Eröffnung 17.

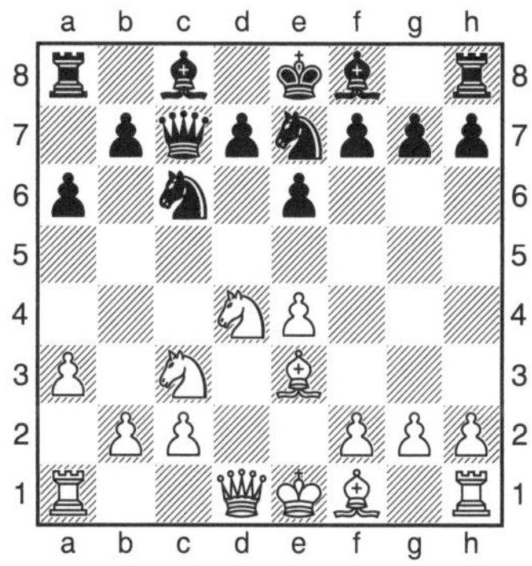

18) Weiß gewinnt
Tipp: Siehe Bärenstarke Eröffnung 25.

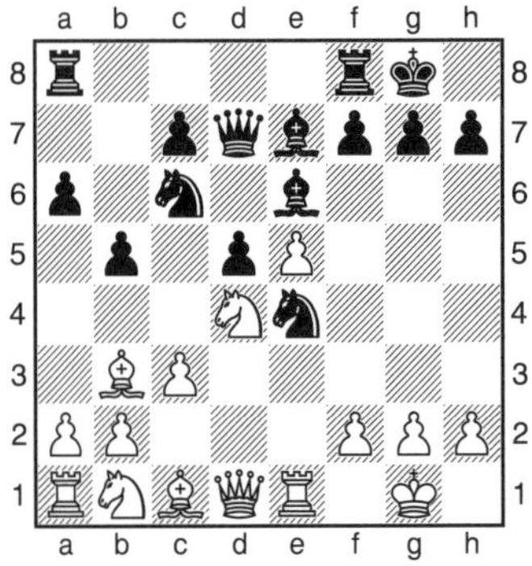

19) Weiß gewinnt
Tipp: Siehe Bärenstarke Eröffnung 14.

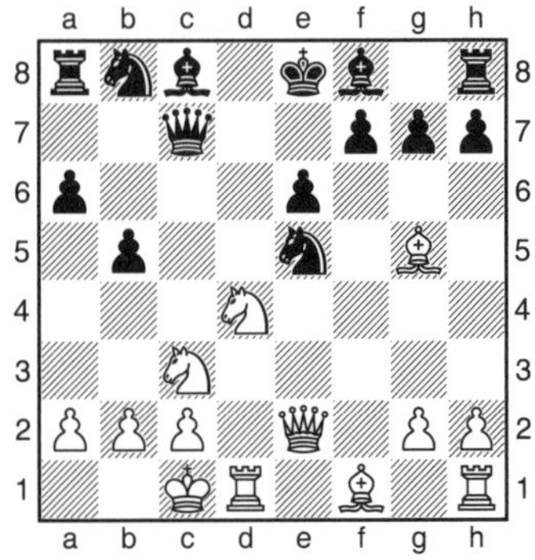

20) Weiß gewinnt
Tipp: Siehe Bärenstarke Eröffnung 27.

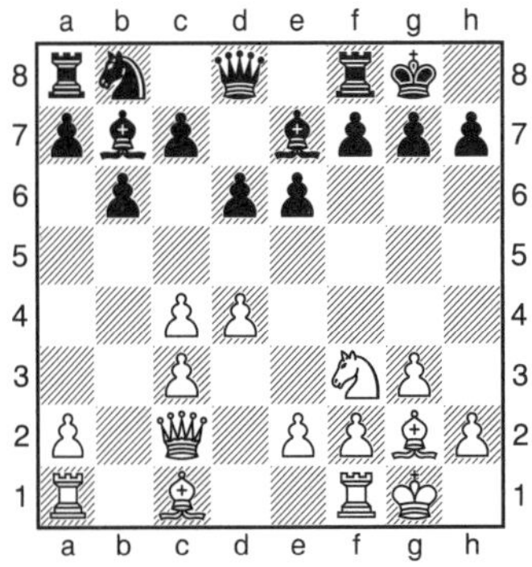

21) Weiß gewinnt
Tipp: Siehe Bärenstarke Eröffnung 44.

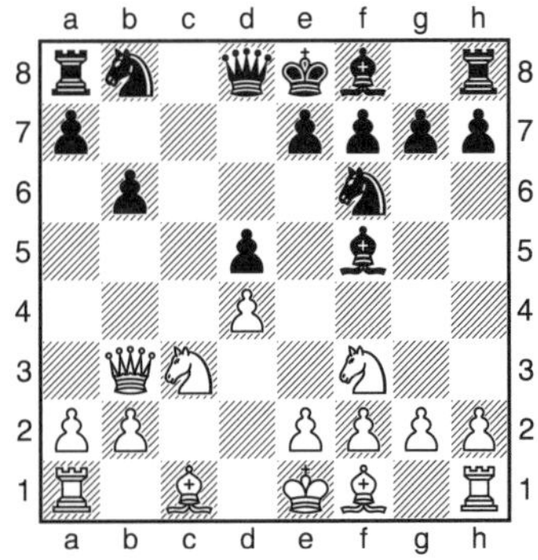

22) Weiß gewinnt
Tipp: Siehe Bärenstarke Eröffnung 35.

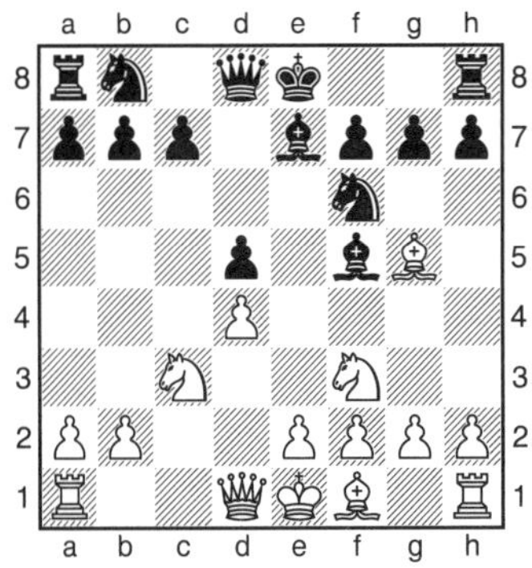

23) Weiß gewinnt
Tipp: Siehe Bärenstarke Eröffnung 32.

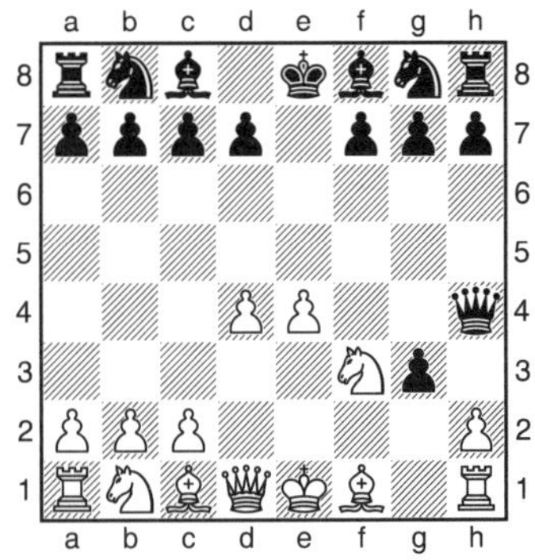

24) Schwarz gewinnt
Tipp: Siehe Bärenstarke Eröffnung 4.

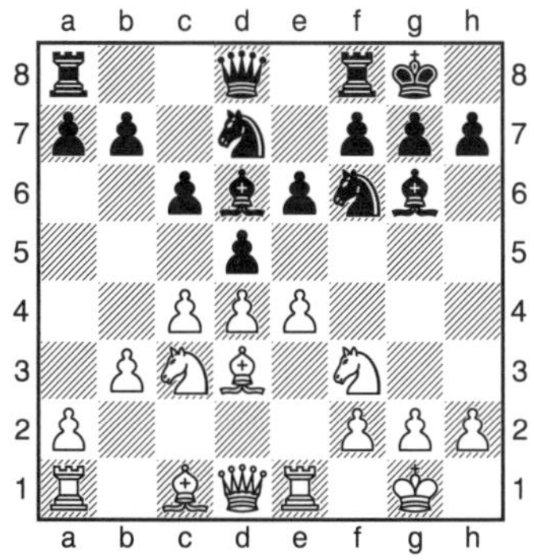

25) Schwarz gewinnt
Tipp: Siehe Bärenstarke Eröffnung 35.

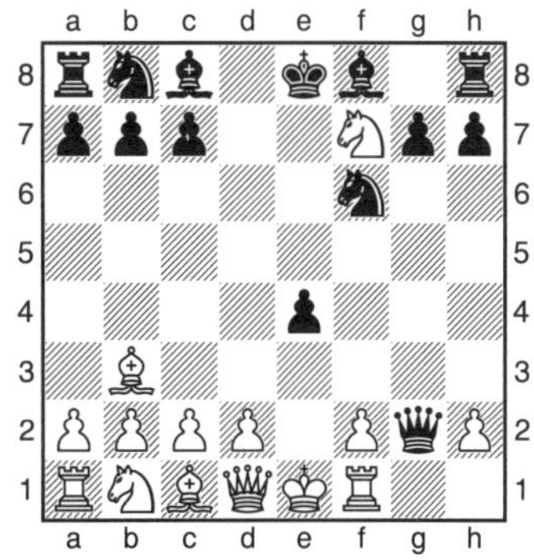

26) Schwarz gewinnt
Tipp: Siehe Bärenstarke Eröffnung 6.

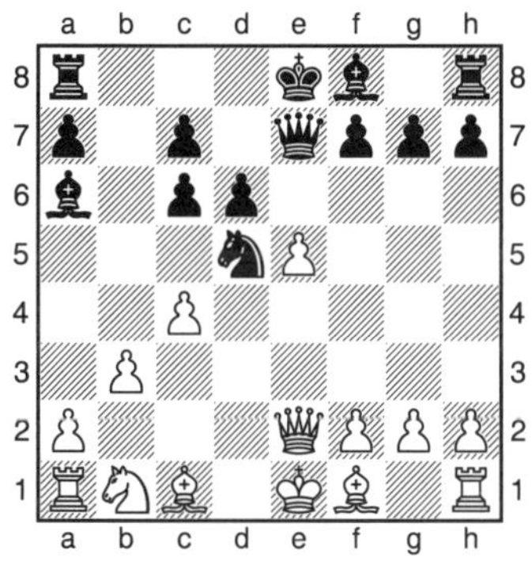

27) Weiß gewinnt
Tipp: Siehe Bärenstarke Eröffnung 8.

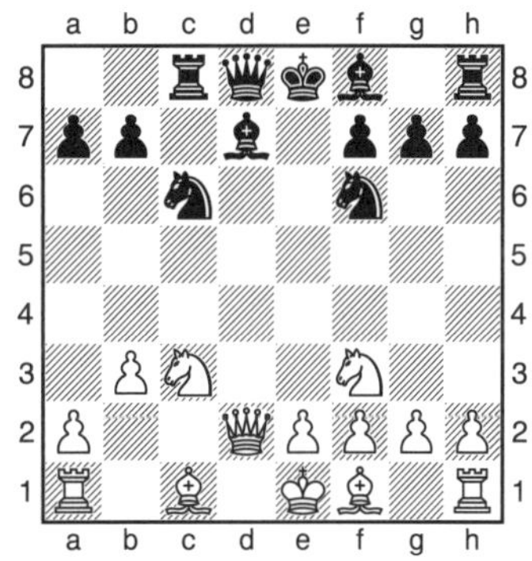

28) Schwarz gewinnt
Tipp: Siehe Bärenstarke Eröffnung 33.

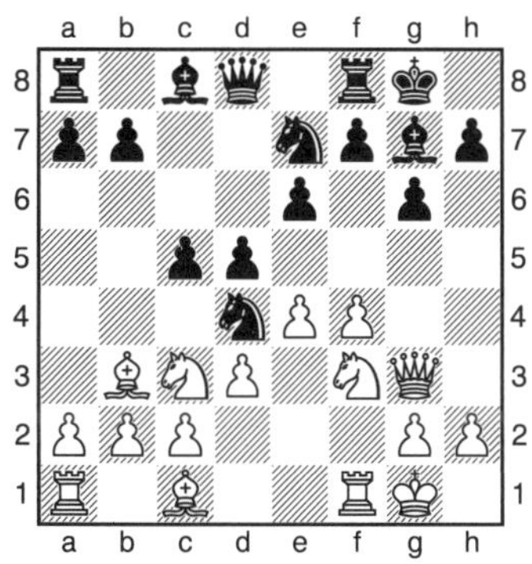

29) Schwarz gewinnt
Tipp: Siehe Bärenstarke Eröffnung 21.

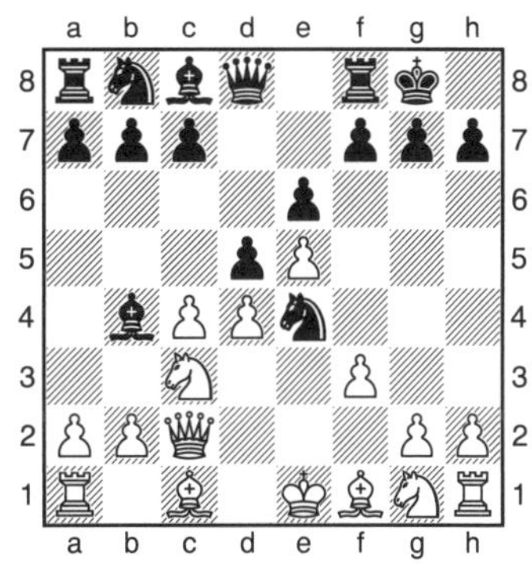

30) Schwarz gewinnt
Tipp: Siehe Bärenstarke Eröffnung 46.

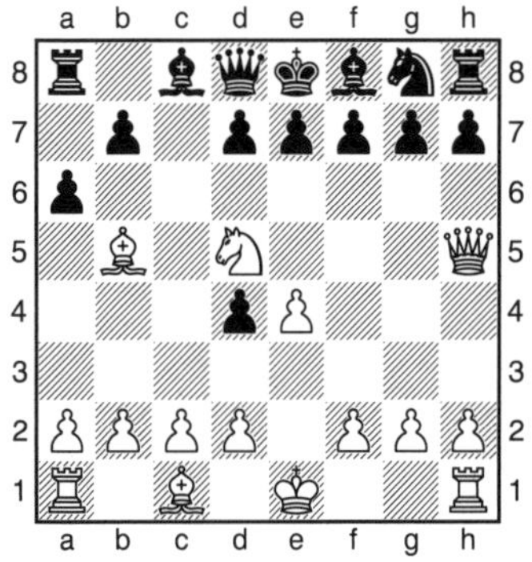

31) Weiß gewinnt
Tipp: Siehe Bärenstarke Eröffnung 24.

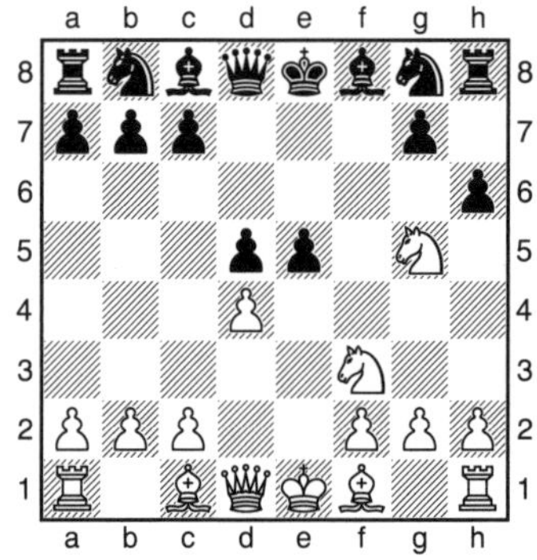

32) Weiß gewinnt
Tipp: Siehe Bärenstarke Eröffnung 9.

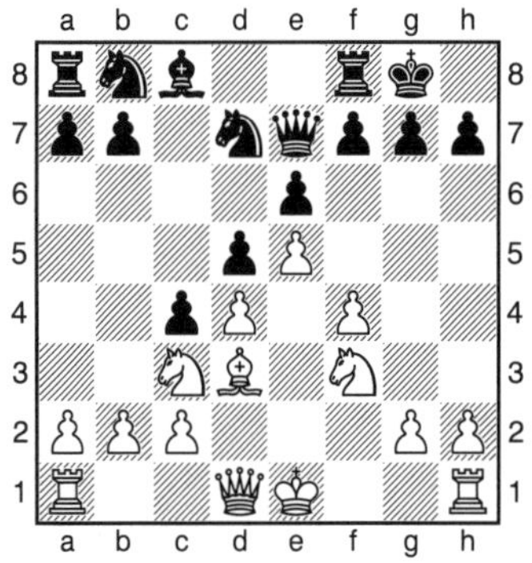

33) Weiß gewinnt
Tipp: Siehe Bärenstarke Eröffnung 19.

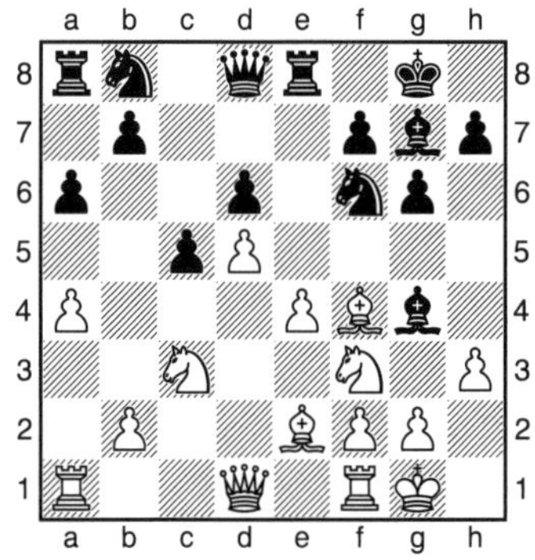

34) Schwarz gewinnt
Tipp: Siehe Bärenstarke Eröffnung 39.

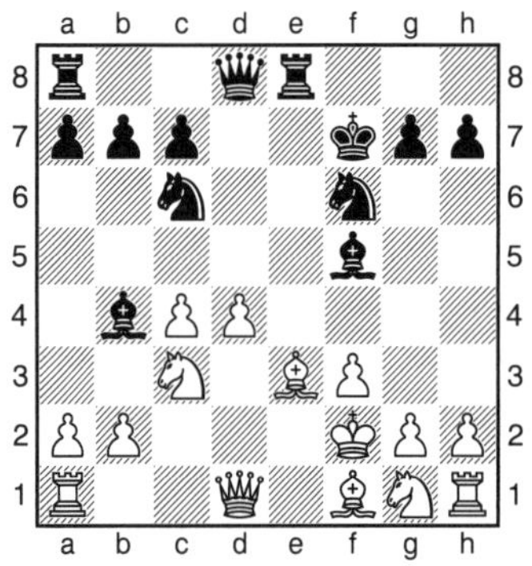

35) Schwarz gewinnt
Tipp: Siehe Bärenstarke Eröffnung 16.

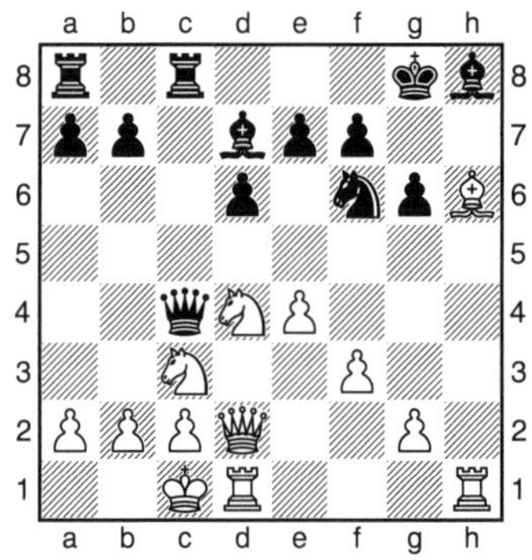

36) Weiß gewinnt
Tipp: Siehe Bärenstarke Eröffnung 26.

Lösungen der Tests

VIERSPRINGERSPIEL

Teste dein Eröffnungswissen

Benenne die Eröffnung

1) Spanische Partie
2) Sizilianische Verteidigung
3) Damengambit
4) Französische Verteidigung
5) Holländische Verteidigung
6) Läuferspiel
7) Russische Verteidigung
8) Grünfeld-Verteidigung
9) Wolga-Benkö-Gambit
10) Lettisches Gambit
11) Evans-Gambit
12) Tarrasch-Verteidigung
13) Réti-Eröffnung
14) Königsindische Verteidigung
15) Halbslawisch

Gib die Züge an

1) 1 e4 e5 2 ♘f3 ♘c6 3 ♗c4 ♘f6
2) 1 e4 e5 2 f4
3) 1 c4
4) 1 e4 d5
5) 1 e4 e5 2 ♘c3
6) 1 e4 e5 2 ♘f3 ♘c6 3 ♗c4 ♗c5
7) 1 e4 c5 2 d4 cxd4 3 c3
8) 1 e4 e5 2 ♘f3 d6
9) 1 d4 d5 2 c4 c6
10) 1 e4 c6
11) 1 e4 ♘f6
12) 1 d4 ♘f6 2 c4 e6 3 ♘c3 ♗b4
13) 1 e4 e5 2 ♘f3 ♘c6 3 d4
14) 1 d4 ♘f6 2 c4 e6 3 ♘f3 b6
15) 1 e4 c5 2 ♘f3 d6 3 d4 cxd4 4 ♘xd4 ♘f6 5 ♘c3 a6

Benenne die Stellung

1) **Sizilianische Drachenvariante** (1 e4 c5 2 ♘f3 d6 3 d4 cxd4 4 ♘xd4 ♘f6 5 ♘c3 g6)
2) **Abtausch-Grünfeld** (1 d4 ♘f6 2 c4 g6 3 ♘c3 d5 4 cxd5 ♘xd5 5 e4 ♘xc3 6 bxc3 ♗g7)
3) **Marshall-Angriff** (1 e4 e5 2 ♘f3 ♘c6 3 ♗b5 a6 4 ♗a4 ♘f6 5 0-0 ♗e7 6 ♖e1 b5 7 ♗b3 0-0 8 c3 d5)
4) **Damengambit, Tartakower** (1 d4 d5 2 c4 e6 3 ♘c3 ♘f6 4 ♗g5 ♗e7 5 e3 0-0 6 ♘f3 h6 7 ♗h4 b6)
5) **Sizilianisch, Sweschnikow** (1 e4 c5 2 ♘f3 ♘c6 3 d4 cxd4 4 ♘xd4 ♘f6 5 ♘c3 e5 6 ♘db5 d6 7 ♗g5 a6 8 ♘a3 b5)
6) **Damengambit, Abtauschvariante** (1 d4 d5 2 c4 e6 3 ♘c3 ♘f6 4 cxd5 exd5 5 ♗g5)

Teste deine Geschicklichkeit in der Eröffnung

1. Sorglos hat Schwarz die plumpe weiße Drohung übersehen: 6 ♘d6#.

Eröffnung: Caro-Kann-Verteidigung: 1 e4 c6 2 ♘f3 d5 3 ♘c3 dxe4 4 ♘xe4 ♘d7 5 ♕e2 ♘gf6??.

2. 8 ♕d5 gewinnt, da sowohl 9 ♕xf7# als auch 9 ♕xe4 droht.

Eröffnung: Evans-Gambit: 1 e4 e5 2 ♘f3 ♘c6 3 ♗c4 ♗c5 4 b4 ♗xb4 5 c3 ♗e7 6 d4 ♘f6? 7 dxe5 ♘xe4?.

3. 3...♕h4+ 4 g3 (oder 4 ♔e2 ♕xe4+ 5 ♔f2 ♗c5+) 4...♕xe4+ 5 ♕e2 ♕xh1, und der Nachziehende hat einen Turm mehr.

Eröffnung: Königsgambit: 1 e4 e5 2 f4 ♘c6 3 fxe5??.

4. 8 ♗xc6+! bxc6 9 ♕a4!, was sowohl ♕xg4 als auch ♕xc6+ nebst ♕xc5+ droht. Beachte, dass 8 ♕a4? wegen 8...♗xf3 9 ♗xc6+ ♔f8! nicht funktioniert.

Eröffnung: Caro-Kann-Verteidigung: 1 e4 c6 2 d4 d5 3 e5 c5 4 c3 ♘c6 5 ♘f3 ♗g4 6 dxc5 e6 7 ♗b5 ♗xc5??.

5. 5...♕a5+ nebst ...♕xe5+ gewinnt einen Bauern.

Eröffnung: Offener Sizilianer: 1 e4 c5 2 ♘f3 e6 3 d4 cxd4 4 ♘xd4 ♘f6 5 e5?.

6. 16...♕f5 gewinnt eine weiße Figur und rechtfertigt den 15. Zug von Schwarz (der die weiße Idee 16 ♖h4 verhinderte).

Eröffnung: Spanisch, Marshall-Angriff: 1 e4 e5 2 ♘f3 ♘c6 3 ♗b5 a6 4 ♗a4 ♘f6 5 0-0 ♗e7 6 ♖e1 b5 7 ♗b3 0-0 8 c3 d5 9 exd5 ♘xd5 10 ♘xe5 ♘xe5 11 ♖xe5 c6 12 d4 ♗d6 13 ♖e1 ♕h4 14 g3 ♕h3 15 ♖e4 g5 16 ♗xg5??.

7. 7...♕xd4! gibt Schwarz einen Mehrbauern nach 8 axb4 ♕xe5+ oder 8 ♕xd4 ♘c2+ und ...♘xd4, während der Desperadozug 8 ♘xf7 an 8...♕e4+ scheitert.

Eröffnung: Aljechin-Verteidigung: 1 e4 ♘f6 2 e5 ♘d5 3 d4 d6 4 ♘f3 dxe5 5 ♘xe5 c6 6 c4 ♘b4 7 a3?.

8. 10 a3 fängt die schwarze Dame. Es droht ♘a4 und ♖a2. 10 a4 ist auch gut.

Eröffnung: Sizilianisch, Najdorf: 1 e4 c5 2 ♘f3 d6 3 d4 cxd4 4 ♘xd4 ♘f6 5 ♘c3 a6 6 ♗g5 e6 7 f4 ♕b6 8 ♕d2 ♕xb2 9 ♘b3 ♗e7??.

9. Weiß tauscht mit 7 dxe5 dxe5 8 ♕xd8 ♖xd8 ab, und nun gewinnen sowohl 9 ♗xf6 ♗xf6 10 ♘d5 als auch 9 ♘d5 ♘bd7 (oder 9...♘xd5 10 ♗xd8) 10 ♘xc7 Material.

Eröffnung: Königsindische Verteidigung: 1 d4 ♘f6 2 c4 g6 3 ♘c3 ♗g7 4 e4 d6 5 f3 0-0 6 ♗g5 e5??.

10. 6 ♘g5! d5 (6...0-0? 7 ♕h5 h6 8 ♘xf7) 7 exd5 ♘a5 8 ♕h5 g6 9 ♕e2 mit einem Mehrbauern und starkem Angriff.

Eröffnung: Italienisch, Giuoco Piano: 1 e4 e5 2 ♘f3 ♘c6 3 ♗c4 ♗c5 4 d3 d6 5 ♘c3 ♘ge7?.

11. Der letzte schwarze Zug (...f6) hat ♗xg7 verhindert, aber er erlaubt 7 ♗xg8 (7 ♕b3 ist auch gut) 7...♖xg8 8 ♕b3 ♖f8 9 ♕xb4.

Eröffnung: Dänisches Gambit: 1 e4 e5 2 d4 exd4 3 c3 dxc3 4 ♗c4 cxb2 5 ♗xb2 ♗b4+ 6 ♔f1 f6??.

12. 5 ♗xa6 (nicht 5 ♕a4+? ♕d7) 5...♘xa6 6 ♕a4+ gewinnt eine Figur. Die schwarze Idee, seinen „schlechten" Läufer abzutauschen, war strategisch eine gute Idee, aber scheitert hier taktisch.

Eröffnung: Französische Verteidigung: 1 e4 e6 2 d4 d5 3 e5 b6 4 c3 ♗a6??.

13. 5 f3 fängt den schwarzen Springer mitten auf dem Brett!

Eröffnung: Angenommenes Damengambit: 1 d4 d5 2 c4 dxc4 3 e4 ♘f6 4 e5 ♘e4?.

14. 7 ♗xf7+! ♔xf7 8 ♘g5+ nebst ♕xg4 gewinnt einen Bauern, und die schwarze Stellung liegt in Ruinen.

Eröffnung: Aljechin-Verteidigung: 1 e4 ♘f6 2 e5 ♘d5 3 d4 d6 4 ♘f3 g6 5 ♗c4 ♘b6 6 ♗b3 ♗g4??.

15. 9...c5 nebst ...c4 gewinnt den weißen Läufer. Das ist die Arche-Noah-Falle.

Eröffnung: Spanische Partie: 1 e4 e5 2 ♘f3 ♘c6 3 ♗b5 a6 4 ♗a4 d6 5 0-0 ♘f6 6 d4 b5 7 ♗b3 ♘xd4 8 ♘xd4 exd4 9 ♕xd4??.

16. Das achtsame 9 ♘b5! gewinnt. Nach 9...d5 ist ein guter Weg für Weiß 10 ♗f4 ♘g6 11 ♗c7 ♕d7 12 exd5 exd5 13 ♖e1+ ♗e7 14 ♘d6+ ♔f8 15 ♕xd5.

Eröffnung: Morra-Gambit: 1 e4 c5 2 d4 cxd4 3 c3 dxc3 4 ♘xc3 ♘c6 5 ♘f3 d6 6 ♗c4 e6 7 0-0 ♘ge7 8 ♗g5 h6??.

17. Weiß gewinnt mit 7 ♘xf7 angesichts von 7...♔xf7 8 ♘e5+ und ♕xg4, und auch 7...♗xf3 hilft nicht, denn 8 ♕xf3 deckt den Springer f7.

Eröffnung: Caro-Kann-Verteidigung: 1 e4 c6 2 d4 d5 3 ♘d2 dxe4 4 ♘xe4 ♘d7 5 ♘g5 ♘b6 6 ♘1f3 ♗g4??.

18. 8 ♘db5! nutzt den Raummangel des schwarzen Königs und seiner Dame aus. Nach 8...axb5 9 ♘xb5 ♕b8 (9...♕a5+ 10 b4 hilft nicht) 10 ♘d6+ ♔d8 11 ♗b6+ geht die schwarze Dame verloren.

Eröffnung: Offener Sizilianer: 1 e4 c5 2 ♘f3 e6 3 d4 cxd4 4 ♘xd4 ♘c6 5 ♘c3 a6 6 ♗e3 ♕c7 7 a3 ♘ge7??.

19. Nach 12 ♘xe6! verliert Schwarz auf die eine oder andere Weise eine Figur durch eine Fesselung: 12...♕xe6 13 ♖xe4 oder 12...fxe6 13 ♖xe4.

Eröffnung: Offener Spanier: 1 e4 e5 2 ♘f3 ♘c6 3 ♗b5 a6 4 ♗a4 ♘f6 5 0-0 ♘xe4 6 d4 b5 7 ♗b3 d5 8 dxe5 ♗e6 9 c3 ♗e7 10 ♖e1 0-0 11 ♘d4 ♕d7??.

20. 12 ♘dxb5! gewinnt, denn 12...axb5 13 ♕xe5! ♕xe5 14 ♖d8# ist matt.

Eröffnung: Sizilianisch, Najdorf: 1 e4 c5 2 ♘f3 d6 3 d4 cxd4 4 ♘xd4 ♘f6 5 ♘c3 a6 6 ♗g5 e6 7 f4 b5 8 e5 dxe5 9 fxe5 ♕c7 10 ♕e2 ♘fd7 11 0-0-0 ♘xe5??.

21. 10 ♘g5! ♗xg5 (10...♗xg2? 11 ♕xh7#) 11 ♗xb7, und Weiß verbleibt mit einem Turm für eine Figur.

Eröffnung: Damenindische Verteidigung: 1 d4 ♘f6 2 c4 e6 3 ♘f3 b6 4 g3 ♗b7 5 ♗g2 ♗e7 6 0-0 0-0 7 ♘c3 ♘e4 8 ♕c2 ♘xc3 9 bxc3 d6?.

22. Hier hat Weiß mehrere starke Züge, aber 7 e4! dxe4 8 ♘e5 ist am geradlinigsten. Schwarz ist in großen Schwierigkeiten nach 8...e6 9 ♗b5+ ♘fd7 10 g4 ♗g6 11 h4 oder 8...♗e6 9 ♗b5+ ♘fd7 10 d5 ♗f5 11 ♗g5!, mit der Absicht d6 und ♘d5 mit überwältigendem Angriff, z. B. 11...f6 12 d6 e6 13 g4 oder 11...a6 12 d6 ♗e6 13 ♘d5. Wenn du 7 e4! und die hauptsächlichen Ideen gesehen hast, kannst du die Aufgabe als gelöst betrachten.

Eröffnung: Slawisch: 1 d4 d5 2 c4 c6 3 ♘f3 ♘f6 4 ♘c3 ♗f5?! 5 cxd5 cxd5?! 6 ♕b3 b6?.

23. 7 ♗xf6! ♗xf6 8 ♕b3! gewinnt entweder den Bauern auf b7 oder den auf d5. 7 ♕b3!? ♘bd7 ist gut für Weiß, aber nicht ganz so klar.

Eröffnung: Abgelehntes Damengambit: 1 d4 d5 2 c4 e6 3 ♘c3 ♘f6 4 cxd5 exd5 5 ♗g5 ♗e7 6 ♘f3 ♗f5?.

24. 5...g2+! 6 ♘xh4 gxh1♕, und der Nachziehende hat einen Turm und einen Bauern mehr.

Eröffnung: Königsgambit: 1 e4 e5 2 f4 exf4 3 d4?! ♕h4+ 4 g3?? fxg3 5 ♘f3.

25. Der weiße Zentrumsvorstoß war nicht gut genug vorbereitet, und nach 10...♗b4! verliert er Material.

Eröffnung: Slawisch: 1 d4 d5 2 c4 c6 3 ♘f3 ♘f6 4 e3 ♗f5 5 ♗d3 ♗g6 6 ♘c3 e6 7 0-0 ♗d6 8 b3 ♘bd7 9 ♖e1 0-0 10 e4??.

26. 8...♗g4 9 f3 ♗xf3 10 ♖xf3 exf3, und der Anziehende kann ...f2+ und ...f1♕++ nicht verhindern, ohne seine Dame aufzugeben.

Eröffnung: Lettisches Gambit: 1 e4 e5 2 ♘f3 f5 3 ♗c4 fxe4 4 ♘xe5 ♕g5 5 ♘f7?! ♕xg2 6 ♖f1 d5 7 ♗xd5 ♘f6 8 ♗b3??.

27. 10 ♕e4! gewinnt einen Bauern nach 10...♘b6 11 ♕xc6+, denn wenn Schwarz 10...♘b4? spielt, fängt 11 a3 seinen Springer!

Eröffnung: Schottische Partie: 1 e4 e5 2 ♘f3 ♘c6 3 d4 exd4 4 ♘xd4 ♘f6 5 ♘xc6 bxc6 6 e5 ♕e7 7 ♕e2 ♘d5 8 c4 ♗a6 9 b3 d6?.

28. 10...♗b4! 11 ♗b2 (11 ♕e3+ ♘e7! 12 ♗d2 ♗xc3 13 ♗xc3 ♘d5, und Schwarz gewinnt eine Figur) 11...♘e4 12 ♕e3 ♗f5! mit Gewinn. Schwarz droht nicht nur ...♗c5, sondern auch ...♕a5 und ...♘e7, jeweils mit Figurengewinn.

Eröffnung: Tarrasch-Verteidigung: 1 d4 d5 2 c4 e6 3 ♘c3 c5 4 cxd5 cxd4 5 ♕xd4 ♘c6 6 ♕d1 exd5 7 ♕xd5 ♗d7 8 ♘f3 ♘f6 9 ♕d2?! ♖c8 10 b3?.

29. 10...c4! und Schwarz gewinnt eine Figur, sowohl nach 11 ♗a4 b5 12 ♗xb5 ♘xb5 13 ♘xb5 ♕b6+ als auch 11 dxc4 dxc4 12 ♗xc4 ♘xf3+ nebst ...♕d4+.

Eröffnung: Sizilianische Verteidigung, Grand-Prix-Angriff: 1 e4 c5 2 ♘c3 ♘c6 3 f4 g6 4 ♘f3 ♗g7 5 ♗c4 e6 6 d3 ♘ge7 7 0-0 d5 8 ♗b3 0-0 9 ♕e1 ♘d4 10 ♕g3??.

30. 7...♕h4+ 8 g3 (8 ♔d1 ♘f2+ 9 ♔e2 ♘xh1) 8...♘xg3! 9 ♕f2 (9 hxg3 ♕xh1) 9...♘f5, und Schwarz behält einen Mehrbauern.

Eröffnung: Nimzoindische Verteidigung: 1 d4 ♘f6 2 c4 e6 3 ♘c3 ♗b4 4 ♕c2 0-0 5 e4 d5 6 e5 ♘e4 7 f3?.

31. 8 ♕e5! gewinnt: 8...f6 (nach 8...e6 9 ♘c7+ erobert Weiß Material) 9 ♘c7+ ♔f7 10 ♕d5+ e6 (oder 10...♔g6 11 ♘e6!) 11 ♘xe6!.

Eröffnung: Sizilianisch mit ♗b5: 1 e4 c5 2 ♘f3 ♘c6 3 ♗b5 ♕b6 4 ♘c3 ♘d4?! 5 ♘xd4 cxd4 6 ♘d5 ♕d8 7 ♕h5! a6??.

32. 7 ♘f7! ♔xf7 8 ♘xe5+ ♔e8 9 ♕h5+ ♔e7 10 ♘g6+, mit Materialgewinn. Eine trickreiche Idee, aber die Eröffnung war vermutlich noch schwerer zu erraten…

Eröffnung: Philidor-Verteidigung: 1 e4 e5 2 ♘f3 d6 3 d4 f5?! 4 ♘c3 fxe4?! 5 ♘xe4 d5?! 6 ♘eg5! h6?.

33. Ein Standardopfer im Sinne eines „klassischen Läuferopfers auf h7“ funktioniert hier gut: 10 ♗xh7+! ♔xh7 11 ♘g5+ ♔g6 (11...♔g8? 12 ♕h5 führt zum Matt, wenn Schwarz nicht mit 12...♕xg5 seine Dame gibt) 12 ♕g4 f5 13 ♕g3 ♘c6 14 ♘xe6+ ♔h6 15 ♕h3+ ♔g6 16 g4! fxg4 (16...♕xe6 17 ♕h5#) 17 ♕xg4+ ♔f7 18 f5! mit heftigem Angriff – und Weiß hat bereits zwei Bauern für seine Figur und wird mehr Material erobern.

Eröffnung: Französische Verteidigung: 1 e4 e6 2 d4 d5 3 ♘c3 ♘f6 4 ♗g5 ♗e7 5 e5 ♘fd7 6 ♗xe7 ♕xe7 7 f4 0-0 8 ♘f3 c5 9 ♗d3 c4?.

34. 12...♘xe4! gewinnt dank einiger hübscher Motive einen Bauern. Die Hauptidee ist 13 hxg4 ♗xc3 14 bxc3? ♘xc3 und

...♘xe2+, während Schwarz nach 13 ♘xe4 ♖xe4 14 ♗g5 (14 hxg4 ♖xf4) 14...♕e8! 15 ♗d3 (15 hxg4 ♖xe2) 15...♗xf3 16 ♕xf3 ♖b4 einen Mehrbauern behält.

Eröffnung: Modernes Benoni: 1 d4 ♘f6 2 c4 c5 3 d5 e6 4 ♘c3 exd5 5 cxd5 d6 6 e4 g6 7 ♘f3 ♗g7 8 ♗e2 0-0 9 0-0 a6 10 a4 ♗g4 11 ♗f4 ♖e8 12 h3?.

35. 10...♖xe3! 11 ♔xe3 ♗c2!!, und Weiß verliert seine Dame angesichts von 12 ♕xc2 ♕xd4+ 13 ♔e2 ♗xc3 und ...♖e8+, oder 12 ♕d2 ♘g4+! 13 fxg4 (13 ♔e2 ♕e7+) 13...♕g5+ 14 ♔e2 ♖e8+.

Eröffnung: Skandinavische Verteidigung: 1 e4 d5 2 exd5 ♘f6 3 d4 ♗g4 4 f3 ♗f5 5 c4 e6 6 dxe6 ♘c6 7 exf7+? ♔xf7 8 ♗e3 ♗b4+ 9 ♔f2 ♖e8 10 ♘c3?.

36. 17 ♗f8!! ♖xf8 18 ♖xh8+! ♔xh8 19 ♕h6+ ♔g8 20 ♘d5!, und Schwarz hat keine ausreichende Verteidigung, z. B. 20...♖fe8 21 ♘xf6+ exf6 22 ♖h1 ♗h3 23 ♖xh3 oder 20...♘xd5 21 ♖h1! ♗h3!? 22 ♘f5!. Diese Idee ist sehr schwer zu finden. Ausgezeichnet, wenn du es geschafft hast. Wenn nicht, hattest du vielleicht mehr Glück beim Erraten der Eröffnung…

Eröffnung: Sizilianische Drachenvariante: 1 e4 c5 2 ♘f3 d6 3 d4 cxd4 4 ♘xd4 ♘f6 5 ♘c3 g6 6 ♗e3 ♗g7 7 f3 ♘c6 8 ♕d2 0-0 9 ♗c4 ♗d7 10 0-0-0 ♕c7 11 ♗b3 ♖fc8 12 h4 ♘e5 13 ♗h6 ♗h8?! 14 h5 ♘c4 15 hxg6! hxg6? 16 ♗xc4 ♕xc4.

ARCHE-NOAH-FALLE

Schlusswort

Okay, es ist Zeit, dein Wissen zum Einsatz zu bringen. Der einzige Weg, die Eröffnung (und Schach) wirklich zu meistern, besteht darin, viele Partien zu spielen. Wenn du das tust, vergiss die Notation nicht – das heißt, schreib die Züge auf, während du spielst. Versuche eine Eröffnung zu spielen, die dir gefällt, und nach dem Ende der Partie, egal ob du gewonnen oder verloren hast, überlege noch einmal, wie du die Eröffnung gespielt hast. Überprüfe mit diesem Buch, wo die Züge deiner Partie von denen, die wir gezeigt haben, abgewichen sind, und versuche herauszufinden, wie du dein Spiel verbessern könntest, wenn du die gleiche Stellung in einer anderen Partie wieder auf dem Brett hättest. Wenn du mehr und mehr spielst, wird es dir leichter fallen, sowohl deine eigenen Fehler als auch die deiner Gegner ausfindig zu machen.

Du kannst auch viel lernen, wenn du mit einem Computer arbeitest – und es gibt eine Menge gutes, kostenloses Material im Internet, so wie Datenbankprogramme (z. B. ChessBase Light), Partien zum Download (z. B. „The Week In Chess“) und kostenlose Analyse-Programme. Verwende ein Datenbankprogramm, um aktuelle Partien in der Eröffnung zu finden, die dir gefällt, und versuche wirklich zu verstehen, warum die Großmeister ihre Figuren auf bestimmte Felder stellen. Ein Analyse-Programm wird dir helfen, taktische Entscheidungen zu erklären, und du kannst es verwenden, um deine eigenen Ideen zu testen.

Sobald du ernsthaft an Turnieren teilnimmst, wirst du wahrscheinlich spezialisierte Bücher über zumindest einige der Eröffnungen, die du spielst, haben wollen. Ein gutes Buch kann Erkenntnisse und Ideen vermitteln, die du durch eigene Nachforschungen nur sehr schwer herausfinden kannst. Wenn du komplizierte Eröffnungen auf fortgeschrittenem Niveau spielst, wirst du auch ein paar der Varianten auswendig lernen müssen, denn es würde zu lang dauern, sie in der Hitze des Gefechts ganz allein auszuarbeiten. Aber schlussendlich geht es zum guten Teil darum, die Prinzipien und Techniken besser anzuwenden, die wir in diesem Buch hervorgehoben haben. Wenn du diese verstanden hast, wirst du in der Lage sein, jede Eröffnung mit Selbstvertrauen zu spielen und sogar selbst neue Eröffnungsvarianten zu erfinden!

KÖNIGSINDISCHE VERTEIDIGUNG

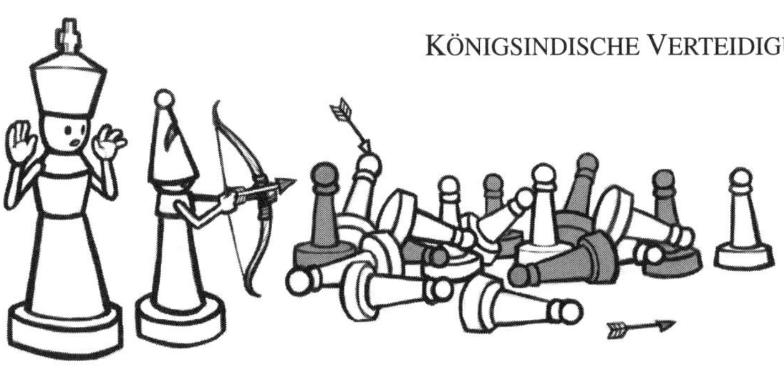